板书艺术

(第 2 版)

刘显国　编著

中国林业出版社

图书在版编目（CIP）数据

板书艺术/刘显国编著. —2版. —北京：中国林业出版社，2017.1（2022.3重印）
 ISBN 978－7－5038－8915－8

Ⅰ.①板… Ⅱ.①刘… Ⅲ.①板书－中小学－教学参考资料 Ⅳ.①G632.421

中国版本图书馆 CIP 数据核字（2017）第 021990 号

出版：中国林业出版社（100009　北京西城区德胜门内大街刘海胡同7号）
E-mail：Lucky70021@sina.com　电话：010－83143520
发行：中国林业出版社总发行
印刷：三河市祥达印刷包装有限公司
版次：2017年3月第2版
印次：2022年3月第2次
开本：787mm×1092mm　1/16
印张：20
字数：400千字
定价：45.00元

精湛的板书是撬开学生智慧的积杆是智能發展的凝炼和濃缩

劉显國論板書藝術

教学艺术丛书总序

教学艺术美

  教学之所以称之为一门艺术，是因为课堂教学给予充分自由创作的余地，可以像美术家、音乐家以及文学家和诗人那样，进行艺术创造。教学是一门艺术，而缺乏创造性的艺术，必然显得单调与枯燥。它的创造不仅以独特的个性来发挥和施展自己的才能，还必须与学生配合。学生既是这一创作活动的对象，又是这一创作活动积极的参与者和主要的受益者。这种艺术创作的成果，不是被人称颂的巨幅画卷，不是流传百世的乐章，也不是脍炙人口的诗文名著，而是年轻一代的灵魂，未来世界的主人。教学艺术是教师钻研教材、研究学生、进行创造性劳动的智慧之果。这种传递人类文化与文明、发展人的体魄与智慧、塑造人的心灵的艺术，是通过教师的心血和双手在孩子们的身上精心描绘来进行的，是社会的综合性艺术，是艺术中的艺术。

  歌唱家唱出的歌声很美，服装色彩很美，舞台形象很美，一出台就会征服观众，人们可以享受着听觉、视觉等感官上富有神韵的综合美。一曲终了，观众如梦初醒，尽情鼓掌，这就是演员综合艺术美的魅力体现。

  1998年曾在深圳举行全国反馈教学艺术大奖赛，来自全国30名教坛新秀，在2000多人的会场上讲课，生动感人的语言美、活泼开朗的性格美、充满青春活力的形象美，深深征服了听众。大家不是也从他们那儿享受着课堂艺术之美吗？他们的课刚结束，人们报以热烈的掌声和赞扬声评价他们的综合艺术之美。

  教师虽不是演员，但面对学生讲课同演员面对观众演唱有异曲同工之处。一个是以歌声打动人的心弦，一个是以语言启动人们的思维，一个在舞台上，一个在讲台上，一个是面对成千上万的观众，一个是面对全班学生。演员和教师都肩负着教育人、鼓舞人、塑造人的重任。优秀教师的课为什么人们爱听、爱看、受到启发，能给听众留下强烈的印象，原因就在于课堂教学艺术。

  "中小学教学艺术丛书"就是从老师的备课艺术、开讲艺术、板书艺术、语言艺术、提问艺术、组织教学艺术、练习设计艺术、课堂结尾艺术等方面，专题进行研讨，汇集而成。该套丛书一共40余册，集中研究课堂教学艺术。这种艺术又集中表现在教学内容美、教学结构美、教学方法美、教学情感美、板书艺术美、课堂气氛美、教学语言美、教学节奏美等方面。

一、教学内容美

科学知识本身就是一种艺术，包含真与美。通过教材内容所提示的哲理，所归纳出的规律性的知识，以及这些知识的应用价值，能使学生产生一种满足感。教师讲课要像磁石一样，凭借知识本身对学生的吸引力牢牢地吸引住学生，使学生的思维活动和情绪同教师的讲课交融在一起。

教师要善于从教材里感受美，提炼美。如数学，如果从美学角度看，数学是一个五彩缤纷的美的世界。英国哲学家罗素说过："数学，如果正确地看它不但拥有真理，而且有至高的美。"如数的美、式的美、形的美、比例的美、和谐的美……连美术上比例美、节奏美都是数学上的黄金分割的应用。就圆周长公式 $C=2\pi r$ 来说，它体现了圆周长和半径之间存在的一种简洁、绝妙、和谐的关系。它是数学家的心灵智慧撞击所迸发出来的一种庄严、永恒和宏伟的美。

知识本身潜在的美，是不会自发地起作用的。教师的任务在于挖掘美、渲染美。也就是说，要帮助学生去揭示知识中包含的美，再造美，使原有的美更添色彩。

二、教学结构美

教学过程的美首先是指教师和学生在具体教学活动中所表现出的丰富创造性。师生在教学活动中多种心理能力的协同作战，实现理性因素和非理性因素的交融，从而形成一种活跃、生动的教学气氛。

教师要善于在教学主体部分的一定发展阶段精心安排"小高潮"，会使学生兴奋、愉悦、沉思、体味，在读、说、写或读、说、算的训练中，智力宝库得到有力开发，智慧花蕾悄然绽放。

教学过程的美还指教学在动态中形成具有美的特征的组合形式，即和谐的教学过程结构。这种结构是由教和学双边活动的协调统一所形成的。教学中的完整性、有序性、节奏性等等，都是和谐的教学过程结构的必备因素，也是其美的核心。

课堂上常会出现这样的现象：同样的大纲、课程；同样的学校、环境；同样的教室、学生；同样的教材、仪器设备，但不同的教师甚至同等文化水平的教师去讲授、去使用，所取得的教学效果却不一样。究其原因，就在于讲究不讲究教学艺术。如果教师不但讲求教学的科学性，而且讲求教学的艺术性，他们灵活地运用教学的艺术技巧，在课堂上创设情境，启发诱导，适时点拨，就会做到既传授知识，又发展学生智力和培养学生能力的目的。许多优秀教师、知名学者，之所以能培养出优秀的学生，造就出有创见的人才，是与他们孜孜不倦地研究追求教学方法的美分不开的。

三、教学方法美

方法美的特征是创新。用新颖的形式、巧妙的方法、奇特的事例去展示教学过程的矛盾，引起学生的认知冲突，刺激学生产生疑问和探索的欲望，同样也能产生内在美。教学方法美突出表现在教学的新异美和教学的幽默美。

苏霍姆林斯基说过：任何一种教育现象，孩子们在越少感到教育者的意图时，它的教育效果就越大。我们把这条规律看成是教育技巧的核心。新奇能引起学生兴趣，吸引学生积极参与教学过程。事实上，如果在教学中用的事例或方法学生早已熟知，是不能激发学生学习热情的。相反，即使是内容比较陈旧，如果角度新、方法新、手段新，以新异的形式去重新组织，学生就会有兴趣去学。

教学幽默美，是教学方法灵活的体现，是高品味的教学艺术。课堂需要严肃，也需要幽默。因为幽默能营造欢快气氛，消除紧张的心理，是诱导认识发生和情感共鸣的良好"催化剂"。教师在情境创设、示例设计、导入设计和提问设计中，应用幽默艺术就可以激发学生的兴趣。

教学结构美的重要标志是目标鲜明、重点突出、层次分明、结构完整。使教学内容、方法、手段和形式等各要素有机地联系起来，使学生的主体地位真正得到体现，在学生主动地实现对"真"的领悟和对"美"的追求，教学效率达到最优时，方能使师生共同体验到这种美的存在。

四、教学情感美

情感是教学艺术魅力形成的关键。没有真挚、强烈的感情，不可能把课上得成功。教师的感情，犹如诗人的诗兴，犹如一切艺术家的强烈的创作欲望。当他对教材、学生了如指掌时，当他视学生美好形象点燃激情的火焰时，感情激动了，灵感产生了，课堂气氛激活了，教学效果就最佳。教师没有真挚、强烈的感情，没有鲜明的爱憎，没有骨鲠在喉、不吐不快的冲动,是不可能征服学生的。

纵观课堂教学,不难发现,有的教师上课,课堂是晴空万里,艳阳高照,学生就像春天的鲜花,婷婷玉立,精神抖擞。而有的教师上课,昏昏沉沉,学生就像是暴风雨中的麦苗,趴在课桌上,无精打采。

为什么同一个班的学生,不同的教师上课,学生的学习情绪迥然不同?这就是教学艺术,是教师调节情绪的艺术,是一种"阴转晴"的艺术。

教师丰富、纯洁而高尚的情感,可以左右学生的思想。因此,教师在教学中要始终把握自己的情感。按照情感转移原理,教师入情——动情——析情——移情。根据这一感情发展过程组织教学就能激发学生的情感。有的教师讲课声情并茂,注重熏陶感染,教师踏进教室就像演员走进摄影棚一样,立刻进入角色,用自己的巨大热情和对学生的关心,对知识的酷爱,对教学的责任感,去激起学生相应的情感体验,使学生体会到教师对自己的爱护和帮助,从而更好地接受教育,接受所传授的知识。

心理学家认为,兴趣与爱好就是一种同愉快情绪相联系的认识倾向性与活动倾向性,当学生情绪高昂时,他就有良好的情趣去学习他所学的东西,效果也特别好。可以说情感是学生乐学、爱学、勤学、巧学的内在动力。师生之间的情感,给人的一生会留下不可磨灭的记忆。

五、板书艺术美

板书是教师在备课中构思的艺术结晶,是学生感知信息的视觉渠道,是发展学生智力和形成良好的思想品质的桥梁和工具。好的板书不仅在内容上概括剖析,恰到好处,自成一体,浑若天成,而且在形式上因内容不同,重点不同,各具特色,结构精巧,情趣横生。它以确切的科学性,指导学生学习课文,又以独特的艺术魅力,给学生以美的熏陶、美的享受、美的启迪,堪称教学艺术的再创造。

好的板书是课堂教学的"集成块",它集教材编者的"编路"、课文作者的"文路"、教师的"教路"和学生的"学路"于一体,是教师的微型教案。

好的板书,它要求教师必须根据教材特点,讲究艺术构思,做到形式多样,让学生有自由支配的时间,这样就能达到"此时无声胜有声"的功效。内容系列化、结构整体化、表达情境化。同时,它还要求教师根据教学实际,遵循板书的基本原则,具有明确的目的性、鲜明的针对性、高度的概括性、周密的计划性、适当的灵活性、布局的美观性、内容的科学性、视觉的直观性，这样，才能给学生以清晰、顺畅、整洁、明快的感觉。要做到这一点，还必须做到：

内容美——从用字遣词上看，准确无误，内容精炼；从整体上看，线索分明，重点突出。

形式美——布局合理，排列有序，条理清楚，具有立体美、对称美、奇异美、多样美、和谐美和造型美。

书法美——字迹工整，一丝不苟，合乎规范，美观大方，使学生受到美的陶冶。

六、课堂气氛美

好的课堂气氛，令学生如沐春风，如饮甘泉，人人轻松愉快，个个心驰神往。

在课堂上，往往看到这样两种不同的场面：有的教师精神饱满，生动传情，学生情绪高涨，注意力集中，教与学双方都沉浸在一种轻松愉快的气氛之中，都积极开启智能的机器，共同探索着知识之谜。有的教师则不甚得法，讲得口干舌燥，声音嘶哑，而学生则木然置之，毫无反应，整个课堂犹如一潭死水。

好的课堂艺术气氛应是：

有疑问——在课堂上，教师要创设问题情境，用疑问开启学生思维的心扉。

有猜想——通过猜想，在头脑中形成一种求知的心理定势。

有惊讶——在课堂上，教师要善于释疑学生的迷惘，轻轻点拨后茅塞顿开，心理惊叹不已，惊讶中有说不出的喜悦之情。

有笑声——老师的课堂讲述要生动有趣，幽默诙谐，使得学生不时发出会心的笑声。

有争议——教师要鼓励学生大胆质疑，让学生围绕中心各抒己见，把问题弄明白。

有沉思——在关键问题上，教师要留出"空白"，让学生探索。

有联想——教师不要把课讲绝了，要留有余地，让学生联想，要透过有限去展现无限。

课堂气氛美能够创造师生和谐共处、情感融洽交流的良好教学氛围，且能机智地处理课堂偶发事件或纪律行为，维持课堂纪律，提高教学质量。

具有良好的教学艺术的教师，总是想方设法创造一个良好的教学氛围。这个氛围包括优良的班风、良好的学习气氛、良好的民作气氛、健全的组织纪律、良好的情感交流，以及优美的教学环境、教师优美的语言、板书、风度等。有了良好的教学氛围，师生之间就会上呼下应，下传上达，情真意切，配合默契，就会在师生愉快的交往中完成教学任务。

七、教学语言美

语言是完成教学任务的主要工具。教师的语言美在很大程度上决定着学生学习的效率，教师的语言生动、形象、幽默、风趣、逼真、亲切、自然、充满情和意，学生听了便"如临其境，如见其人，如闻其声"，使教材化难为易，学生得到美的享受。

教师要善于运用自己的声调，以便准确、生动地表达自己的思想和感情，赏心悦目，使学生在潜移默化中受到陶冶、激励和鼓励。教师要善于将教学语言的科学性和教育性，用艺术化的优美形式和方法诉诸学生的感官，使之入耳、入脑、入心灵。

课堂教学效果的好坏，虽然受多种因素的影响，但教师的语言艺术往往起到特别重要的作用。特别是教学语言要精当，思路要清晰，讲解抽象的知识必须用生动的事例、直观形象的语言，让学生在语言产生的视觉效应下唤起表象或产生联想和想象。点拨时语言要富有启发性和思考性，给学生一种似隐似现、若明若暗之感，使其有所思、有所想、有所悟，读题、谈话、讲解时语言要运用得体，快慢适度、能突出知识逻辑重音，字字清晰，声声入耳。讲话要有艺术效果，有幽默感，或开宗明义，或含蓄婉转，或说理比喻，讲解和论述思路正确清晰，论证简洁严密。

八、教学节奏美

教学节奏美能减轻学生身体的劳累，并唤起他们追求新知识的喜悦感。

教学节奏美可以处理好教学中"速度"和"强度"问题，应既考虑教学中的高效率，扩大教学信息量，又考虑学生的接受能力，留有思考余地，让学生吸收消化，甚至进行必要的重复、提醒，以适时强化，做到快慢适中。教学既要考虑一定的强度，显示教学的激情，以引起学生注意，又要考虑教学的节奏和学生的心理承受能力，做到抑扬顿挫、高低适宜。这样就可以避免教学频率过快，学生不能吸收消化。教学声音过低，频率过慢，引不起学生注意；教学声音过高，刺激太强，造成学生疲劳等信息传递中的误差和失误，难以保证课堂教学质量的提高。

教学节奏美还表现为对教材内容的处理与安排富有弹性，即有起有伏。教师要根据学生课堂的反映来调节节奏，使学生的情绪具有弹性。如教师在讲述一些要领，阐述一些基本原理时，总是毫不含糊，一字一顿地讲。听这样的内容，学生的思维活动往往是很紧张的，为了把教学组织得十分严密，让学生一字一句不漏地听进去，并记在笔记本上，他们需要高度集中注意力，如果一连两节课让学生处于这样的紧张状态中，大脑会由于承受不了过重的负担，而转为抑制，兴趣就会降低。因此，在内容的安排上要适度，把一些有趣、新颖、生动的内容穿插进去，使学生的情绪有张有弛。教学在进行了一段以后，让学生有静心回味的时间，课进行到一阶段后，要让学生有自由支配的时间，这样就能达到"此时无声胜有声"的功效。

教学艺术美能引起学生的审美感受，净化学生的心灵，进而培养学生正确的审美观点和审美情趣，提高其感受美、体现美和创造美的能力。

具有精湛的教学艺术的教师，会意识到自己不仅作为教师在讲课，而且同时是作为艺术家在表演，作为审美对象塑造着美的形象，释放着美的风光。因此，他们总是以自己独有的内在美和外在美的艺术风格的教学，激起学生良好的审美体验，给学生以崇高的美感。这种美感会产生强烈的感染力，震撼学生的心灵，激起他们对所学知识产生肯定的、积极的情绪体验，引发学生热爱知识、追求知识、相互热爱的情感，密切师生关系；还会促使学生对美的事物产生爱的追求，纯正自己的心灵，强化自己的兴趣，消除不专心、开小差等杂念，甚至激发学生模仿美的语言和动作。学生在如此美的海洋中遨游，当然会得到美的享受，产生美的追求，端正自己的思想，净化自己的心灵。这正体现了教学艺术的美育功能。

10多年来，我们研究教学艺术，从理论到实践，再从实践到理论；从高楼深院的象牙塔走进学校，走向课堂。先后在北京、上海、天津、成都、长春、昆明、哈尔滨、吉林、兰州、长沙、深圳等10多个大城市，举办了10多届教学艺术学术研讨会暨教学艺术大赛，来自全国1000多所实验学校推荐的500多名教坛新秀在会上展示了他们的教研成果，展现了他们的教学风采，交流了他们的教学经验。在课堂上，新秀们以生动形象的语言、优雅、亲切的姿态，充实丰富的教学内容，高超娴熟的教学艺术，创新独特的教学风格，清楚、漂亮的板书，准确、精当的讲评，炽热、动人的情感，吸引了学生们的注意力，激发了学生学习的兴趣，交给了学生打开知识大门的金钥匙。赢得了学生们的好感与尊敬，赢得了来自全国参会代表的好评。

教学艺术的研究已历经15年。这15年，是艰苦奋斗的15年、开拓进取的15年、改革创新的15年、新人辈出的15年、硕果累累的15年。

"中小学教学艺术丛书"是在"九五"国家级重点课题"面向21世纪我国中小学教师队伍建设研究——教师教学艺术研究"成果的基础上，集全国优秀中小学教师的教学艺术成就著集而成，共40多分册，至2004年底全部由中国林业出版社陆续出齐并公开发行，旨在提高广大教师的教学艺术水平，促进全面实施素质教育。

2003年3月15日，是我们研究会值得记住的日子。这天，中国教育学会经过专家论证，全票通过批准我会（全国反馈教学研究会）申报的现代教学艺术研究为"十五重点课题"。

艺术源于生活而又高于生活，是对生活的再创造；教学艺术源于教学而又高于教学，是对教学的再创造。成功的教学是艺术化的教学，而只有艺术化的教学才是成功的教学。课堂教学处处充满着美，教师应引导每个学生从教材、教学、学习中发现美，寻找美，感受美。愿我们的课堂教学都充满教学艺术美，让我们的学生都能享受到教学艺术美。愿教学艺术之花在新世纪越开越艳丽。

刘显国
二〇〇三年于深圳艺丰书屋

序

漫谈刘显国的板书艺术研究

板书可以说是课堂教学中最平凡、最基本的一种教学手段，它在教学中的地位仅次于讲述。板书，是教师授课时用粉笔写在黑板上的字，或用粉笔画在黑板上的图表、图形等，是各科教学不可缺少的重要手段之一，是一种简便有效的直观教学形式。即使在现代电化教学中，仍然需要板书，不过是将板书的内容通过多媒体显示出来，而不是用粉笔写在黑板上，这样更加简捷方便，且省时省力。精湛的板书，是撬开学生智慧的杠杆，是知识的凝练和浓缩，是教师的微型教案，能给人以志得神怡的艺术享受。

我国使用板书的历史和整个中华民族的教育史相比，还显得比较年轻。清末，"癸卯学制"颁布后，各地相继"广学校"，把我国传统的个别教学形式改为课堂班级教学形式，开始使用板书，课堂板书应运而生。鲁迅先生在绍兴府学堂就"有时使用图表"来教学。1912年，教育部公布的《师范学校规程》及《师范学校课程标准》都明确规定要学生掌握"黑板写法"，并于1914年在《视察京师公私立学校公告书》中，对雏形的板书予以嘉许：教授"国文"，"提示生字于黑板，各生轮认以引其注意，尚属得要"。可见板书在这时就开始引起一部分人的重视了。1941年8月，蒋伯潜先生在《中学国文教学法》中为揭示文章层次而设计的《归去来辞》《画记》两则图表，已经接近于我们现代的板书图示了。至于板书在语文教学中出现的方法，黎锦熙先生在《新国文教学法》就有明确的论述。

但雏形的板书像一个庶子，出生后未得到多数人的关注和护养，任其自力生长；加之一般教师固守传统教法，尽管鲁迅先生早就提示过："用活电影来教学,一定比教员的讲义好",好的板书如同"活电影"。遗憾的是在20世纪40年代以前没有人研究它,因而板书始终是雏形的。

新中国成立后,各中小学先后成立了教研组,教研活动开展得很活跃,板书也初步引起了广大教师的重视。不久,前苏联的普希金教授法传入我国,板书教学与研究比以前有了发展。广大教师开始认识到板书是一种较好的教学手段,便基本上按普希金说的将"大纲"于"上课时写在黑板上,让学生记下来"。为多向学生灌输些知识,因而力求板书工整、清晰,课堂板书较新中国成立前有所发展。但更多的是经验性的描述,板书内容以结构提纲为主,板书形式以文字组合为主。与此同时,也有人着手摸索板书设计,然而因政治原因,板书研究一直得不到重视。20世纪60年代,有些教师虽致力于研究板书的科学性,但随即而来的"文化大革命",将板书设计也"革"掉了。

20世纪70年代中期,国外的板书教学状况对国内产生了积极的影响,如日本、美国、德国、英国、法国等的板书教学研究,带动国内教育界对板书设计进行了深入思考。特别是1978年兴起的语文教学改革,引进了外国的一些新的教育理论。有经验的老师和有志于教学研究的中青年教师,日益认识到板书是增强教学直观性、启发学生思维的重要手段,并着手研究课堂板书的科学性和艺术性,因而板书设计出现了前所未有的满园春色、百花吐艳的兴旺景象。然而,长期以来,我国教育工作者对板书的设计研究一直是零散而不全面的,尤其是对板书理论的研究,大都还停留在感知阶段,认识水平表现出一般性和肤浅性。但是,就在这时,1991年4月,刘显国在贵州教育出版社出版了《板书艺术》一书。这本书从一定的高度,对板书理论进行了全面而透彻的分析和说明,初步形成了板书艺术的理论体系。在某种意义上说,该书填补了我国中小学教育理论研究中的一个空白。

全书共八章。第一章,绪论;第二章,板书设计的作用;第三章,板书设计的原则;第四章,板书的美学要素;第五章,板书设计的方法;第六章,板书设计的形式;第七章,副板书的设计;第八章,板书设计的技巧。书后还有个附录——板书评介,包括数学、语文、自然、史地,共120幅。这些板书设计,大都脱出俗套,新颖醒目,结构奇巧,表现出匠心独运的功夫。

时隔8年,也就是1999年8月,刘显国的第二本由中国林业出版社出版的《板书艺术》问世。其内容更丰富了，理论体系更臻于成熟了。书中新增加了4章：板书艺术的基本原理、板书的造型艺术、黑板画的艺术、板书的运用艺术。在"板书艺术的基本原理"这一章里，刘显国从美学、教育学、心理学和系统论等四个方面对板书艺术进行了高屋建瓴的论述，达到了相当的理论高度。

2013年1月，刘显国在北京大学出版社出版了《中小学教学艺术实用全书》（第2版），这是一本中小学教师成长的必备的工具书。该书从实用的角度出发，特设了一章谈课堂板书教学艺术，其中有一节是专门谈简笔画的。从"板书"到"板画"，这是一个飞跃，"板书"已不再是顾名思义的"在黑板上用粉笔写字了"。今天的板书，不仅有文字和符号的巧妙的组合，而且常辅以画龙点睛式的简笔图像，甚至也有了以图像为主的板书。由板书衍生出板画之后，黑板上常常是图文并茂，书画相生，无疑使板书的功能更臻完善。

纵观刘显国的板书艺术的研究，我认为有如下三个特点。

一、早——起步早

在我国，最近的一次教育改革，开始于20世纪70年代末，其根本目的，是要清除"文化大革命"的影响，提高教育质量，完成中小学课程在基础教育阶段应当承担的任务。要达到这样的目的，需要从各方面入手：教学大纲的制定，教材的编写，教师队伍的培养与提高，等等。众所周知，在中小学教育的这些方面，我们在一个比较短的时间之内就取得了巨大的成就。随着大纲、教材和师资队伍建设等问题的初步解决，各科教育的改革自然而然地就深入到了课堂教学的领域，也亟须进行教学方法的改革。而如何上好每一堂课，已成为摆在广大教师面前的一个重要课题。在这样的形势下，全国范围内开始了各种各样的教学改革实践，产生了各种各样的教学风格和流派。可以说，自新中国成立以来，在我国基础教育领域里，真正开始了一个教学改革的新时期，出现了生机勃勃、百花盛开的大好局面。

在这个教学改革的大潮中，刘显国率先选择了牵动和渗透着教学全局的课堂板书作为突破口，潜心钻研，奋力实践，取得了巨大成功。

板书，对每个教师和学生来说都不陌生，所有的教师，不管是大学的，中学的，小学的，还是幼儿园的，也不管是教哪一门学科的，给学生上课时都要用到它。板书在教学中所占的地位，极为重要。它关系到每一个教学要求的落实，影响到每一堂课的教学效果。但是，我们也看到，长期以来，绝大多数教师只不过是单纯地把板书当作课堂教学的辅助手段而已，很少有人进行过专门的研究。所以，以往的课堂教学板书实践，或多或少地总带有某种程度的随意性。然而，就是这每个教师都要用的板书，在刘显国手里，情况就大不一样了。他不但把板书当作科学研究的重要课题，认真总结经验，探索规律，而且把黑板当作艺术创造的园地，赋予了板书以审美的价值。最后，形成了一本本《板书艺术》的著作。就这样，在我国中小学教育界，刘显国最早拿出了自己的板书研究的科研成果，并产生了巨大的影响。

二、广——成系统

刘显国研究板书，始于20世纪80年代。那时，他在四川省大竹县教研室当主任，负责全县中小学教研工作。经常率各科教研员到基层学校听课，搞调研。他指导教学，不但有高中的、初学的，也有小学的，且涵盖了中小学各个学科。在听课和评课中，他收集了大量的板书设计，语文、数学、自然、地理、历史、物理、化学、生物、美术等，无所不包。从简单的单幅板书设计开始，逐步形成整个单元、整册课本、整套教材、整个学段的板书设计，其研究由中学到小学，关注不同学科之间的横向联系，视野逐步扩大，程度也渐次深入。再加上他积极借鉴国外板书图示实践和国内同类研究的优秀成果，将板书研究拓展到其他学科研究领域，结束了除语文、数学之外其他学科没有或少有板书理论研究的历史。总之，刘显国研究板书艺术，拓展视野，广泛关注，全面思考，系统研究。甚至可以这样说，当前的板书教学的方方面面，没有一个方面不在他的关注中，没有一个方面不在他的研究之列。

板书，它作为教师的一种教学手段，写之即来，擦之即去，灵活机动，变化无穷，得到人们的青睐。然而，我们在课堂上常见的板书设计是按逻辑顺序排列的提纲，这样的板书，大都严谨周密有余，而新颖活泼不足，往往千篇一律，雷同、刻板，令学生乏味。而刘显国在《板书艺术》列出的板书，却不落俗套，另辟蹊径。他把板书设计进行了纵向、横向、立向、多向探索，结构缜密，无一遗漏，形成了一个多面体，体系非常完备。以板书设计的形式来说，他总结出50多种，有板画式板书、连线式板书、提示式板书、提问式板书、脉络式板书、辐射式板书、往复式板书、交叉式板书、对比式板书、线索式板书、总分式板书，等等。这些形式多样、新颖醒目、结构奇巧、意趣横生的板书形式，在我所见过的所有同类著作中无出其右者。

三、深——有高度

对板书艺术的研究，从提出问题、提出假设到形成科学假说、建立科学理论，是一个相当复杂的过程。在这个过程中，最重要的是要用正确的指导思想、科学的方法，对这一领域里的经验材料进行分析、概括和抽象，揭示其本质和规律，上升到理论的高度，使之具有普遍的指导意义，真正成为一门科学。刘显国的板书艺术研究，就经历了这样一个过程。

很明显，我们对板书艺术的研究，如果只停留在为具体的教学内容设计板书的阶段上，那么设计得再多，也不过是一幅幅具体的板书而已，至多也只能为各科教师提供一些课堂板书的参考，不可能成为专门的学问，更不可能成为科学。只有从理论和实践的结合上总结出板书教学的规律，揭示出板书现象的本质，形成理论认识，上升到理论的高度，才能发展为一门具有学术价值的科学。正因为如此，刘显国研究板书艺术，始终没有离开理论的支撑。

首先，他的研究具有美学基础。他说："一幅独具匠心的板书，就是教师在教学活动中创造的一件精美的艺术品。"他提出板书美学的基本要求：内容的完善美，语言的精练美，构图的造型美，字体的俊秀美。

其次，他的研究具有科学基础，包括教育学、心理学、信息论、系统论、控制论等。在谈到板书的记忆原理时，他说："板书有助于保持记忆，防止遗忘。大脑的记忆过程是信息的输入、编码、储存、提取的过程，板书可使这一过程在大脑中顺利地进行。"

再次，他的研究还具有相关学科基础，如语言学、文学、书法学、符号学、逻辑学、缩微技术、全息理论等。在每次的"创新杯"教学艺术大赛中，刘显国评课，总喜欢谈板书设计。"成功的板书设计，是教师呕心沥血创作的艺术精品"，这是他经常说的一句话。有时他还搞专题讲座，他教给老师的不仅仅是一般的板书知识，而是提供一定的方法和理论，这些方法和理论，对老师来说，太有帮助了。现在有一些老师上课，只注意讲述的效果，而轻视板书的作用。授课时滔滔不绝，却"惜墨如金"，偌大的黑板，只有片言只语，或信笔涂鸦，杂乱无章，字体忽大忽小，龙飞凤舞，这正是缺乏板书设计能力的一种具体的表现。

从1991年的《板书艺术》，到1999年的《板书艺术》，再到即将出版的《板书艺术》(第3版)，刘显国的课题越做越大。海涅曾经说过："每一个时代都有它的课题，解决了它就把人类再推进一步。"刘显国的板书课题研究，在时代的大背景里演进。今天，板书研究的理论和实践，已经使板书成为一个高精密、大功率的教学"机件"，可以说是课堂教学的"集成块"了。

刘显国，"壮心未与年俱老"，他志存高远，一直钟情于他心爱的课题。愿《板书艺术》早日出版，小弟我好一睹为快。

白金声
特级教师
黑龙江省语言文字工作委员会科研秘书

前　言

板书——教学艺术的奇葩

人类普遍有着美的向往。一泓碧绿的清水，一丛鲜艳的花朵，一幢雄伟的建筑，一片淡淡的白云……无不引起人们美的感受。

同样，一堂高水平的课，一幅漂亮的板书也能唤起美的情感，给人美的陶冶，美的享受。因为课堂板书，既是科学又是艺术。称它为科学，指的是它要将课文内容系统化、条理化、形象化，有助于突出教学重点，突破教学难点；说它是艺术，指的是它能综合运用文字、图画、线条、色彩等手段，强化表现力，让学生的思想情操、审美观点受到感染和熏陶。

精湛的板书是课堂教学的缩影，是提示课文中心的导读图，是透视课文结构的示意表，也是把握重点、难点的辐射源。它能使学生明确教材的重点、难点，有利于学生掌握教师教授的内容。

精湛的板书是沟通作者写作思路、教师教学思路、学生学习思路的桥梁，是提示旧知与新知之间的内在联系，体现新知的生长点，激起学生探求新知的欲望。

精湛的板书还是学生解题样板，是数学语言表达数学问题的典范。

精湛的板书又是一篇好的讲稿，它有利于学生听课记笔记，为课后复习提供方便。

精湛的板书能恰到好处地体现讲述内容，更是一种落实教学要求的艺术再创造。

板书是指教师根据教学的需要，在黑板上以书面语言或符号进行表情达意、教书育人的活动。优秀的教学艺术家们是非常重视教学板书艺术的运用和研究的，他们在课堂教学中设计的许多板书，实则都是赏心悦目的艺术精品，给学生以审美的享受。

精湛的板书，会收到引人入胜的效果。因为它是教师根据教材的内容和教学的要求，经一番匠心独运与精心设计后，在黑板上的反映。

精湛的板书，不仅在内容上概括剖析，恰到好处，自成一体，浑然天成；而且在形式上往往因文而异各具一格，结构精巧，意趣横生。它以确切的科学性指导学生去思考、去学习，又以特有的艺术魅力，给学生以美的感染，堪称教学艺术的再创造。

一个好的板书，在内容安排上必须有虚有实，虚实结合。这里所说的"实"，是指把课文内容真实准确地板书出来，"虚"是指板书时留出空缺，让学生根据自己的理解给予补充。这样，"实"的一面能让学生一目了然，加深理解，"虚"的一面则可以调动学生积极思维，激发其学习的情趣。

精湛的板书，不是文字与线条的简单结合，而是教材中的重要内容，通过教师有目的的构思，按一定规则画出的直接图形。

精湛的板书，是老师心血的结晶，它要求教师必须根据教材的特点，讲究艺术构思，做到形式多样化、内容系列化、结构整体化、表达情景化，同时它要求教师根据教学实际，遵循板书的基本原则。它具有明确的目的性、鲜明的针对性、高度的概括性、周密的计划性、适当的灵活性、布局的美观性、内容的科学性、形式的直观性。这样，它才能给学生以清晰、顺畅、整洁、明快的感受。要显示这点，还必须做到以下几点：

• 内容美——从用字遣词上看，准确无误，内容精练；从整体上看，线索分明，重点突出，这样的内容显得完美。

• 形式美——布局合理，排列有序，条理清楚，具有立体美、对称美、奇异美、多样美、和谐美和造型美。

• 书法美——字迹工整，一丝不苟，合乎规范，美观大方，使学生受到美的陶冶。

• 结构美——板书结构一求匀称，二求精巧。匀称可能很精巧，精巧的却不一定匀称，也可能是别出心裁的"出格"之作。可以说，结构美应体现在任何一则板书上。

板书设计既要注意排列美（这是外观美），更要注意组合美（这是内在美）。好的板书设计，要根据教师的教学思路，学生的学习思路，教材意图，对原教材的顺序进行调整，重新组合，产生一种暗示效应，使信息得到浓缩。

美感离不开想象。美感的直觉性，是审美基础。美感的感情体验是认识与感情统一。这一有机的统一，只有在"想象"中才能实现。想象，它既可以改造旧的形象，也可以组合记忆的形象，更可以创造新形象。

美学家莱夫·贝尔曾指出："有意味的形式就是一切视觉艺术的共同性质。"不同线条及其组合，各有不同的审美特性。这种审美特性是和人的情感、联想联系在一起的。

前苏联教育家乌申斯基有个形象的说法："注意力是个大门，如果没有它，外部世界的所有东西都无法进入人的心灵。"指导学生用好板书的首要任务是讲明板书的重要性，要随时引导学生注意板书，表扬那些注意板书的同学，另外也要求教师提高板书质量，做到内容美、形式美、书法美，使学生爱看爱学。板书的时机一般分先讲后书、先书后讲、边讲边书等。对难度较大的、抽象的概念等，一般宜先讲后书。例如，分数的基本性质，在归纳结论，总结要点后再板书。又如，巧妙地引入新课，可使学生在不知不觉中获得新知，然后再进行板书。一般授新课适宜先书后讲，即教师先板书课题，然后由题而发。再配合精心安排，巧妙设计，就能激发兴趣，启发思维，丰富想象，强化记忆，获取知识，发展能力。

好的板书是课堂教学的"集成块"，它集教材编者的"编路"、课文作者的"文路"、教师的"教路"和学生的"学路"于一体，是当代"微型技术"的妙用。它被人们誉为"微型教案"，就像工业技术上的微型电脑、微型飞机、微型汽车、微型电视……和人文科学领域的微型小说、微型评论、微型演说等一样，成了时代的骄子。

刘显国

著名特级教师
华夏教学艺术研究会会长
全国反馈教学研究会会长

目录 | Contents

教学艺术丛书总序　教学艺术美/刘显国

序　漫谈刘显国的板书艺术研究/白金声

前言　板书——教学艺术的奇葩/刘显国

1　板书艺术概论 ··· (1)
　1.1　板书——教学艺术的结晶 ······························ (1)
　1.2　板书艺术的作用 ·· (5)
　1.3　板书艺术的效应 ··· (18)

2　板书艺术的基本原理 ··· (25)
　2.1　美学原理与板书艺术 ···································· (25)
　2.2　教育学原理与板书艺术 ································· (39)
　2.3　心理学原理与板书艺术 ································· (40)
　2.4　系统论原理与板书艺术 ································· (43)
　2.5　板书的基本原理 ··· (44)

3　板书艺术的基本特征 ··· (45)
　3.1　板书内容的科学性 ······································ (45)
　3.2　板书结构的启发性 ······································ (45)

  3.3 板书布局的整体性 …………………………………(46)

  3.4 板书形式的多样性 …………………………………(46)

  3.5 板书组织的有序性 …………………………………(51)

4 板书设计的艺术 …………………………………………(52)

  4.1 板书设计的原则 ……………………………………(52)

  4.2 板书设计的方法 ……………………………………(70)

  4.3 板书设计的技巧 ……………………………………(80)

  4.4 板书设计的要求 ……………………………………(97)

  4.5 板书设计的形式 ……………………………………(100)

  4.6 板书设计的构件 ……………………………………(128)

  4.7 板书设计的作用 ……………………………………(130)

  4.8 板书设计的意义 ……………………………………(131)

  4.9 板书设计的应用 ……………………………………(133)

  4.10 板书设计"五要""八忌" ………………………(134)

  4.11 语文板书设计艺术 ………………………………(135)

  4.12 中学语文板书设计的特点 ………………………(139)

  4.13 数学板书设计艺术 ………………………………(141)

  4.14 课题的板书艺术 …………………………………(144)

  4.15 板书的类型 ………………………………………(146)

5 板书的造型艺术 …………………………………………(148)

  5.1 利用圆形和椭圆形进行板书造型 …………………(148)

  5.2 利用两圆相交进行板书造型 ………………………(149)

  5.3 利用长方形或三角形进行板书造型 ………………(150)

  5.4 利用十字形和梯形进行板书造型 …………………(152)

  5.5 利用菱形和正方形进行板书造型 …………………(152)

  5.6 利用长方形、十字形造型 …………………………(153)

    5.7 利用阶梯式造型 …………………………………………… (154)

6 板书的"空白"艺术 ……………………………………………… (156)
    6.1 给教与学留下活动空间 …………………………………… (156)
    6.2 改变教与学的传统方式 …………………………………… (159)

7 副板书的艺术 …………………………………………………… (163)
    7.1 副板书的作用 ……………………………………………… (163)
    7.2 副板书的形式 ……………………………………………… (163)
    7.3 正副板书有机结合 ………………………………………… (166)
    7.4 正副板书的关系 …………………………………………… (166)

8 黑板画的艺术 …………………………………………………… (168)
    8.1 黑板画的意义 ……………………………………………… (168)
    8.2 黑板画的特点 ……………………………………………… (169)
    8.3 黑板画的作用 ……………………………………………… (169)
    8.4 黑板画的设计 ……………………………………………… (174)
    8.5 黑板画的运用 ……………………………………………… (176)
    8.6 黑板画的基本技巧 ………………………………………… (187)
    8.7 黑板画的例析 ……………………………………………… (188)

9 简笔画的艺术 …………………………………………………… (194)
    9.1 简笔画的概念与构成特点 ………………………………… (194)
    9.2 简笔画的表现方法 ………………………………………… (195)
    9.3 简笔人物画 ………………………………………………… (196)

10 板书的运用艺术 ………………………………………………… (198)
    10.1 注意和理解板书 …………………………………………… (198)
    10.2 记录和学习板书 …………………………………………… (199)
    10.3 评议和参与板书 …………………………………………… (199)
    10.4 运用好板书 ………………………………………………… (202)

10.5 板书的书写技法 …………………………………………… (206)
10.6 板书的板位安排 …………………………………………… (207)
10.7 板书的行列设计 …………………………………………… (207)
10.8 板书的内容设计 …………………………………………… (208)
10.9 板书比赛视图 ……………………………………………… (210)
10.10 师生共同设计板书 ………………………………………… (213)

11 说板书设计的艺术 …………………………………………… (215)
11.1 如何开展说课活动及板书设计 …………………………… (215)
11.2 口语表达、板书简笔画评价标准 ………………………… (219)

12 板书艺术范例及评析 ………………………………………… (221)
12.1 同题多式板书评析 ………………………………………… (221)
12.2 语文板书设计范例评析 …………………………………… (225)
12.3 数学板书设计范例评析 …………………………………… (255)
12.4 政治课板书设计范例评析 ………………………………… (265)
12.5 物理课板书设计范例评析 ………………………………… (267)
12.6 自然课板书设计范例评析 ………………………………… (269)
12.7 史地课板书设计范例评析 ………………………………… (272)
12.8 生物课板书设计范例评析 ………………………………… (277)
12.9 英语课板书设计范例评析 ………………………………… (281)
12.10 思想品德课板书设计范例评析 …………………………… (287)
12.11 化学课板书设计范例评析 ………………………………… (289)

附录 板书设计评价量表 ………………………………………… (291)

参考文献 …………………………………………………………… (293)

1 板书艺术概论

1.1 板书——教学艺术的结晶

板书是教师在备课中构思的艺术结晶,是学生感知信息的视觉渠道,是发展学生智力和形成良好的思想品质的桥梁和工具。好的板书不仅在内容上概括剖析,恰到好处,自成一体,浑然天成,而且在形式上因内容不同、重点不同,而各具特色,结构精巧,情趣横生。它以确切的科学性,指导学生学习课文,又以独特的艺术魅力,给学生以美的熏陶、美的享受、美的启迪,堪称教学艺术的再创造。

好的板书是课堂教学的"集成块",它集教材编者的"编路"、课文作者的"文路"、教师的"教路"和学生的"学路"于一体,是教师的微型教案。

好的板书,要求教师必须根据教材特点,讲究艺术构思,做到形式多样,让学生有自由支配的时间,这样就能达到"此时无声胜有声"的功效。好的板书要求内容系列化、结构整体化、表达情境化。同时,它还要求教师根据教学实际,遵循板书的基本原则,具有明确的目的性、鲜明的针对性、高度的概括性、周密的计划性、适当的灵活性、布局的美观性、内容的科学性、视觉的直观性,这样才能给学生以清晰、顺畅、整洁、明快的感觉。要做到这一点,还必须做到:

内容美——从用字遣词上看,准确无误,内容精练;从整体上看,线索分明,重点突出。

形式美——布局合理,排列有序,条理清楚,具有立体美、对称美、奇异美、多样美、和谐美和造型美。

书法美——字迹工整,一丝不苟,合乎规范,美观大方,使学生受到美的陶冶。

例如,《木棉树的种子》,故事描述了一颗木棉树的种子,离开了妈妈以后，经过顽强努力，终于长成了一棵枝繁叶茂的大树的故事。故事里描述了木棉树的种子离开妈妈，遇到两次困难后两次想起妈妈的话，于是就有了它的两次成长。因此，教学时，教师就以课文中的神秘数字"2"为抓手，把"2"作为教学的切入点，板书后，启发引导学生深入、认真地阅读课文。在以学生为主体的探究学习活动中，适时板书"困难"、"想起妈妈的话"、"成长"。然后在"创设情境，回归整体"环节揭示课文的主题——不管遇到多大的困难，都要勇敢、坚强，板书"勇敢"、"坚强"。在最后的课堂总结时，完善板书，即板画一棵大树，寓意木棉树的种子长成了一棵枝繁叶茂的大树（图1.1）。

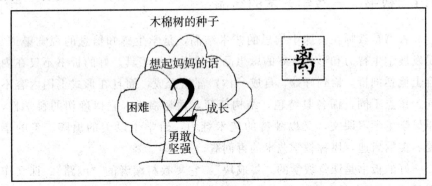

图1.1 《木棉树的种子》板书

"离"字是课文中的一个生字，老师利用板书，强调其书写。本课的板书设计新颖，与课文内容融为一体，不仅突显了识字难点，而且通过简单的绘画，抓住了课文的重点，使学生更进一步地理解了课文。随着教学的进展，板书在不断地完善。当木棉树种子终于克服重重困难，长成一棵枝叶茂盛的大树时，学生不但有很强的成就感，而且他们的心灵也得到了启迪。

　　板书是一个艺术整体，无论字数多与少，都应是一个完整的充满生气的"世界"。所谓"整体"，就是根据教材安排和讲述的需要，设计的板书既要能体现一节课的独立性，又要能体现教学内容的系统性。

　　板书既要"中看"，更要"中用"，不能像塑料花，好看不实用。板书设计的实用原则包含了多方面的要求。它既有固定性的板书，又有随机性板书；既有勾勒解题思路的正板书，又有突出重点、难点的副板书；既有体现教法的改革，又有学法的指导。

　　板书是提高教学效果的极为重要的手段之一。对于教学来说，它像我们吃饭不能不用碗筷一样，看起来很平常，但也正因为它平常，才显得格外重要。

板书是课堂教学的重要组成部分。通过板书，学生能较好地把握教材的重点、难点，有利于学生理解和掌握教师讲授的内容。一是因为板书是用文字表达的语言只要不随便擦掉，便一直呈现在黑板上，能弥补声音瞬间即逝的缺陷，能集中学生的注意力。学生注视板书、思考板书内容，就能打上深刻的烙印，加强记忆力。二是因为板书是直观性的艺术，它能化难为易，化抽象为具体，将语言不能传达的信息显示出来。

板书是微型教案，具有浓缩的"提炼"艺术。在设计过程中，应当抓住最本质、最主要的内容，做到少而精，以少胜多，以简驭繁。这里的少，不是越少越好，而是要求以"少"胜"多"。这样的"少"，才能使学生清晰地掌握知识，容易记忆和笔录。这里的"精"，是教师理解、钻研教材水平和程度的表现，"精"是掌握教材精华和表达精确，这样的"精"，才能使学生印象鲜明，重点突出，少而精是一个效率和质量的概念，是一个互相作用的不可分割的整体。一幅新颖别致、富有美感的板书往往留给学生很深的印象。板书的美感是凭借直观形象对课文内容进行艺术的再现，让学生在欣赏、享受优美形象的同时，进一步理解、掌握、深化教学内容，因此，板书的造型艺术必须考虑到学生的心理特征，以激发学生兴趣，寓教于乐。

板书能启发学生思维，帮助学生学到课本上学不到的东西，学到课本没有写出的知识，知识归类，内容串联，区别对比，发现联想，证明推广，画图设问，能调动学生探求知识的积极性。好的板书就像交给学生一串钥匙，使学生用它打开科学的大门，自己去发现知识，获取知识，这就要求教师在设计板书时，板书中的每个字、词、句都应具有启发性，能引起联想，能唤起学生对课文的想象记忆，帮助学生理解知识，引起思索。

板书是知识的凝练和浓缩，若能恰到好处地体现所要讲述的内容，可以说是一种落实教学要求的艺术再创造，由于它简明扼要，重点突出，往往抓住关键的字、词表情达意，借助点、线、面的配合，形象而立体地展示出来。能激起学生想象，增加对教材认识的清晰度和整体感，从而提高学生的理解力，培养学生的概括力，发展学生的思维力。那种记录式的板书必然淹没重点、难点，也就失去了板书的作用。

板书是教师言传身教的好方法，对学生具有榜样和示范作用。好的板书可以激励、启发、推动学生自觉效法教师，矫正自己的缺点和错误，在

潜移默化中发展能力。有的教师，不加强自身修养的训练，其板书字迹潦草、"龙飞凤舞"；或错字、别字、漏字；或布局混乱，排列无序，而要求学生字迹工整、卷面整洁，有条有理，尽管愿望美好，道理充分，言词恳切，却收效甚微，原因在于教师言行不一的负强化作用所致。

教学板书艺术是师生共同创造的结果，鼓励并吸收学生参与板书活动过程，有助于打破课堂板书由教师一手包办的局面。对于形成生动活泼的教学气氛、合作融洽的师生关系、发展学生的各种能力等，都有积极作用。优秀教师通常宣布，这堂课虽然是我设计的，但不是我一人的，要由我们大家来共同创造。让学生参与板书过程，是一项可行的好办法。前苏联实验教师伊利英曾提出"零板书"，黑板上没有写上课的课题，课题也不由教师口头宣布，而是在上课的中间作为全班师生共同工作的成果而逐步形成的。合作型板书是建立在充分调动师生两个积极性的基础之上，它有益于师生活动的默契及其合作精神的培养，可使师生分享教学板书艺术的成功之乐，进而达到思维共振和情感共鸣的境界。

教学板书的合理布局是指对在黑板上要书写的文字、图表、线条作出严密周到的安排，既符合书写规范要求，格式行款十分讲究，又能充分利用黑板的有限版面，使整个教学板书紧凑、匀称、协调、完整、美观、大方。教学板书的合理布局，可以增加内容的条理性和清晰度，避免引起学生视力过早疲劳，也有助于培养学生的审美能力。教学板书的虚实相生，就是对板书设计的内容进行艺术处理，根据教学需要，使有的内容必须在板书中体现出来，而有的内容则可不必在板书中反映出来，通过省略号或丢空的办法使之隐去，让学生自己凭借教师的讲述去领会、去思考、去联想，这样不仅可以节省教学时间，突出教学重点，而且对提高学生思考问题的能力，启发和调动学生积极、主动地学习，都大有裨益。

教学板书的制作过程，要求教师写字作画既稳且准、又好又快，若没有训练有素、娴熟灵巧的教学板书基本技巧，是做不到的。粉笔的使用与钢笔、毛笔的使用不同，它短小、易断，笔锋随笔身的磨损不断变化，在使用时就应注意根据这些特点灵活使用，手指捏紧粉笔，手臂移动平稳，用力均衡，并不断转动笔身，才能使写出的字流畅、自然。除常用倾斜动笔外，还可根据需要使用垂直运笔（如画某些直线、曲线和点等）、平放拖拉运笔（如教学板画中的面的处理）等。有时富有创意地灵活变化板书，也能增添教学板书艺术的情趣，如魏书生老师讲议论文喜欢用仿宋体或黑体美术字写课题，讲记叙文用行书，文言文则大多用隶书写课题，他写得认真仔细，学生便也极认真地看，有时还边看边模仿。可见，教学板书艺术的原理深藏奥妙，教学板书艺术的运用更是乐趣无穷（图1.2）。

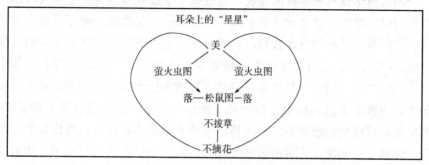

图1.2 《耳朵上的"星星"》板书

板书设计要加强目的性，克服盲目性。板书设计应符合总的教学目的，体现教学意图，注意教材的特点和学生的实际。板书与讲述既要紧密结合，又必须有明确的目的性，这样才能配合讲述的需要，也才能较好地完成教学任务。比如，讲"乘、除法中已知数与得数的关系"时，设计板书均以乘除法各部分的关系为基本框架，通过一目了然的线条，使学生牢固掌握四则运算中各部分的关系，不仅可以进行验算，而且还可以求出四则运算中的未知数。

1.2 板书艺术的作用

板书是课堂教学的重要组成部分，是教师完成教学任务的重要手段，特别是数学板书，其作用更为显著。那种单凭有声的语言讲授而不写的老师几乎是没有的。数学老师讲课时除了用清晰、准确、精练、通俗、生动的语言表达外，常常还用一定数量的无声语言——板书，来说明编者思路、教学思路、学习思路。因此，好的板书能使学生明确教材的重点、难点，有利于学生理解和掌握讲授内容；好的板书是学生的解题样板，是用数学语言表达数学问题的典范；好的板书是教师言传身教的好方法，使学生在潜移默化中发展能力。好的板书是教师的艺术创造，精美的板书好似一首诗，犹如一幅画，和教师的讲解、学生的尝试一起成为课堂教学的有机组成部分。精美的板书又似潺潺流动的小溪，能使学生透过清澈的溪水，看到水底那美丽的景观。精美的板书更似那甘甜的果实，能使学生品尝其中不尽的奥妙。

1.2.1 相辅相成作用

随着科学技术和教育的发展，常规教学手段越来越完善，现代教学手段如幻灯、电影、电视等异军突起，飞速发展，其功能突破了常规教学手段，如粉笔、黑板等直观教具，它的范围、它提供的内容能够不受时空的限制，可以将微观的事物放大，将宏观的事物缩小，变动为静，变静为动，这些"动""静"，都是常规教学手段所不能相比的。因此，有人认为作为常规教学手段的板书是传统的、陈腐的、落后的，没有研究的必要，迟早将被现代化的教学手段所代替。这种观点是不正确的，现代化教学手段，固然有很多优点，有很强的生命力，但作为常规手段的板书，也有很多优点，是现代化教学手段不能替代的。例如，在使用现代教学手段，特别是使用电影、电视等进行教学时，学生与教师之间，没有直接的接触，学生直接面对教学媒体进行学习，教师、媒体和学生之间的联系是一种单线的联系，在这种模式下，学生难以受到思想上的陶冶和情感上的熏陶。况且，编制教学媒体时，无论考虑得多么周密，都难以照顾到每个班级和每个人的不同水平和特点，无法根据课堂上临时出现的情况调整教学内容，发挥教育机制。使用板书则不然，它将教师、学生之间的关系变成三角形立体联系（图1.3）。教师和媒体之间、学生与媒体之间，都直接发生联系。这样，学生既可以通过板书来获得知识，也可以直接从教师的口头讲授中获得知识，同时还可以受到教师思想上的陶冶和情绪上的感染。

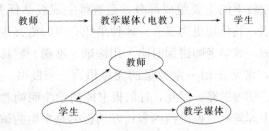

图1.3 教师、学生和媒体之间的关系

另外，板书经济、实用，易于掌握等很多优点是现代教学手段代替不了的。因此，板书和现代化教学手段，将会长期并存，互相补充。

1.2.2 反馈调控作用

反馈教学就是教师向学生传授知识，发展学生能力，通过教学评价检验其成果，教师和学生根据反馈信息，重新组织第二次学习、查漏补缺，使大多数学生能较好地掌握所学知识。学习成绩差的学生，就是师生双方忽视了教学反馈，未能及时对学生某些学不会的知识进行补救，这将给学生以后学习造成困难。过去有些教师之所以不能使大多数学生达到学习目的，就是没有正确处理反馈信息，评价和教学相脱离。

板书，是课堂信息传递的媒体，它集反馈、评价、矫正、调控之功能于一体，对教学控制起着重要作用（图1.4）。

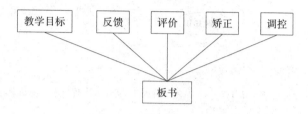

图1.4 板书的调控作用示意

教学系统是个可控系统，教师在了解控制对象状态的情况下，运用板书及电化教学手段，能使学生及时得到反馈信息，老师依靠及时、准确的反馈信息了解控制结果，就可以保持信息的畅通，实现教学信息传递的最优化。

板书具有灵活性，能够根据不同学生的特征，不同班级的需要确定教学目标，并能选择相应的要素，设计最佳系统结构，制定最佳程序，确定适宜的信息传递量和传递形式。通过反馈调节，充分发挥系统各要素的功能，使教学活动最大限度地符合目标的要求，实现教学过程的优化。

板书经济、实用、方便，具有多种功能。既有微型计算机的"集成块"的"缩微"功能，又有显微镜的"放大"功能，加之与电教手段的配合，可以化静为动，调动学生多种感官参与学习，因而有助于提高学生的自我调控能力，使教师—学生—知识信息都处于教学动态平衡之中，始终保持课堂信息的畅流，这样可使学生的有效信息输入大幅度地增加。

教学质量的优劣，在很大程度上取决于教师教学的技巧，这个变化离不开调控适应，而反馈是调控的重要依据，教学过程中的反馈形式和内容是多种多样的，其中最常用、最经济、最普遍的莫过于板书。学生掌握知识的情况，通过黑板的演算，教师可以了解学生掌握知识的程度和存在的问题。学生也需要通过教师在黑板上的评价去了解自己回答是否正确。板书能及时、准确地反馈信息，能改进信息的转换方式，利于信息的储存，有利于提高学生大脑系统的有序度。

在课堂上，通过板书及电教手段的有机结合，可以把一个教学系统变成若干个小系统，如新课结束、巩固练习时教师巡回指导，随时调控，这样学生信息畅通（图1.5），学生处于最佳活动状态。通过新旧信息的联系，建立起科学的解题整体信息结构；通过及时给学生以反馈信息、评价信息，增强了其学习的信心和成就感。

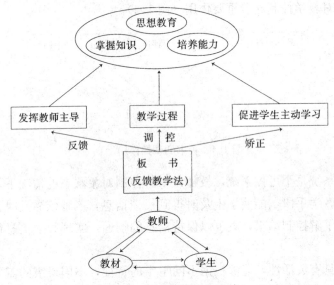

图1.5　板书调控信息流动

反馈——矫正性措施是掌握学习获得成功的关键，也是现代教学法与传统教学法的主要区别。板书在课堂教学中，对信息的传递—反馈—矫正起着重要作用，它把教与学有机地联系在一起，组成了一个闭合回路，使教学过程成为一个完整的系统。不重视板书反馈，不是完整的教学，因而也就不能取得良好的效果。

教学过程中的板书反馈对教和学都有一定的弥补作用，它既可为教的知识变换、组合提出可靠的依据，增强授课的针对性，又可为知识传输方法的可行性和高效率提供可靠的保证。

板书可以实现反馈效应。美国教育心理学家桑代克曾做过一个实验：让被试者在没有反馈的条件下练习画一条10英寸[①]长的直线，尽管重复了解情况3000次之多，但还是不能达到目的，这使他最终不得不放弃这个练习。

---

① 1英寸≈0.0254米。

1 板书艺术概论

上述试验,揭示一个浅显的道理:一个学习者不知道学习后的结果,他就无法发现并纠正自己在学习中所存在的错误,当然也就看不到自己是否有进步。在此情况下,其学习即使重复很多遍也不能使成绩有明显提高,而当他知道学习结果后,便能及时发现学习中存在的问题,通过纠正学习中的错误,也就容易看到自己进步的程度,并激发学习的动机,在进一步的学习中有所提高,这就是学习中的反馈效应。

通过板书反馈和矫正学习中的错误,就能及时让学生看到学习的结果,有助于学习成绩的提高。

1.2.3 开发作用

随着大脑科学的发展,人们愈加认识到人类的大脑还蕴藏着极大的潜能。而这种潜能发挥多少,很大程度上取决于儿童期右脑的开发程度。在当今瞬息万变、变化趋势又千头万绪的时代,右脑的创造性直觉思维决定着我们的大脑能否全面、和谐地发展,是培养儿童创造力的重要任务之一。板书的空间表达方式,可以更好地开发人脑右半球潜力。通过左右半球配合,从而形成清晰的概念。

人的大脑左右两半球中,左半球主管语言中枢,偏重负责知识、信息等词汇方面内容的储存和整理;而右半球的优势则在于空间概念的形成,主要负责空间位置、大小关系、图像、色彩等方面信息的处理和储存。

学生在摄入知识的过程中运用较多的是左半球,即以语言、词汇、文学等方面的理解、掌握和记忆为主,例如死记硬背。如果运用可以显示的图形、空间位置、草图等内容的直观教具辅助于语言、词汇的教学,就可以使大脑两半球的记忆优势有机地相互补偿,相互结合,进行协作,增强所学知识的印象,巩固教学效果。因此,在教学中,特别是以语言、符号材料为主的比较抽象的教学中,应尽可能多做实验,多写直观形象的板书或多用教具进行教学。

1.2.4 激趣作用

板书作为一种直观教具,可以更好地提高学生学习兴趣,保持高度注意。

学生在课堂保持高度注意的时间,少儿一般为20~30分钟,中学生一般为30分钟,这个时间还可以因为教学内容的趣味性、教师语言的艺术性、引入角度的合理性和直观教具的运用等手段而适当延长。在语言教学中，出示板书要有意识地引导学生形成空间印象（图1.6）。教师出示板书的动作，板书的颜色、曲线，教杆的动作等都可以成为一种新异刺激，有效地提高学生的学习兴趣，延长高度注意的时间。

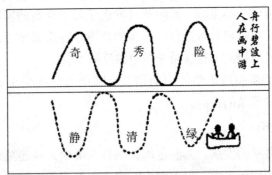

图1.6 "桂林山水甲天下"板书

此外，板书还可以起到教师授课提纲的作用。特别是空间特点极为明显的课题。教师执鞭在手，循图为序，指到哪里，讲到哪里，灵活运用。

1.2.5 视觉作用

有经验的教师，在课堂上，对板书的布局、间架结构、色彩等都是非常注意的。教师的板书，字迹清楚，主次分明，行列适当，一目了然，给学生的空间感受是美观、严谨、大方，从而为课堂增添了严肃、整齐，或者净洁、优雅的学习氛围和审美情调。试想如果一堂课，黑板上空空如也，只字未写；或者擦擦涂涂，换了一版又一版；或者龙飞凤舞，字实在叫人难认；或者横不成行、竖不成列，纵横交错、星罗棋布，那将会是怎样一种情景呢？所以，我们应当重视板书的视觉作用和美育作用。

1.2.6 烘托作用

富有经验的教师往往通过字体大小和附加符号的不同，以及使用不同的彩色粉笔等，有机地突出教学重点、难点，强调需要学生特别注意的问题，留下非常直观而生动的印象，集中了学生的注意力，促进了思考，加深学生对课文的基本结构和思想的理解。比如，有的教师在讲到《蚕妇》时，在板书中，用方框把"入""归""罗绮者""养蚕人"这些词语框起来，这就点明了该诗采用的主要写法，揭示这种不合理现象的原因，加深了学生对该诗的理解。

1.2.7 概括作用

对一堂课或一节的内容要学生完整而迅速地掌握，精妙的板书是较佳的方法之一。概括，就要使板书简明，做到"精"。有些教师不忍割爱，板书设计过于烦琐，结果重点不鲜明，反而不利于学生学习。例如，小说《守财奴》一课的板书（图1.7），它体现了板书设计的概括性，它把小说的情节浓缩了，并言简意赅地揭示出了主人公葛朗台的本质性格。

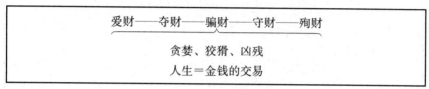

图1.7 《守财奴》板书

1.2.8 连接作用

每门学科的知识，都不是杂乱无章的，知识与知识之间都有特定的内在联系，形成一个知识结构，表现出一定的知识体系。这个知识结构体系，用语言表达不容易全面把握，如果板书出来就可以一目了然其框架。

例如，讲历史上"三国"之间的地理位置及"三国"之间的相互关系（图1.8），可以这样用板书显示（"⇒"表示有斗争关系，"↔"表示有联合关系）。

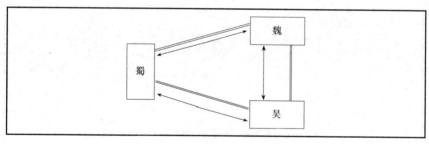

图1.8 "三国"板书

1.2.9 点睛作用

点睛作用即"画龙点睛"作用，是指教师在课堂上正确运用板书能使学生明确和把握知识点，在头脑中形成清晰的知识结构体系。例如，在讲"什么是一般违法"一节时，为使学生把握违法行为、刑事违法行为、一般违法行为、违反治安管理法规的行为等七个名词之间的关系，就先在黑板上画出了一个图表（图1.9），然后引导学生思考、理解。

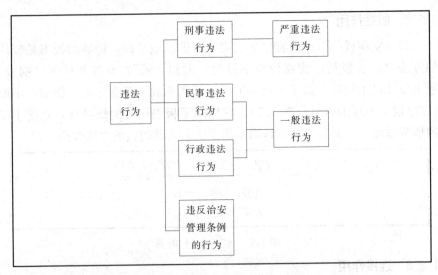

图 1.9 《什么是一般违法》板书

1.2.10 强化作用

　　板书是用文字表达的语言,只要不随便擦掉,它一直呈现在那里,学生通过视觉在脑海中就能促进视觉和思维活动。它能集中学生的注意力。学生注视板书,思考板书内容,这样就能打上深刻的烙印,加强记忆力。异分母加减法的板书(图 1.10)。

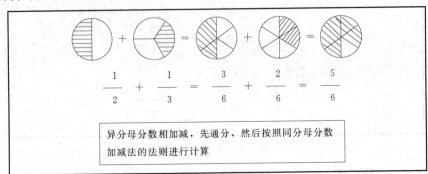

图 1.10 《异分母加减法》板书

　　这种板书数形结合可以增强理解力和记忆力。版面设计形式简括、鲜明、富有美感,做到了条理清晰连贯,概括科学合理,款式鲜明醒目。
　　课堂上结合教学完成一个好的板书设计,能体现教师完成教学任务的明确目的性和力求达到这一目的的坚强意志和顽强毅力。这种果断而坚定的品质及严肃认真、孜孜以求的职业精神,将会长期地、不断地教育和感染学生，有助于形成良好的意志品质。

运用板书，可以发动各种感官参与记忆。

学生在参与知识的感知识记的过程中，各种感官的神经中枢都参与，就可以有效地增强识记的效果，最大限度地减少遗忘。据研究，人在学习时，通过视觉获得的知识约占83%，通过听觉获得的知识约占11%，通过其他形式获得的知识约占6%。再看保持的情况：同一份资料，如果仅用听觉记忆，3小时后保持60%，仅用视觉3小时后记住了70%，两者并用，3小时后就可记住90%；3天后，仅用听觉记忆率为15%，仅用视觉，记忆率为40%，而两者并用，则记忆率为75%。可见板书可以调动学生用眼看、用脑记、用手书、用耳听，可以使学生各种感官都有参与识记，提高记忆效果。

1.2.11 培养作用

板书基本功能之一在于使教材简约化，字少而信息精，从而激发学生想象，增强对教材认识的清晰度和整体感。这种以少胜多，以简驭繁的板书，本来就是一种十分有效的思维训练。所以板书的条理性，有利于培养学生的思维的连贯性，板书的简练性，有利于培养学生的概括能力，板书的直观性有利于培养学生的形象思维能力。

（1）提高审美力

培养学生对数学美的鉴赏力，这对发展学生的创造性思维将起到重要作用。数学中充满诗情画意的板书美，可以通过各种优美的线条和几何图形，给学生以美的感受、美的熏陶。有人描绘，直线表示力量、生气、刚强；曲线表示优美、柔和、运动；折线表示转折、升降、前进；垂直给人以均衡、庄严之感；水平给人以稳定、整齐感；斜线给人以兴奋、向上感；三角形的稳定、正方形的纵横性、圆的周期性，这些都是数学板书给人的美感。善导者能通过板书提高学生的审美力，如小数、分数、百分数的互化板书（图1.11）。

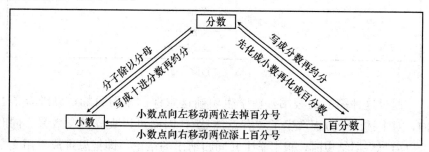

图1.11 《小数、分数、百分数互化》板书

此板书利用对称方法造型显得结构美，凭借文字、线条的组合排列，把分数、小数、百分数互化的方法排列成三角形，既美观又简洁，便于记忆。

(2) 培养创造力

好的板书由于教师对教材内涵的意会、理解，均物化在板书之中，成为很多潜信息，而当接触这种板书时，必然会激活学生的思维，产生联想，为发展创造性思维，提供了很好的契机。

(3) 提高理解力

教学板书是经过教师认真备课，精心设计的。具有简明扼要、重点突出等特点。它通过关键的字、词、句、图的写、点、描、画直观又形象地体现了题中各组数量关系及各类知识的内在联系，学生印象深刻，能提高学生的理解力。例如，《秋菊》围绕论点设计，显示出秋菊的不屈不挠的精神（图1.12）。

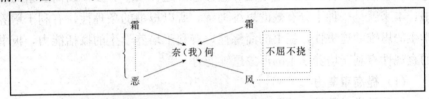

图1.12 《秋菊》板书

(4) 集中注意力

起始课的板书内容一般是写"课题"和"学习目标"。这可结合开讲艺术进行板书："数的整除"（图1.13）。问：今天我们学习什么内容？学生齐读一遍后在整除一词下边打上着重号，这样给学生思维定了方向，把全班学生的目光集中在黑板右侧板书。

图1.13 "整除"板书

通过这种简明的板书，使学生明确这堂课的学习目标，思维有了方向，对上述四个方面产生了"有意注意"，因而可以提高教学效果。同时为以后每一层结束时，板书学生共同归纳出的结论，即把思维成果用文字在黑板上表述出来，使整节课的重点、难点、关键一目了然。

(5) 提高概括力

在每个层次结束时的板书,可以总结思维成果,突出重点和关键,引导学生承上启下开展思维活动。

讲完一个层次的内容后,教师必须引导学生归纳其中最基本的内容,得出科学结论,就是将学生的思维成果通过板书的形式让学生牢记这一成果,并能以此出发过渡到下一教学层次的思维活动,起到承上启下的作用,使整堂课的思维活动用一条知识线贯串起来。如图 1.14 所示,这则板书让学生完整看一遍,这堂课所学知识重点得以概括总结,起到一目了然、尽收眼底的作用,形成良好的认识结构。

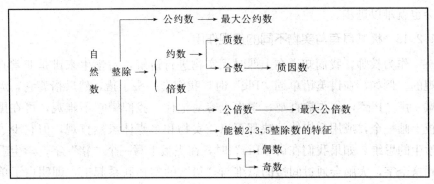

图 1.14 《数的整除》板书

(6) 培养想象力

在讲授《卖火柴的小女孩》时,可启发学生根据小女孩五次擦燃火柴的细节描写,入情入境,展开想象。侧重想象:每次点燃火柴时小女孩出现了什么样的幻想?为什么?这反映了什么?让学生联想小女孩当时的境遇和社会现实,结合有关故事情节,读读想想,进入意境,懂得五次写景及其原因。因为冷极了,就想得到温暖;因为饿极了,就想得到好吃的;因为贫穷难熬,就想到美好的东西;因为得不到抚爱,就想到温和的奶奶;因为凄凉悲苦,就想到那快乐和幸福的地方。但冷酷无情的现实,只能使她心中甜美的愿望,化为一场梦幻似的泡影的想象和领会,可板书(图 1.15)。

1.2.12 板书具有长时间地向学生传递信息的作用

板书首先是文字,它和文字的作用一样。当初,文字就是为了记录语言,传达信息,将语言和知识用文字记录下来才进行长时间的传递。如果

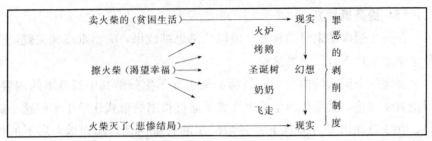

图 1.15 《卖火柴的小女孩》板书

没有文字，我们在教育学生时只能采用口传身授的办法。这样，我们的知识会越传越少，古圣贤的知识也不可能传到现在，科学也就难以发展，社会也就难以进步。

1.2.13 板书具有与实物不同的直观作用

作为教师，我们知道在上课时用实物进行讲解，对学生来讲是非常直观的。例如，在讲英语单词"Pig"时，我们牵一头小猪，然后指着它，大喊一声"Pig"，这非常直观，学生也容易记住。我们嫌它不雅观，可在黑板上画一个，或用多媒体放映都可以。实物和多媒体虽然直观，但它少了学生的思维。如果我们在讲"Pig"时，在黑板上写一个"猪"字，学生看到这个字，大脑会通过间接的思维与"猪"的实物联系起来，即明白了单词的意思。在化学课上，我们用实验的方法讲解两种液体混合后的变化时，学生可以很直观地看到，但我们用板书把它们的原理讲解出来时，学生也会通过思维，抽象而直观地感受到两种液体的变化。我们常说，作为教师应培养学生的思维能力，而板书也担当了这种责任。

1.2.14 板书具有灵活性作用

使用多媒体辅助教学，如"飞机投弹"、"波的干涉"，易于突破难点。"磁感线"展示了磁感线的空间分布，弥补了相当一部分同学的空间想象力的不足，所以这是很值得的。但在使用过程中，我们也有很深的体会，准备一节课需要很长时间，即使使用现成的教学软件与自己的教学设计相结合也很费时，所以使用多媒体辅助教学要恰到好处，不然可能会事倍功半。另外，这些教学媒体有一个共同的缺陷：要按照别人预先设计的环节进行，无法根据学生的特点灵活处理教材，即使自己制作的软件，也有类似的不便，因为教学过程中会有突发事件发生，会出现教师意想不到的问题。

1.2.15 板书具有示范和审美作用

课堂教学的艺术离不开具体生动、富有表达力的语言，离不开基于扎实的专业知识又经不断锤炼出来的教学组织能力,也离不开直观、形象的优秀板书。板书直接影响到学生的书写能力,因为学生的模仿能力很强,如果我们示范得不到位,学生们学得也可能不到位。特别是小学生,他们正处于识字、认字的阶段,板书更应具有示范和引导作用,同时给学生以美的享受。精心设计的板书,能使学生赏心悦目,兴趣盎然,活化知识,加深理解,加深记忆,是提高学生非智力因素的重要手段。

例如,《梅花魂》以梅花为线索,写了外祖父的五件事,重点表达了外祖父对祖国的热爱和眷恋之情。梅花寒霜傲放,被人们赋予了坚强的品格,为人们所赞颂,成为中华民族顽强不屈的精神象征。课文由故乡的梅花又开放了,引出了对漂泊他乡、葬身异国的外祖父的回忆。梅花年年开,"我"的记忆之门也一次又一次地被打开,而由梅花引发的回忆都跟外祖父有关。外祖父爱梅花,在他的心目中,梅花是中华民族精神的象征,梅花就是祖国的代表,他把爱祖国的情怀寄托在梅花的身上,爱梅花就是爱祖国。另外,外祖父对祖国的眷恋也如梅花,坚贞不移,虽身处异国他乡,却时时眷恋着祖国。如图1.16所示,板书设计图文并茂,一朵盛开的梅花,展开的花瓣中板书的是回忆外祖父的几件事,花蕊则点明中心,梅花魂即民族魂,即外祖父的爱国心、赤子情,形象直观,有利于加深学生对课文的理解,自然在心中形成一位挚恋祖国的海外游子形象。这样,梅花与老人交相辉映,融于一体,梅花魂不仅深深注入老人的生命之中,也深深影响着孩子们。两旁的诗句则是由学生为梅花题写的,给孩子们一个展现自我的舞台,让学生充分搜索记忆仓库中的生活和情感等,从而让"文心融我心""我情融文情",让每一个孩子都做学习的主人,敢想敢说,课堂充满活力,灵动四起。

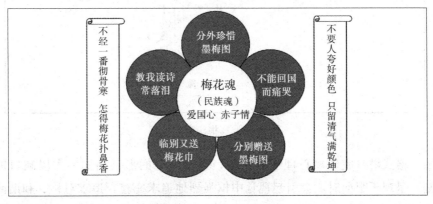

图1.16 《梅花魂》板书

1.3 板书艺术的效应

1.3.1 板书艺术与空白效应

好的板书,在布局上体现结构美、对称美、简洁美,在关键处留下一定空白,让学生去联想、去思考。其效果反而比写得满满的好。

从心理学原理看,"满堂灌"的方法极易使学生产生生理和心理的疲劳,容易引起学生的分心现象,抓不住重点,而留下空白点,学生就可以从中得到休息,由看转思。

从记忆原理看,"满堂灌"的板书不易使学生记住,而留下空白点的板书,就容易使学生记忆,这是因为后者受到前摄抑制和后摄抑制较少的缘故。

从创造和想象原理来看,留下空白点的板书更容易使学生荡起想象的浪花,激起好奇的涟漪。从全国优秀教师的获奖板书看,其共同特点是简美,产生的空白效应是很大的。但并不是所有留下空白都产生效应的,也就是说,留下"空白"是一门艺术,不是简单、随意的事,要精心设计找到引与发的必然联系,如《梅雨潭》,有位教师设计板书时将"亭、瀑布、潭"三者的地理状况和梅雨潭的形成各表现出来,中间留出一块三角形的空白,让学生根据作者思路由远及近的游览顺序和由上而下的观察顺序去想象梅雨潭的优美景色,从而显示了空白效应的神力(图 1.17)。

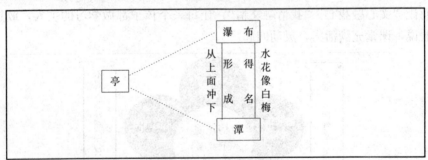

图 1.17 《梅雨潭》板书

格式塔(完形)心理学派认为,当不完全的形(例如一大段缺口的圆)呈现于眼前时,会引起视觉中枢强烈地追求完整,追求对称、和谐简洁的倾向,从而使知觉的兴奋程度大大提高。根据格式塔对"空白""不完全"造成的审美心理效果的独特解释,在板书的艺术创造中,如何通过"空白"和不完全的形造成更大刺激力是板书艺术创造能力发展的一个重要表现。中国传统的山水画,就是因为有了空白,才为那些有限的形状填入了宇宙广阔的无限性,取得以少胜多,以一当十的审美效果。选入中小学语文教材的课文,不少名家名篇,其重要特点之一是含蓄、凝练、隐约,讲究"曲折有致""言近旨远""意在言外"。文章中的"空白"绝不是笔墨的"节约措施",也不是作者故弄玄虚,搞文字游戏。它实实在在取决于创设作品意境、深化主题思想的需要,是作者独具匠心的构思,使文学艺术作品具有强烈的艺术感染力。如安徒生《卖火柴的小女孩》一文中,最后人们议论"她想给自己暖和一下……"这里的省略号,意味深长,使读者感受到了作品的思想美和艺术美。板书艺术如同一切文学艺术一样,也要讲究空白艺术。

此板书有意留出空白,能引起学生思索,产生联想,让学生去探索、补充,作为诱导学生自习的提纲,从而收到开发智力、发展能力的效果。例如,《西门豹》(图1.18)板书。

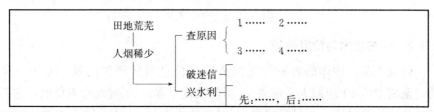

图1.18 《西门豹》板书

数学是训练大脑的体操。在板书设计中,板书繁多杂乱会抑制学生的思维品质的发展。在板书设计中,教师应充分利用教材本身的"空白"——蕴含的心理张力或"压强",引导学生展开合乎逻辑的想象,回味板书的"空白",有利于学生认知结构的建构。例如,《求正方形的面积》板书(图1.19)。

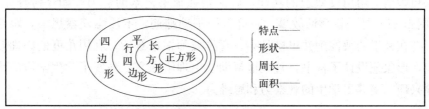

图1.19 《求正方形的面积》板书

板书设计的整体图像用集合的形式把正方形、长方形、平行四边形和四边形的关系表达出来了，然后就正方形的特点、形状、周长、面积留出"空白"激发学生去探究，活跃学生思维，外静内动取得言未尽而意无穷和"此时无声胜有声"的板书效果。

好的板书要产生空白效应，在内容安排上必须有虚有实，虚实结合。"虚"就是留出空白，"实"是指把课文内容真实准确地板书出来。这样实的一面能让学生一目了然，加深理解，虚的一面则可以调动学生积极思考，激发学习情趣。

《画》（图 1.20）是一个以古诗作谜底的谜语。有位教师在板书设计时，突出诗句对山、水、花、鸟四样景物描写的反常现象之后，留出空白点，使学生想象诗中景物只有在什么情况下才会存在，帮助学生说出谜底。

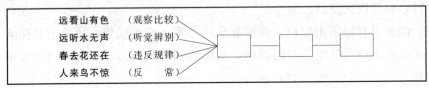

图 1.20　《画》板书

1.3.2　板书艺术与角度效应

研究表明，物体的各种线条向人输送信息时所产生的效应是不一样的，偏离沿线10°应最大，偏离45°时应接近于零。80°时效应为负值，它们产生效应的绝对值，也只有偏离10°时效应的1/5。正因为这个缘故，画家们在构图时，总是十分注意图像的分界线，棱角和曲线拐弯处，尤其是对那些倾斜10°左右的曲线，如眉眼、面庞等用笔十分讲究。摄影师在拍摄人像时，还有意取成微侧面、探身、回首等稍稍倾斜的状态，以加强人像的面部表情或身段的曲线。这些稍微的角度变化无疑加强了人的优美的姿态，这种稍微的角度，在心理学上称为"角度效应"。在板书设计中，如果巧妙地运用角度效应的功能，就能增强板书艺术的魅力。如《捞月亮》（图 1.21）是一篇童话故事，一群猴子不动脑筋，不注意观察思考，跟着月亮在井里的映像到井里捞月亮。有位教师根据童话，利用角度的心理效应，形象地设计了板书，直观地帮助学生理解课文，激发了学生学习的浓厚兴趣，培养了学生的观察力和思维力。

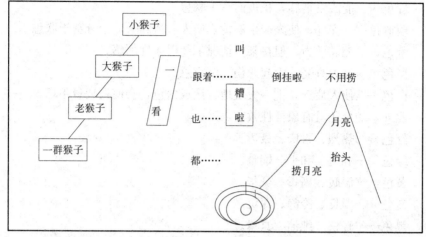

图 1.21 《捞月亮》板书

1.3.3 板书艺术与颜色效应

学者们发现，一定的颜色对人的思维方式、行为习惯及性格情趣等有重大的影响，这一现象被称为颜色效应。

颜色具有一种物理特性，当它作用于人时，不同的颜色就会产生不同的心理效应，并影响人的态度和行为。例如，红色、橙色、黄色能使人产生暖的心理感受，而绿色、青色、蓝色、白色、紫色会使人产生冷的感觉。在板书设计中就应该注意这点。色彩对于人类世界是很重要的，一方面，色彩携载着丰富的信息不断地刺激人的视觉神经，它是人们认识世界的主要途径；另一方面，人在很大程度上又是靠色彩表达情感的，它是人们创造世界的重要方法。

传统的板书，黑白分明的效应给人以沉重、肃穆之感，容易导致大脑皮层活动的压抑，因此，这种单一的色彩不利于提高教学效果。奥地利心理学家的实验证明，用绿色的粉笔在浅黄色的"黑板"上写字，既有利于集中注意力，又能活跃思维，保证旺盛的记忆力。色彩是人类精神世界的外在表现。用色彩表达情感是中华民族的传统，它从一个侧面反映出中国人内心世界的丰富多彩。

目前，我国有的学校已用绿色毛玻璃板代替了"黑板"。板书在色彩配搭上一定要注意色彩效应和情感效应。

心理学家鲁宾斯坦的颜色情感效应研究结果，可以给我们板书配色提供参考依据。

红色——能激发情感，积极而富于联想。
蔚蓝色——安详，使人产生温情，使人心情舒适，十分富于联想。
紫色——充满活力，但在某些情况下却引起忧郁感。
黑色——使人难受，引起悲伤、沉重感。
白色——使人疲乏，把一大块地方涂成白色，会使人疲惫不堪。

此外，颜色还具有象征性效应。

红色——热烈、喜庆、豪迈。
绿色——和蔼、和平、娴雅。
黄色——温暖、高贵、豪华。
蓝色——温良、冷静、深沉。
黑色——轻快、纯洁、真挚。
白色——沉重、悲哀、神秘。

掌握了颜色的情绪效应和象征性效应，就可以根据不同内容进行板书设计，就能实现板书艺术的色彩美。

1.3.4 板书艺术与示范效应

在美国，有人做过一个有趣的实验，把儿童分成四组，每组配一个实验员，待实验员与儿童建立了良好关系并得到儿童信任后，实验员的行为对儿童的影响非常重要。实验结果说明了身教重于言教，这就是示范效应。

心理学的研究表明，教育的示范效应对行为的正面强化作用表现在四个方面：一是启动作用，即教育学生良好的品德，健全的个性，可激励、启发、推动学生自觉地效法教师。教师的板书亦然。二是控制作用，即学生以教师为榜样，自觉地控制自己背离榜样标准的念头和行为。三是调整作用，即学生对外界干扰的意志力，进而重新调整自己的行动，进入正确的轨道。四是矫正作用，即学生能以榜样为镜子，不断地对照自己，不断按照榜样的形象矫正自己的缺点和错误。

心理学的研究同样证明，当教师言行不一时，其行为的负强化作用往往胜过语言。所以，其身正不令而行，其身不正虽令不从。教师的板书以科学性指导着学生去读书，又以特具的艺术魅力，给学生以美的感染。荣获中国钢笔书法大赛一等奖的上海吴淞区进修学院教师钱沛云在回忆老师引领他叩开书法艺术殿堂时，有这样一段话："记得第一堂课，他在黑板上流利地写了自己的姓名，那三个粉笔字结构宽博，笔力遒劲，顿时吸引了我，我和邻座的几位爱字的同学不约而同地交换了眼色，那是在赞叹；

啊！写得多棒！他就是教我们的老师啊！在我们眼里，这几个字仿佛无形中为教师增添了一种美感。"从这以后，钱沛云的楷模不仅只是手头一本字帖了，而是经常把目光对准黑板看老师的板书。这说明，板书的示范效应能产生如此巨大的力量。

1.3.5　板书艺术与门面效应

教师的三字笔——毛笔、粉笔、钢笔，不亚于医师的手术刀、裁缝师的剪刀和理发师的剃头刀，它们在教学中起着很大的作用。

人们常说，字是开门锤，是一个人的门面。一手漂亮的好字，能使课堂增辉，收到良好的教学效果，同时也有助于树立教师的威信。学生会因此认为，这位教师一定满有才华，肚里有货。

一幅好的板书会给学生印象深刻，记忆容易，同时也给学生美的享受。所以说，板书的好坏是与教师的教学效果、威信，甚至整个形象相关的大事。教师要树立良好的形象，必须写好板书字。相反，有的老师知识渊博，才华横溢，美中不足的就是板书字很差，在板书时信笔涂鸦，潦潦草草，凌乱无章，给学生留下不好的印象，甚至学生并不喜欢这样的教师，误认为这样的教师知识水平不高，肚里无货。

在社会理论学中，由于对人的某种品质或特点有清晰的知觉，印象深刻、突出，从而掩盖了对这个人的其他品质或特点的印象，叫作光环效应。我们大多数都会受到光环效应影响，发生认知上的偏差。如一个老师的板书字写得漂亮、板书设计也美观，学生就会认为这位老师一定是满有才华、水平很高，值得敬重的好老师。

1.3.6　板书艺术与熵减效应

耗散结构理论认为，对于与外界有信息交换的开放系统，当其总熵减小，系统将从无序走向有序。板书的作用正是在于扩大信息源，拓宽信息传输的通道，改进信息转换方式，增大信息流量，形成一个对外开放的与外界和谐统一的教学系统。

教师在教学中，必须把储存状态的知识信息转换成传输状态的知识信息，才可能被学生所感知，而板书的功能就在于此，它把知识信息通过转换成图像、表格、板画等信号，以一种直观的方式，把事物逼真地再现于学生眼前，有利于知识正向迁移，储存信息。板书能促使个体（学生）、群体（班级）系统开放，并将对学生产生深远影响。班集体的一个显著特点，是学生在心理上有一定的联系并发生相互作用，在一个班中情感传染

很重要，如果同时具有同样情感的人愈多，那么这种情感通过正向反馈就会变得愈加强烈。

　　板书的反馈功能，可以扬正纠错，学生好的解题思路在黑板上示范板演，就可以发挥榜样作用，同伴和榜样，力量无穷，胜过老师的表扬。而一些学生的典型错误，也可以通过板演及时发现其原因，通过全班同学的辨析、评价，就可以教育大家，这样防微杜渐，使后进生转化，"后进生"上来的同时，反过来又使那些受表扬的"学生"更加兴奋，更加奋进，更上一层楼。这就使班级从无序走向有序，成为和谐的统一体。

2 板书艺术的基本原理

任何教学艺术必有其理论基础。就板书艺术而言,它的理论基础主要是教育学(特别是教学论)、心理学、哲学、系统科学、美学、书法学和数学。它是建立在这些学科基础上的综合性的教学艺术。

2.1 美学原理与板书艺术

板书是课堂教学的重要组成部分,是完成课堂教学任务的有效手段,是教师语言艺术的书写形式。好的板书能提炼出一堂课的精华所在,可以配合教学突出重点,加深印象,增强效果。好的板书能撬开学生智慧的大门,可以提炼和浓缩知识给人以志得神怡的艺术享受。一幅独具匠心的板书,就是教师在教学活动中创造的一件精美的艺术品。朱光潜先生曾说:"美是客观方面的某些事物交融在一起而成为一个完整现象的那种特质。"不少人认为,板书从"性质"到"形状",或者说从内容到形式,一方面要适合主观的需要;另一方面又要使主观的目的与客观的效果相统一。一般认为,板书的基本要求是内容的完善美、语言的精练美、构图的造型美、字体的俊秀美。

例如,《燕子过海》(图 2.1)向我们讲述了一群飞往南方过冬的燕子,不畏艰难困苦,顽强地朝着目的地不停地飞行。飞累的燕子见到大海上航行的轮船,便纷纷落在甲板上休息片刻,然后又朝着南方飞去。水手们久久地目送燕子飞去。文章简短,但语言并不直白,抒情性强,字里行间流露出对燕子不怕困难、顽强执著精神的由衷敬佩和赞叹。同时也反映了人们对燕子的关心和爱护。板书的设计着重抓住文中的关键词语,理清文章思路。燕子因"不停飞行"而"太疲倦",于是像雨点一样落下甲板,伏着休息,抓住"落""伏"两个动词,突出燕子的疲倦。休息片刻之后,燕子"并不软弱"而继续"坚强"起飞,抓住课文最后一节中的两个反义词，提升对燕子品格的理解。在这个过程中，船上的水手与远飞的燕子挥手告别，又将死去的燕子轻轻放入海中，板书中将这两个动作概括为"目送""轻放"，言简意赅。整个板书最后形成一只燕子展翅高飞的形象，寓意深刻，底部又似一艘行驶的轮船，甲板清晰可见，一图双关。

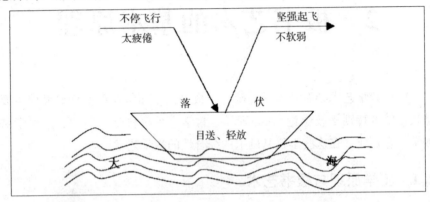

图 2.1 《燕子过海》板书

2.1.1 情感美

从系统科学观点出发的情感转移原理认为，教师只有把自己的思想情感成功地转移（转化）给学生，并使之产生情感交流与共鸣，方能产生美的效应。情感作为一种心理现象，是人的需要能否得到满足所产生的一种内心体验。教师与学生双方活动的整个教学过程，实质上就是一种情感交流的过程。在这个过程中，教师具体、生动的情感有着巨大的魅力，它可以加强学生知识和思想感情的体验，是教学活动中最有效的手段。

许多学生对老师、对课本和同学都感到乏味，这其间缺少的就是情。"感人心者，莫先乎情。"唯其有情，教师才能展开才华羽翼去镂绘意境；唯其有情，教学才会轻松自如，从而达到师生情感的共振，更有效地获得好的教育效果。优秀的教师之所以能出色地完成教学工作，最根本的就是他们对学生倾注了满腔的爱。没有爱就没有教育。教师应是一个强有力的磁场，紧紧地把学生吸引住，这其中的磁力线就是师生间那无尽的情感的柔丝。

情，是教学艺术之魂。从这种意义上，只有实现了情感转移的教育，才是美的教育。教学艺术水平的高低，正是表现在能否实现情感的转移。那么，板书怎样才能体现情感的转移呢？板书是教学语言的书写形式，从信息论的观点来看，课堂教学是信息反馈传递的过程，而信息传递的主要载体便是教师的语言,无声语言是体态系统的姿势语言和符号系统的板书。板书是教学语言的有机组成部分,是书写符号形式。

板书是教师在课堂教学中,为了达到某种教学目的的一种书面语言,是辅助教师口头语言表达的一种手段,它和有声语言是相辅相成的。有时在表达上比有声语言更准确、更清晰,更容易被学生接受。例如,《民间故事》这则板书(图2.2),左右对称,衬托中心;上下均衡,突出重点;中间部分,回环曲折;动中有静,静中显动;整体布局,新颖别致,既有整齐美,又有变化美;既有匀称美,又有回环美,令人产生多种美感……

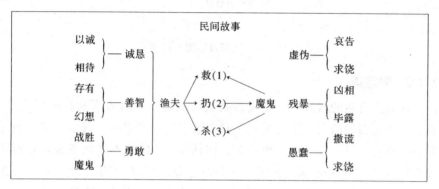

图2.2 《民间故事》板书

2.1.2 内容美

凡是被称作美的事物,都必须具有现实的、活生生的客观内容形象。教师板书的内容美表现在通过揭示教材内容的重点与关键部分,借以启迪学生的心扉,拨动学生思维的琴弦,引发出师生之间双向交流的愉悦。只有教师的板书内容"恰到好处",加上教师的"导之有方",才有学生的"学之得法",使其领略成功的喜悦,激发其进取心理。教师板书的内容美,不仅扩大了学生的知识领域,丰富了学生的精神食粮,还会使确有专长的学生脱颖而出,得到进一步的培养。

例如,从《彩霞姑娘》(图2.3)利用新颖的造型艺术,把彩霞姑娘"一心向往幸福和自由"的主题,建构在圆中心位置,然后,把受尽各种折磨和美妙的幻想对比放在左右两边,揭示了教材内容的重点与关键,引发学生的联想思维。

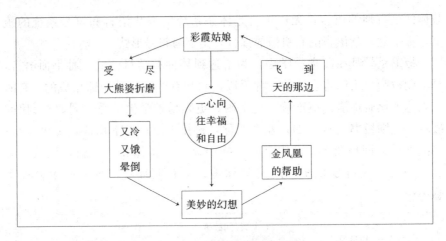

图 2.3 《彩霞姑娘》板书

2.1.3 简洁美

在对大自然的欣赏中,有人喜欢大海的深蓝,有人喜欢枫叶的火红,有人喜欢雪山的洁白,这说明,人们在追求色彩的单一。其实,单一就是质朴,质朴也是一种美——单一美。俗话说:"好吃不过粗茶饭,好看不过素打扮。"意大利的著名画家达·芬奇也说:"你们不见美貌的青年穿戴过分而折损了他们的美吗?你们不见山村的妇女,穿着朴素无华的衣服比盛装的妇女美得多吗?"板书美在于简洁,无论文字、线条、颜色、版面等,均以简洁为上策。托马斯·阿奎在《神学大全》中写道:"一眼见到就使人愉快的东西才叫美的。"无论是欣赏自然美或艺术美,都不是先有逻辑的判断而后有美。往往是先有"美感"而后才有判断。这就是美感的直觉性显现。

例如,《田忌赛马》板书(图2.4)美就美在简洁。40多个字便展示了全文内容,结构合理,排列有序,特别是符号运用得很好。一方面,板书抓住了教材的难点,即田忌与齐威王两次赛马,从大败到反败为胜的复杂情况,借助于箭头的交叉,清晰地表现了文字叙述的内涵,使学生一目了然,起到了重要的助读作用。另一方面,板书设计又突出了教材的重点:为什么还是原来的马,只调换了一下出场顺序,就能转败为胜?这里借助提示语外,也充分显示了符号的功能:着重突出了关键在于"斗力"还是"斗智",两个问号旨在激起学生的思考,造成悬念;而感叹号又显示了结论的有力和对田忌、孙膑的赞赏;各大小括号和几何图形的使用也起了表总括号、表注释、表强调作用。从这幅板书中可以清楚看到巧用符号的重要性。

2 板书艺术的基本原理

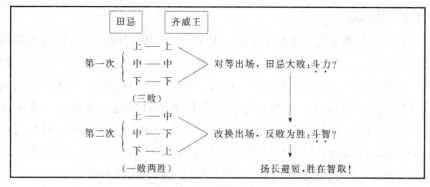

图 2.4 《田忌赛马》板书（一）

《田忌赛马》设计如下网络板书（图 2.5），更具有简洁美，有利于帮助学生理解课文内容。

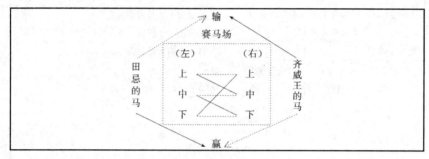

图 2.5 《田忌赛马》板书（二）

宋代词人苏轼在描写西湖美丽时，有一句话叫："浓妆淡抹总相宜。"这句话道出了人们两种不同的欣赏心理。人们对美的欣赏，不会全是客观事物本身的形式，它还包含了人们审美经验的综合，也包含了文化传统的因素等。人们常说"吃饭不吃菜，各人心里爱"，就讲到审美的个人差异性问题。这种差异性的形成是一个比较复杂的问题。人的审美习惯与人的内在素质、所受的教育程度、年龄特征、个人爱好兴趣、民族传统、社会风尚等问题都有关系。但是，人的审美习惯的心理差异是客观存在的。有的人欣赏大红大绿的对比美，有的人欣赏色泽调和的淡雅美，有的人喜欢线条夸张的图案美，有的人喜欢文字简洁的联想美，这些都是客观存在的欣赏心理差异。对"单一"与"复合"的欣赏并不存在高低之分，因为人类生活的本身，既是单一的也是复合的。生活本身就组成了多层次与多色调的美。

一般来说，低年级学生喜欢图文并茂、色彩鲜艳、文字简单、辅之以图示式板书。高年级学生与中学生喜欢逻辑性强、富有启发性的线条式板书。

2.1.4 对称美

亚里士多德认为，美的主要形式是秩序、匀称与明确。这里所说的匀称，用在板书上就是板书中的对称。它给人一种匀称稳重之感，使学生产生一种对称美的感受。例如，讲《乘除法的关系》（图2.6），这节板书利用两个算式具体地进行比较和分析，然后画出对应线，突破这节课的难点，让学生通过乘、除两式间的内在联系，导出乘除法的关系。最后有一个反箭头，准确而突出地标出了它们之间的"逆"运算关系。就这样，利用这一板书，顺利地完成了一系列教学活动，收到了良好的效果。

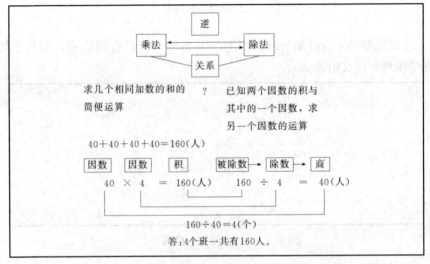

图2.6 《乘除法的关系》板书

又如，《个人与集体》的板书（图2.7），以"破—立"为轴，以"利""名"分列对称，对称形式可以分为横对称形式和纵对称形式两种。它具有安静、稳定的特性，它还可以衬托中心。

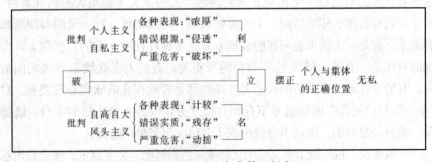

图2.7 《个人与集体》板书

2.1.5 照应美

《忆江南》的板书设计（图 2.8），诗中每一个词语都与有关的内容相照应，板书形成了一个相互照应和联结的链条，具有一种照应的美感。

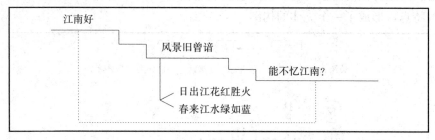

图 2.8 《忆江南》板书

2.1.6 和谐美

板书的布局、色彩要和谐，彩色笔要使用适当，不能乱用多用，不能使整个黑板红红绿绿分散学生的注意力。如讲公倍数概念时，可用"线条式"板书（图 2.9）来表现新旧概念之间的联系，这种板书看上去非常明快而和谐，体现了知识内部结构的和谐美。

图 2.9 "公倍数"板书

2.1.7 流动美

动而见动，静而见静，从心理上产生"流动的"愉悦。例如，《年月日》的板书（图 2.10）。这幅板书设计，随箭头所示，把年、月、日、时、分、秒的关系展示得一清二楚，同时也给人一种流动的美感。

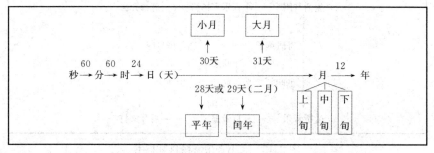

图 2.10 "年月日"板书

2.1.8 立体美

《狼》的板书设计（图2.11），既有纵向的"遇狼""避狼""劈狼"的过程，又有横向的狼与屠户的不同表现和情态，还有分别综合的狼与屠户的特点，形成了一个立体的构图。

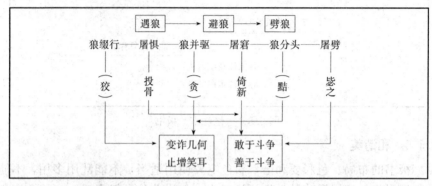

图2.11 《狼》板书

2.1.9 布局美

对艺术创造来说，独特新颖决定着作品的生命力，板书设计作为一种艺术创造也是如此。好的板书应该布局合理，整齐中见变化，合理中见新奇，给人以一种和谐统一的美感。

为了实现板书的布局美，必须整体计划合理布局，对板书内容事先巧妙安排，杜绝漫不经心、随心所欲的板书。黑板有大小之分，小黑板一般用于教师课前准备预习提纲或课堂补充练习题，大黑板又可以分为正副两种板书，正板书不轻易擦改，副板书供临时书画。教师在安排版面时，要将大小黑板、正副板面视为一个有机的整体，以和谐的整体美去感染学生。例如，《小音乐家扬科》板书（图2.12），这则板书用"线条式"的方法设

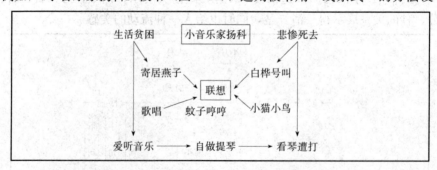

图2.12 《小音乐家扬科》板书

计，左右对称，衬托中心，上下匀称，突出重点，既反映文章的思路，又把事物与联想表现出来了。整体布局，新颖别致。既有整体美，又有变化美；既有匀称美，又有回环美，令人产生多种美感。

2.1.10　整体美

板书设计的目的在于把教材中复杂的多层次的内容集中地表现在有限的黑板上，从而使学生对课文有一个系统、全面的认识。好的板书，要做到集"四路"（教材的编排思路、作者的行文思路、教者的导读思路、学生的阅读思路）于一体，熔"三点"（重点、难点、特点）于一炉，充分发挥其整体功能，给人一种整体的美感。例如，《董存瑞舍身炸暗堡》板书（图2.13），以"舍身"为重点，"炸"为线索，把起因、经过、结果，采用线索贯穿整个板书之中，既突出了文章的重点，又理清了文章的思路，还指明了导读的思路，将课文的重点、难点及板书的特点融为一体，发挥了板书的整体功能，体现了板书的整体美。

图 2.13　《董存瑞舍身炸暗堡》板书

2.1.11 整齐美

《苏州园林》的板书设计（图2.14），在揭示总的特点之后，整齐地分列了七个"美"。

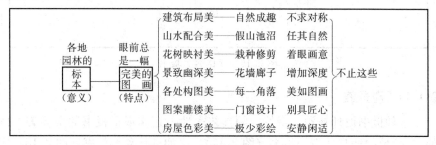

图 2.14　《苏州园林》板书

2.1.12　含蓄美

人类对于某些事物，有时可以有共同的美感。如芬芳的花卉，美妙的音乐，壮丽的风景，明亮的月色，谁不欣赏它的美！漂亮的板书就像花卉、风景、月色一样给人以陶冶。它以简驭繁，语精意丰，用最小的面积，惊人的集中了最大的思想，"只教给学生最本质的最主要的东西"，让学生感受到一种浓缩的简洁美。这种简洁美，犹如画家画花，独花一枝，留有余地，让人去遐想；像演员演戏，"三五步走遍天下，七八人百万雄兵"，并不是什么都搬上舞台；像诗人作诗，讲究含蓄，"言有尽而意无穷"；像音乐家演奏，抑抑扬扬，有时无声胜有声。例如，《孔乙己》板书（图2.15）在"笑"字后面一个问号，"悲"字后面一个叹号，以及括号内的简洁文字，将课文内涵引向深入。这种"惜墨如金"的板书，不是将课文内容简单的重复，而是画龙点睛的启示，语精字妙，能引起学生由表及里、由此及彼的深层次思考，不断体昧课文的意蕴之所在，从而达到唤起审美想象的效果。

图 2.15　《孔乙己》板书

2.1.13　哲理美

板书的哲理美表现在它能将课文的内在含义，通过教师的艺术加工凭借简洁的文字、线条、图示突出地揭示出来。例如，《诺言》板书（图2.16）借助文字、线条的组合排列效应，显示了文章题旨的内在逻辑性，从而增强了课文哲理的说服力，揭示了课文的哲理美。

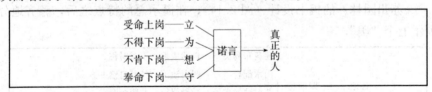

图 2.16　《诺言》板书

2.1.14　奇异美

这种板书设计新颖、奇特，颇具艺术性，它体现了板书的奇异美。例如，《分数的初步认识》板书（图2.17）。又如《称象》板书（图2.18）曹冲称象的步骤设计，有意把"象"放大，显得奇特，但是相称的，从整个板书来看，既突出又和谐。按照美学的观点，"新奇"是一种美，但并不是越"新"越美，越"奇"越美。讲究"新奇"时，要注意整个板书协调，遵守和谐原则。

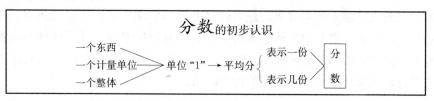

图 2.17　《分数的初步认识》板书

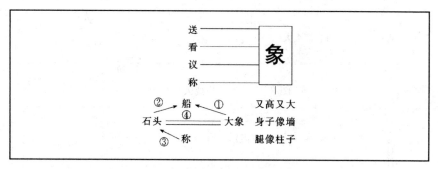

图 2.18　《称象》板书

2.1.15　造型美

　　板书给人美的第一印象就是造型。因为，板书是凭借文字、线条的组合排列而成为一个独立的整体造型。造型好就给人以美感，反之亦然。任何板书不仅要能贴切地反映教学内容的特点和特色，而且还要充分注意外形构成的图案美、排列疏密的布局美和组织效果的立体美，使学生在对板书造型美的享受中体会教学内容的深刻含义。例如，《坐井观天》的板书（图 2.19）。有位教师是这样设计的（图 2.19）：从整个板书来看，设计者意在通过小鸟和青蛙的对话，说明谁说得对，重点强调的是为什么，这从"?"中即可看出。显然，设计者的用意是好的，但板书的设计比较杂乱，布局欠佳，使刚刚进入二年级的小学生难以理清头绪，尤其是那个大"?"，更使小学生感到莫名其妙，不可理解，同时也使板书显得不那么匀称、整齐、美观。如果将图 2.19a 板书造型稍加变动，效果可能会更好一些，如图 2.19b。经过改动，整个板书巧用线条连接，显得布局紧凑，浑然一体，鸟和青蛙的对话更加泾渭分明，不仅突出了青蛙的固执己见，而且表现了小鸟第二次对青蛙劝告时的神态。内容看起来与上一个板书没有什么大区别，但形式上却显得对称、整齐并富有美感，学生明白易懂，对于帮助学生正确把握文章的思路，理解课文思想内容，起到了积极的辅助作用。又如《皮球浮上来了》课文讲述了一个小朋友用灌水的办法使掉到树洞里的皮球浮上来的故事。板书的目的是引导学生认识皮球与树洞、皮球与水的关系，启发学生从小学会动脑筋。有两位老师设计了两种不同的板书（图2.20），其效果两样。图2.20a较图2.20b造型美，它用对比方式设计，形象地说明事物之间的内在联系。

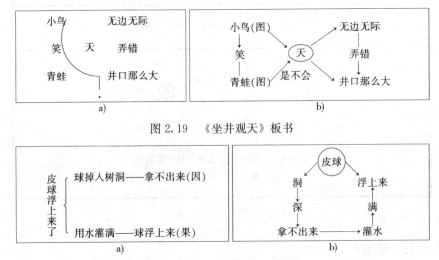

图2.19 《坐井观天》板书

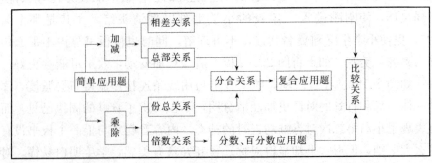

图2.20 《皮救浮上来了》板书

板书的造型美，要根据课文的不同特点进行设计，不要千篇一律、千人一面，要有特色，这样才能帮助学生理解课文、激发兴趣、加深感知。

2.1.16 线条美

线条有直线、曲线、虚线、实线之分。它和文字一起构成了板书主要语言，其作用主要在其指示性。例如，《简单应用题》这则板书（图2.21）的线条运用得很好，给人以美的享受。

图2.21 《简单应用题》板书

又如，有位教师讲《鹌鹑》时，设计了这样一则板书（图2.22）。

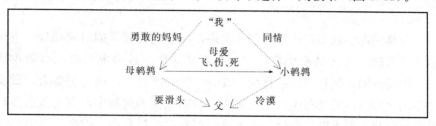

图 2.22 《鹌鹑》板书

这则板书线条的指示性和简要的文字说明显现了物与物、人与人之间的关系，不仅收到指示明确、条理清楚的效果，而且给人以虚实相生，变化多端的美感。

2.1.17 文字美

板书离不开文字。文字美首先是端正整齐的美。书写时龙飞凤舞，随意涂抹，信笔涂鸦，既为难学生，又谈不上好的效果。如果板书端正、整齐、规范，就给人一种清新秀丽的美感。文字美，也是一种立体美。板书文字运用字体大小排列，富有立体感，它本身就表达了一定的内容，或者与字义、词义相吻合，给人以联想，有助于加深对文章内容的理解。如有位老师教小学一年级课文《葡萄架下》的第二课时，通过朗读，板书了四个字（图2.23）"园、架、串、粒"，这四个字由大到小，依次板书出来，小朋友们就产生了各种疑问：为什么有的字那么大？有的字那么小？老师为什么这么写呢？当"粒"写上去后，老师提问：为什么字有大有小，从大到小呢？小朋友们积极开动脑筋，举起小手争着回答。他们说："因为葡萄园很大，葡萄园里有葡萄架，葡萄架上有一串串葡萄，每串葡萄上有一粒粒又大又圆的葡萄。"这四个字的字形从大到小，反映了它们相互间的关系。这样排列的文字就有了立体美，能激发兴趣，启发想象，活跃思维，收到较好的效果。

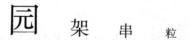

图 2.23 《葡萄架下》板书

2.1.18 色彩美

板书中常使用彩色粉笔，以区别、强调和突出教材内容的重点、难点,甚至有归类的作用。色笔使用恰当,可以使教学收到强烈的艺术效果。

教师的课堂板书,从某种意义上讲,属于优化教学的组成部分,重视教学环节的改善又是素质教育的一个重要课题。教师板书的色彩新颖活泼,生动鲜明,别具一格,有利于吸引学生的注意力,诱发观察力,激发学生的求知欲。尤其对中小学生来说,教师在板书过程中,应用多姿多彩的图示强化观察力度,会使青少年感到课堂教学过程中,教师板书出神入化的色彩美,伴之教师亲切的教态、期望的目光、中肯的语言,都将成为学生发展智能的动力。

如以概述为主兼加点评的板书,常常以色笔点评文字;勾勒事、情两条线索的板书也常常以色笔概括"情"的文字等。还有些同类的内容板书分散于板书整体的不同部位,以色笔加以区别,归类的作用就更加明显。

2.1.19 韵律美

板书虽不是诗,但它无疑是一幅有声的画。它不仅要求图式美观明快,而且文字结构要大致相近,意思相互关联,韵律铿锵和谐。如《我的"自白"书》的板书(图2.24),通过对比,突出了共产党员坚贞不屈,大义凛然的革命气节。

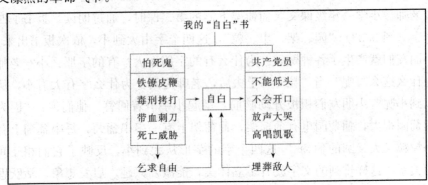

图2.24 《我的自白》板书

2.1.20 图示美

形象化既是板书的特征,又是板书艺术发展的主要趋势,凡是好的板书,无不具有图示美的优点。一些生动的板书,不仅有文字和符号的巧妙组合,而且常常辅以简图,加强板书形象性和趣味性,以激发学生的学习兴趣。例如,《太阳地球月亮》的板书(图2.25),通过图像使学生化难为易,认识"大""小"概念,了解太阳、地球、月亮哪个大哪个小,以及它们之间的关系。

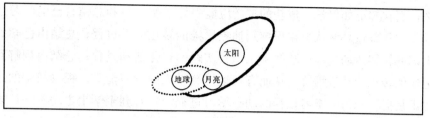

图 2.25 《太阳地球月亮》板书

图示美,它是以文字和线条这两个"板书语言"构成图案,在抽象概括的基础上形象地表现课文内容。例如,《少年闰土》的板书(图 2.26),根据文章的思路,用框图和线条造型,来展示人物的思想和性格。

图 2.26 《少年闰土》板书

"教育的艺术,这是一切人类艺术中最困难、最重要的艺术。"这段名言是对教育艺术作出的正确评价。作为板书艺术,要真正掌握它,也需要付出艰巨的劳动。

2.2 教育学原理与板书艺术

2.2.1 双边活动原理

板书教学能促使教学活动中师生双方更好地沟通和结合。在教学中让学生发表意见由教师板书,或启发思考让学生板书,都有利于体现教师主导作用和学生主体作用的结合。国内外有的教师在板书教学中相互的步骤,明显地体现了板书教学的双边活动的原理。

一种是边教学边板书,学生笔录板书,学生按板书复述,学生对照板书复习,学生参考板书回答教师提问。

另一种是学生阅读教材,教师板书纲要;学生对照板书纲要自学,学生自行编制具体板书;围绕板书组织讨论;借助板书复习、巩固、练习。

2.2.2 参与过程原理

如果说过去我们的教学重结果、轻过程,学生往往只知道学什么而不知道怎么学。那么，今后我们的教学应当重视过程，使学生不光知道学什么，而且知道如何学。成功的教学应能引导学生参与和总结自己的学习过程，并且着重总结从形象思维到抽象思维的转化活动过程；总结由已知到未知的转移活动过程；总结由认识到实践的转化活动过程；总结由理解到记忆的转化活动过程等，从而有效地提高学生的学习能力。板书教学的过程正是揭示和组织学习过程的动态学习过程，它有利于学生主动参与认识过程，而不是只给现成的结论。

2.2.3 注重结构原理

布鲁纳认为，教学应有效地教授基本结构或者提供形式结构的条件。板书教学则能有效地显示教材，既注重教材的内容范围，又注重教材的结构体系，在引导学生把知识"串珠成线，结线成网，套环成链"时，板书能够起到别的教学方式起不到的积极作用。

2.2.4 直观教学原理

教学需要利用实物直观、模像直观和语言直观，板书正可以通过黑板、投影、录像中文字、图像演示对学生进行直观教学，发展学生的观察力、思考力和语言表达能力。

2.2.5 促进发展原理

教学具有多种任务，板书教学则有利于多种任务的完成。利用板书不但能更好地传授知识技能，而且能更好地发展学生智力，发展学生的创造性思维，发展学生的自学能力，使他们掌握科学的学习方法，同时发展他们的审美能力，促使良好的思想品德和个性的形成。

2.3 心理学原理与板书艺术

2.3.1 板书的视觉原理

心理学实验证明，外界进入人脑的信息，有 90% 以上来自眼睛。以现代信息科学的观点分析，学习知识的过程，其记忆的公式：

$$记忆 = 视觉 85\% + 听觉 10\% + 触觉 5\%$$

从这个公式说明视觉在记忆中的作用，同时也可以看出板书在教学中的地位及作用。

语言能传递信息，文字、符号、图表也能传递信息（现在国外甚至出现了纯图片没有文章的杂志新品种）。在教学中，使用传统的讲述法，学生主要是通过听觉去接受信息,这样学生的神经系统始终处于紧张状态,极易疲劳,影响效率。如果把口头的讲述与直观形象的板书结合起来,用板书图式突出重点,重要部分用线条、不同颜色、不同字体标志出来,就更加醒目,有利于突出感知对象,收到较好的教学效果。

2.3.2 板书的感知原理

板书教学主要是在感知的基础上进行的。因此,要提高直观板书的教学效果,必须掌握和运用感知规律。

(1) 目的任务越明确,感知越清晰

由于目的、任务不同,对同一个对象就可能产生不同的感知效果。有人做过一个实验:让学生画一个规定的几何图形,交给甲组学生的圆规是装好的,交给乙组学生的圆规是拆散的,要求他们装配起来后再画,完成任务后拿走圆规。接着叫两组学生尽量正确地把圆规画出来,结果乙组画得相对正确。这证明,对同一对象的两种感知效果是由活动的不同目的、任务决定的。根据这个规律,教师在要求学生自己设计板书的教学过程中,必须说明板书设计的目的、任务,使学生的设计有明确的方向,以提高设计的效果。

(2) 对象在背景中越突出,则对象越容易被感知

客观事物是多种多样的,人总是有选择地把少数事物作为感知的对象,对它们感知得格外清晰。而其他事物就成为感知的背景,对它们就感知得比较模糊。在板书中,要使对象从背景中突出,必须遵循以下三个规律。

①差别律。即被感知的对象必须与它的背景有所差别。对象和背景的差别,可通过颜色的艳丽、字体的大小、板书的位置、光亮的强弱等来实现。对象和背景的差别越大,对象就越容易从背景中区分出来。反之,对象就越容易消失在背景之中,很难被人感知。人们常说的"万绿丛中一点红"、"鹤立鸡群",这里的"红"与"鹤"都是被突出的感知对象,它容易被人感知。根据这个规律,板书时要扩大对象与背景的差别,增强需要感受到的强度。如数理化的定义、定理、公式,板书时用彩色笔书写,并扩大字体,摆在黑板正中的黄金位置,使学生能更好地与其他板书区别开来,成为感知的突出对象,就能提高感知效果。

②活动律。在固定不变的背景上,活动的对象易于被感知。根据这个规律,板书设计时可以配合幻灯片和教具变静为动,充分发挥感知的作用。

③组合律。刺激物本身的结构常常是分出对象，便于感知的重要条件。在视觉刺激中，凡是距离上接近或形态上相似的各部分容易组成感知的对象。根据这一规律，板书时为了突出所讲的重点、难点和关键部分，周围最好不要附加类似线条或图形，要注意拉开距离或加上不同颜色。

(3) 板书与讲解相结合，则感知更精确更全面

人的感知是在两种信息系统协同活动中实现的，第二信号系统起着指导、调节的作用。边板书边讲解，可以使我们的感知更迅速、更完整、更富有理解性，从而大大提高感知的效果。

(4) 知识经验越丰富，感知就越完善越迅速

感知是在过去知识经验的基础上产生的，所以感知的效果不仅依赖于感知对象的直接作用，也随着个人原有的知识经验为转移。根据这个规律，板书时一定要联系旧知，加强联想，这样就能提高感知效果。

(5) 态度不同则感知的效果也不同

一个人在感知中所采取的态度是积极的，就能获得清晰和完整的印象。反之，若态度消极，就不能深刻地感知它。根据这一规律，板书时要注意加强学习态度的教育。

(6) 多种分析器的协同活动，提高感知效果

根据这个规律，板书时尽量与板画、简笔画结合，使学生不仅要认真听讲，仔细看板书和抄板书，还要自己设计板书。这样，多种分析器的协同活动，有助于提高学生感知的兴趣和精确性。

2.3.3 板书的记忆原理

人类的记忆除了有第一信号系统的活动外，还有第二信号系统的活动。因此，人们不仅可以在头脑中建立具体事物之间的暂时神经联系，而且还能建立词与词的联系，这就使人的记忆内容极大地丰富起来，并且使记忆更加容易进行。板书使所有的通过精心选用的词，配之以符号和图表，就更能参与记忆活动，不但有助于形象记忆，而且有助于逻辑记忆。

板书有助于无意识记忆和有意识记忆相结合，机械识记和意义识记相结合。板书既照顾到学生的兴趣、需要、情绪和活动目的，又要求学生以明显意识参加智慧活动，并配合高度的注意力和积极的思维活动，从而有助于记忆和掌握系统的科学知识技能。板书中，总有需要学生机械记忆的内容，如人名、地名、时间、公式、定理等，但更多的是通过揭示事物的内在联系，要求学生运用已有的知识经验，进行积极思维，在理解基础上进行识记。

板书有助于保持记忆，防止遗忘。大脑的记忆过程是信息的输入、编码、储存、提取的过程，板书可使这一过程在大脑中顺利地进行。系统性板书不仅能扩大短时记忆的容量，而且能把编码储存在长时记忆里。同时，实验表明，在学习比较抽象的材料时，采用直观的手段，能够使感性认识和理性认识结合起来，从而加深理解和记忆。板书正是运用直观手段使抽象的学习材料显得形象化，因而，有助于学生的理解和记忆。

板书有助于培养学生善于组织识记材料的能力。板书的系统性提供了知识经验的系统化条件，经常地使用这类板书，就有可能使学生的新的暂时神经联系和已有的暂时神经联系彼此融会贯通起来，从而形成关联和延续的知识系统，保证记忆的准确、持久性的发展。

2.3.4 板书的思维原理

板书教学促使大脑两半球的结合，有利于逻辑抽象思维和具体形象思维的互补，有利于分析和综合。分析和综合是思维的基础过程，它贯穿在各个具有局部性质的思维活动过程中。板书正是通过这些具有局部性质的思维活动，如比较、分类、抽象与概括、具体化、系统化等，促使学生形成各种概念，进而创造性地运用概念培养心智技能，发展创造性思维。

2.3.5 板书注意原理

注意是人的心理活动对一定对象的指向和集中。指向是人的心理活动对一定对象的选择，集中是人的心理活动倾注环境某一对象而离开了其他对象。由于心理活动对一定对象的指向和集中，这些少数对象就被清晰地认识出来。板书教学法可以利用不同颜色、符号、图表和字体等作为刺激物，并借助变化引起学生的无意注意，利用板书诱导、板书设问等方法引起学生的有意注意，并逐步引起兴趣，培养从事创造性劳动必要的"有意注意"。

2.4 系统论原理与板书艺术

课堂教学是一个系统，板书教学则是课堂教学中教法系统的一个子系统，这个子系统又与学法系统和教材系统有着密切的关系，并体现着系统科学的观点。

板书教学在具体进行时，从系统的整体出发，着眼于系统的要求。在设计和使用每一板书时，必须考虑到它与整个教育教学工作的联系，考虑到整个学习阶段，甚至相关的年级、相关学期的教材（单元）的要求，既体现教育整体的总目标，又体现某一阶段的具体目标。就板书教学法的特点而言,它是一种正确处理教师、学生、教材三者关系的方法,本身就是一种整体化的教学方法。

2.4.1 有序观点

系统整体的元素、部件和局部之间是互相联系和相互制约的,这种联系和制约又是有规律、有秩序的。在板书过程中,前后各幅板书之间,同一板书中各项内容的呈现次序和空间结构,都不是无缘无故零乱拼凑的,而是按一定的规律排列和组合,按一定的次序显示的。

2.4.2 动态观点

系统是活的机体,在元素、元素与系统、系统与环境之间都存在着物质、能量、信息的流动,系统的平衡与稳定也是一种动态的平衡与稳定。在板书过程中,正是用动态的观点处理教学中教材、教师和学生多方信息流动的过程,而并不是一种静态的、死板的注入式的教学。

2.4.3 最佳观点

教学系统的最佳组合就是教师、学生、教材三者之间紧密结合,达到"三位一体",协调一致。板书效果的好坏与三要素组合的好坏成正比。而实现最佳组合应具备的三个条件:一是教师在正确无误地传授知识,在教学过程中发挥主导、调控作用,而板书正可以发挥教师的这一作用。二是学生能动地接受知识,而板书正可以促使学生产生这一心理状态。三是教材具有科学性、系统性和规律性,而板书正可以揭示教材的这些特点。

板书要求在极有限的板面或屏幕内以极俭省的文字、符号、图表揭示教学内容,就有必要在设计和使用过程中优胜劣汰,进行最优化处理,从而收到最佳的教学效果。

当然,板书还有其他的一些原理,但就上述原理,也足以说明板书在教学中的综合性特点。一个教师,如能在教学中自觉地、清醒地综合运用这些原理,则教学效率势必会有显著的提高。

2.5 板书的基本原理

板书的基本原理有双边活动原理、参与过程原理、注意结构原理、直观教学原理、促进发展原理、突出感知原理、加强记忆原理、集中注意原理。

3 板书艺术的基本特征

3.1 板书内容的科学性

板书内容的科学性是板书设计质量的根本前提。板书的科学性主要是体现学科知识的综合性与差异性，体现各知识点之间的联系，以及概念、原理表述的准确性等。例如，"蝴球公转和季节变化"的意义的板书可以设计为（图3.1）。

黄赤交角——→太阳直射点的回归运动 { 正午太阳高度变化 昼夜长短变化 } 四季更替

图 3.1 "地球公转和季节变化"板书

此板书准确表达了太阳高度、昼夜长短变化和四季更替的根本原因，揭示了太阳直射点的回归运动与正午太阳高度、昼夜长短变化与季节更替之间的内在联系，以及天文季节的含义，具有严密的科学性。

3.2 板书结构的启发性

启发性主要指板书必须揭示事象的因果关系，揭示其发展变化的主要线索。要使板书有利于引导学生进行分析、综合、归纳或"举一反三"等思维活动，如"热力环流"（图3.2）。

图 3.2 "热力环流"板书

板书揭示了地面的高低与气压高低的关系、空气升降运动与气压的关系、气压高低与空气水平运动的关系，思路清楚，逻辑性强，具有一定的启发性。

3.3　板书布局的整体性

板书布局的整体性主要体现在板书内容编排上的主次分明，重点突出，如初中语文《陌上桑》板书（图3.3）。

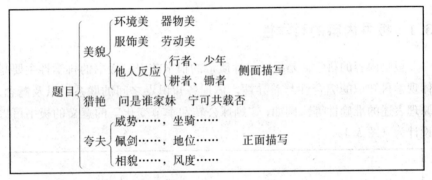

图3.3　《陌上桑》板书

文字板书与图像布局协调，有助于"以图释文"或"据文读图"。一般情况下可按"左图右书"的方法，即左部置图，右部书写。避免满黑板的板书无计划、无整体结构的散、乱、碎现象。但也不应受"左图右书"限制，宜根据教学内容特点和教学需要灵活变化运用。

3.4　板书形式的多样性

丰富多彩的教学内容，要求形式多样的板书与之相适应。必须根据知识属性及教学内容的表述特征，采取有利于学生接受的多种板书形式，使学生有新鲜的感觉。

3.4.1　提纲式

通常是根据教材内容条理，列出纲目，区分并按标题的等级层次，组合成一个完整的知识体系，这是反映事物和现象本质属性的思维形式，即事物的本质、规律和内在联系的一种教学形式。它具有提纲挈领，条理性强等优点，便于教师讲授，显示出教学内容的系统性。例如，初中语文《我的教师》（图3.4）。

3 板书艺术的基本特征

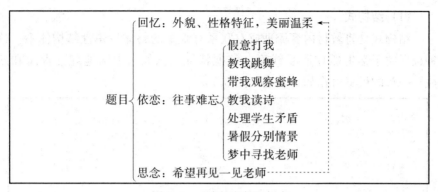

图 3.4 《我的老师》板书

3.4.2 线段式

线段式板书是用线段的形式表示地理概念或地理事物的特征。如我国第一大河长江各段的特征板书，如图 3.5 所示。

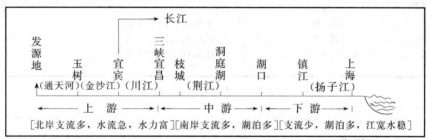

图 3.5 "长江各段的特征"板书

3.4.3 综合式

教学内容比较复杂，要素多，综合性强，宜采用综合式。这种板书将两种形式以上的板书有机结合起来，可以同时反映几个问题，有助于培养学生的综合分析能力。例如，《亚洲的季风》板书（图 3.6）。

季 风	（一月） 冬季风风向	（七月） 夏季风风向	分布地区
1. 温带季风 东亚季风 2. 亚热带季风	高压 35°N 东南季风 （干冷） 23.5°N 0° 东北季风 低压 （干旱）	低压 东南季风 暖温 热湿 西南季风 高压	中国季风区内大部分地区、朝鲜半岛、日本、苏联远东部分地区
			南亚大部、中南半岛、菲律宾群岛北部，我国的海南、滇南等地，藏南和云贵高原也受西南季风的影响。

图 3.6 《亚洲的季风》板书

47

(1) 结构式

结构式是将教材内容梳理成有联系有组织的整体逻辑性结构体系。这种板书便于学生抓住联系线索,掌握特征。例如,中国地理《青海和西藏》一章的板书可作如下表述(图3.7)。

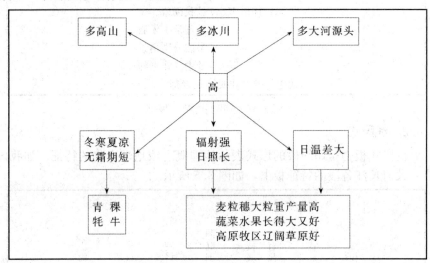

图3.7 《青海和西藏》板书

此板书突出了"地势高"这一主导要素与其他地理特征的结构关系。

(2) 表解式

教材头绪多,内容复杂,地理事物之间、地域之间类似或差异显著,宜采用表格(解)式。这种板书方式条块清楚,对比鲜明,简洁易读。如我国各干湿地区的分布、年降水量和植被,如图3.8所示。

我国各干湿地区比较表			
干、湿地区	主要分布地区	年降水量	天然植被
湿润地区	秦岭、淮河以南,青藏高原东南边缘以东和东北三省东部	大部分在800mm以上	森林
半湿润地区	东北平原、华北平原和青藏高原东南部	800mm以下400mm以上	森林草原
半干旱地区	内蒙古高原东部、黄土高原和青藏高原大部分	400mm以下	草原
干旱地区	新疆、内蒙古高原的西部和青藏高原的西北部	200mm以下	荒漠

图3.8 "我国各干湿地区比较表"板书

(3) 图示式

图示式板书能较形象直观的呈现地理事象的空间分布。例如,"横断山区森林垂直分布"板书,如图3.9所示。

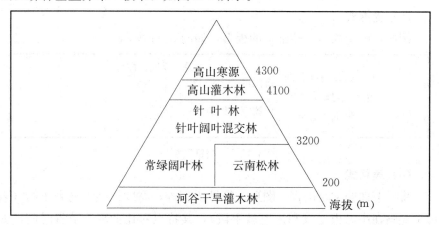

图3.9 "横断山区森林垂直分布"板书

(4) 韵律式

内在联系不明显,机械记忆多,知识密度大的教学内容,宜采用韵律式。这类内容编成合拍押韵,朗朗上口的段子,可以活跃课程。例如,高一数学《映射》板书,如图3.10所示。

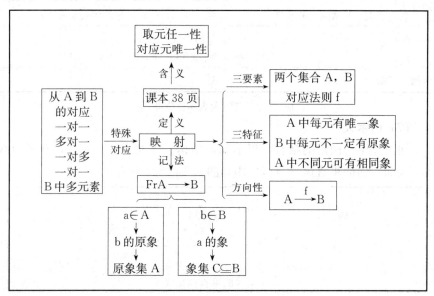

图3.10 《映射》板书

此板书突出了"映射"这一重要概念并置于板书之中心位置,表明它与"映射"定义、记法、特征、方向等知识结构之间的关系,并用箭头号标明,这样一目了然,便于学生理解和掌握"映射"的内涵与外延。

(5) 提纲式

例如,中学数学"棱锥"的板书,如图3.11所示。

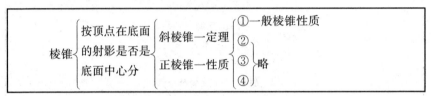

图3.11 "棱锥"板书

(6) 表格式

将一节课的文字语言、图形、符号语言等,高度概括,列表小结(表可事先画在小黑板上或利用电教手段),其特点对比清晰、节省时间,如讲完集合表示法作如下表格小结,如图3.12所示。

方法	表达形式	注意点
列举法	{把集合中的元素一一写出}	适用于离散元素组成的集合。元素无序且互异
描述法	{描述元素共性的语言} {代表元素｜元素满足的条件}	$R=${实数}$\neq${实数集},数集的代表元素;$x, y, \cdots$;点集的代表元素(x, y)
大写字母	A	专用字母:N, Z, Q, R, C $\{A\} \neq A$
区间法	略	略

图3.12 "集合表示法"板书

(7) 图示式

通过文字、图形的结合,揭示知识结构、来龙去脉。例如,在复习线线、线面、面面垂直这一节时可用如图3.13所示小结。

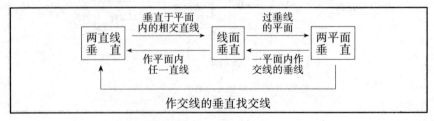

图3.13 "垂直"板书

3.5 板书组织的有序性

根据本节教学目标、教材特点和学生学习心理等因素，不同教学内容的板书设计既要有各自的特点，又应注意前后知识的联系。下面是"人体消化系统"的板书的整体板书设计的构想（图3.14）。

课时安排	教学内容		板书形式
第一课时	人体消化系统	口腔及牙齿的特点	层次结构式板书
		消化道与消化腺	表格对比式板书
第二课时	消化和吸收	概念解释	线条联系式板书
		消化和吸收的过程	图表示意板书
第三课时		肝脏的功能	线条联系式板书
		营养与饮食卫生	提纲标题式板书
		总结与练习	辅助式副板书（穿插于上述板书之中）

图3.14 "人体消化系统"板书构想

4 板书设计的艺术

板书是指教师根据教学的需要在黑板上以书面语言或符号进行表情达意、教书育人的活动。优秀的教师是非常重视板书艺术的运用和研究的,他们在课堂教学中设计的许多板书实例,都是赏心悦目的艺术精品,给学生以审美的享受。

精美的板书好似一首诗,犹如一幅画,和教师的讲解、学生的尝试一起成为课堂教学的有机组成部分。精美的板书又似潺潺流动的小溪,能使学生透过清澈的溪水,看到水底那美丽的景观。精美的板书更似那甘甜的果实,能使学生品尝其中不尽的奥妙。

板书又称微型教案,无论是在过去还是现在的语文教学中,它一直发挥着不可替代的重要作用,对于一堂优秀的语文课而言,板书的地位更是举足轻重。长期以来,我们一直把板书视为实现教学目的的一种手段。其实,板书不仅仅是手段,它也是一门科学,更是一门创造性的艺术。

4.1 板书设计的原则

简化内容少而精,抓住关键要点明,突出线索明思路,思维训练虚实中。

这几句话的意思是说"凡是写上黑板的一字一句都要经过精心选择,细心组织"(语文教育家、全国著名特级教师 于漪),使板书具有高度的概括性,但简化不是目的,重要的是在简化内容的同时抓住教学要点,理清文章的线索,明确作者的写作思路。随着人们对教学自身规律认识的不断深入,能否充分利用课堂教学对学生进行有效的思维训练已经成为评价课堂教学优劣的基本标准之一。板书作为教学过程的一个重要组成部分,在这方面有着特殊的作用。这就要求在设计板书的过程中无需面面俱到,应适当留下空白,在虚实之中使学生的思维得到训练。

英国牛津大学出版社出版的《教育学》指出:"所有的直观教具中,

要数黑板最普遍、最重要、最灵活。但是也许正因为黑板过于为人们所熟悉,因而往往被人们忽视或使用不足。许多教师利用黑板的能力很差,还从未探索过它那令人兴奋的各种可能的办法。"

4.1.1 目的性

板书设计要加强目的性,克服盲目性。板书设计要符合总的教学目的,体现教学意图,注意教材的特点和学生的实际,板书与讲述既要紧密结合,又必须有明确的目的性,这样才能配合讲述的需要,才能较好地完成教学任务。如讲"乘除法中已知数与得数的关系"时,设计板书(图4.1),均以乘除法各部分的关系为基础框架,线条一目了然,既可以使学生牢固掌握四则运算中各部分的关系,又可以进行验算,而且还可以求出四则运算中的未知数。

图 4.1 "乘除法的关系"板书

4.1.2 准确性

板书设计应以准确理解文章的行文思路、教师的教学思路、学生的学习思路为前提,做到用词精练、准确,做到科学性和艺术性的统一。如《一个降落伞》的板书(图 4.2),按事情的发展顺序叙述了敬爱的周总理在飞机遇险的危急关头,把生的希望让给别人,把死的危险留给自己的感人事迹。板书既表现了课文的行文思路,也表现了段与段之间的紧密联系,从而突出周总理高尚品德的教学思路。条理清楚,用词准确、精当,并显示了造型美。

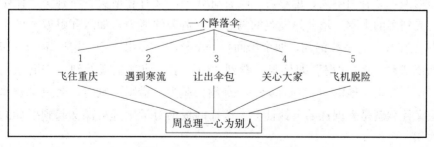

图 4.2 《一个降落伞》板书

4.1.3 简练性

　　板书是微型教案，具有浓缩"提炼"艺术。教学时，板书因为要受到时间（教学时限）、空间（黑板）的限制，而板书又必须字迹工整，用时要少，所以在设计过程中，应当抓住最本质，最重要的内容，做到少而精，以少胜多，以简驭繁。这里的少，不是越少越好，而是要求以"少"代"多"，以"少"胜"多"。这样的"少"，才能使学生清晰地掌握知识，容易记忆和笔录。这里的"精"，是教师理解、钻研教材水平和程度的表现，"精"是掌握教材精华和表达精确，这样的"精"，才能使学生印象鲜明，重点突出。少而精是一个效率和质量的概念，是一个互相作用的不可分割的整体。例如，《农夫和蛇》的板书（图4.3）。整个版面只用九个字，加上弧线、箭头、虚线就巧妙地概括了故事内容，点明了深刻的寓意，又给学生留下了想象的空间，这样的板书可以说是做到了以一当十，以少胜多。

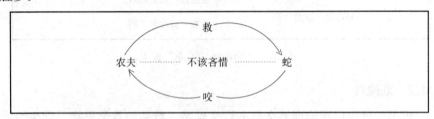

图4.3　《农夫和蛇》板书

4.1.4 艺术性

　　板书要根据教材的特色，讲究艺术构思，做到形式多样化、内容系列化、结构整体化、表达情景化；既要庄重端正、整齐划一、大小有致，又要布局得当、色彩协调、科学合理。在板书设计的美感上，既有文字美、结构美，又有图案美、色彩美；既有奇异美，又有和谐美、对称美，使学生受到美的熏陶，培养热爱美的情感，创造美的能力。如《守财奴》的板书（图4.4），一枚铜钱，四个场面，一个核心。突出一个"财"字，一切围绕"财"转，"财"即板眼。看到"财"字，使学生就看到了守财奴的形象，知道了他的一系列行为——夺财、骗财、惜财、殉财，明白了资本主义社会就是赤裸裸的金钱社会。这样的板书对学生理解课文起到引导的作用。

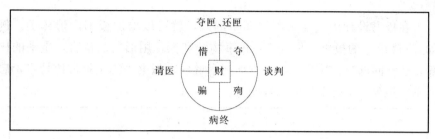

图 4.4 《守财奴》板书

4.1.5 直观性

例如,《小壁虎借尾巴》的板书(图 4.5)。从课题看,"借"是题眼。小壁虎为什么要借尾巴?原因是断(尾巴)。尾巴为什么断?被蛇咬住而挣断。断了怎么办?借!向谁借?向小鱼、黄牛、燕子借。借得到吗?借不到。为什么?因为小鱼要用尾巴拨水;黄牛要用尾巴赶蝇子;燕子呢,它要用尾巴掌握方向,所以借不到。后来怎样?小壁虎发现自己的尾巴长出来了。图 4.5 的板书便是按这样的思路顺序而设计的。它形如壁虎,颇具直观性,这对学生学懂课文有很大的帮助。

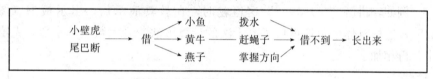

图 4.5 《小壁虎借尾巴》板书

例如,《跳水》的板书(图 4.6)。此板书运用长线、箭头、符号形如船一般造型,非常直观、清楚地把事情发生的地点、路线和解决问题的方法展现在学生面前。

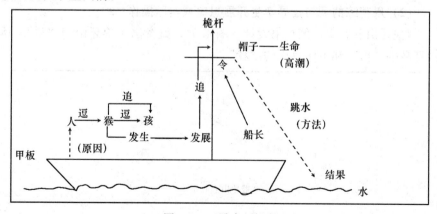

图 4.6 《跳水》板书

在板书设计中，如果配以简单的画，就可以增加板书的形体美。例如，《谜语》的板书（图 4.7）将事物的特征，用形象的语言，生动的比喻，从空间部分、外形变换等方面揭示谜底。板书力图根据谜语特点，启发学生想象，发展学生的思维能力。

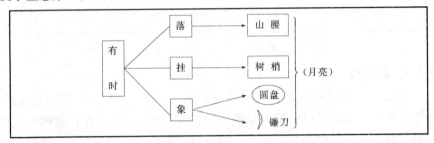

图 4.7　《谜语》板书

在解答应用题时，通过直观图形就能化难为易，化繁为简。富有直观性的板书有以下几个特点：

(1) 能再现学生的思维过程和操作过程

例如，讲解"9＋3＝?"这道题时，在教具演示后，出示板书（图 4.8），这样具体形象地再现了凑十法的计算方法：看大数，拆小数，先凑十，再相加。

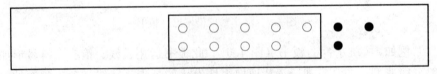

图 4.8　"加法"板书

(2) 用精练的词句指导学生开展想象或实际操作

《狼牙山五壮士》的板书设计（图 4.9），就突出了狼牙山的"险"，诱敌歼敌的"勇"和不屈跳崖的"壮"。

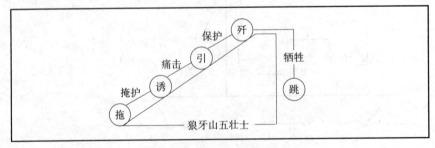

图 4.9　《狼牙山五壮士》板书

4.1.6 启发性

板书可以启发学生思维，帮助学生学到课本上学不到的东西，想到课本没有写出的知识，还可以对知识归类，内容串联，区别对比，发现联想，证明推广，画图设问，能调动学生探求知识的积极性。好的板书就是要交给学生一串钥匙，使学生用它打开学习的大门，自己去发现知识，获取知识。这就要求教师在设计板书时要具有启发性，能引起联想，能唤起学生对课文的想象和记忆，帮助学生理解知识，引起思索。富有启发性的板书有三个特点。

(1) 必须揭示旧知与新知之间的内在联系

揭示旧知与新知的内在联系，体现新知的生长点，激起学生探求新知的欲望。帮助学生自己动脑去深入开拓文章的有关知识，提高学生的分析能力。例如，《窦娥冤》这出戏（课文节选的）分三部分，板书如图 4.10 所示。

图 4.10　《窦娥冤》板书

三部分分别写出了窦娥的"怨""怒""恨"，表现了她的热烈、善良、反抗的思想性格，而这一切都浓缩成了一个字"冤"字外面圈了个大大的问号，意在让学生深思这个"冤"字的弦外音：窦娥为什么就这样衔冤而去？作者为什么用发誓的方式叙写她的冤情？这样写窦娥的冤愤，表现了作者的什么思想感情？又如《拔苗助长》板书（图 4.11）反映寓言的主要脉络并点明了寓意。

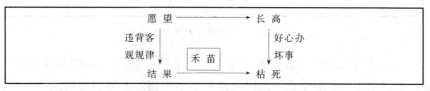

图 4.11　《拔苗助长》板书

(2) 必须把特殊典型的事例置于一般规律的形式之中

将典型事例置于一般规律的形式之中，使典型与一般融为一体，为学生从特殊中推出一般，扫除障碍。

例如，讲解"归一问题"列表分析，并口述板书思路（图 4.12），使学生从中得出解题规律：①要改变看作总数与份数的数量；②要寻找同类量扩大的倍数。

图 4.12 "归一问题"板书

(3) 必须寓抽象于具体之中

寓抽象于具体之中，为学生能透过现象看本质创造条件。如教学"求比一个数多几的数"的应用题时，教师通过板书突出组成大数的两部分，揭示出大数、小数、相差数三者之中的本质联系，帮助学生理解求大数为什么用加法，求小数和相差数为什么用减法的道理。

4.1.7 新颖性

板书新颖才会使这种特殊的直观"教具"对视觉感观更有刺激性，使学生感到耳目一新，更容易记忆。这就要求教师在设计板书纲时要有创造性。如《"友邦惊诧"论》板书设计（图 4.13）就具有很强的新颖性。

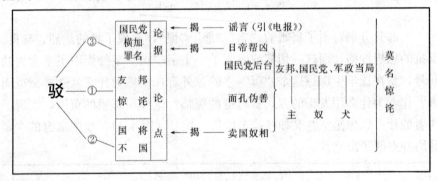

图 4.13 《"友邦惊诧"论》板书

本文分两大部分。第一部分是"树靶子"，通过引用国民党政府的电文，揭示出要批驳的谬论：国民党政府给学生横加的罪名和所谓"友邦惊诧，国将不国"的奴才观点。板书设计成"竖书收式"。第二部分是驳论，分三层。第一层驳反动论点"友邦惊诧"，揭露国民党政府实际上是日本帝国主义践踏中国主权、屠杀中国人民的帮凶，日本帝国主义实际是国民党政府压迫统治中国人民的后台，指出日本帝国主义者的"莫名惊诧"的虚伪面孔。板书设计成"横书式",与竖书内容交叉,以节省文字,并使形式颖异。第二层继而驳论点"国将不国"。揭露了国民党政府卖国求宠的奴相。指出"友邦"不是主子,国民党不过是奴才,军政当局不过是犬而已。板书仍为横式。第三层是驳论据:国民党给学生横加莫须有的"罪名"。引用电报辟谣,予以批驳,板书仍为横式。

综上所述,以全面驳斥所谓"友邦惊诧"为题,这就是板书最后四个字的用意。与第二部分的"驳"字遥相对应,构成体系。这套板书内容明了,层次清晰。

4.1.8 实用性

板书既要"中看",更要"中用",不能像塑料花,好看不实用。板书设计的实用原则包含了多方面的要求。它既有固定性的板书,又有随机性的板书;既有解题思路的正板书,又有突出重、难点的副板书;既有体现教法的改革,又有学法的指导。

4.1.9 多样性

教学内容不同,板书形式也有所不同,就是同一教材,由于侧重点不同,在板书内容与形式上亦有所不同。教学板书千篇一律,一个模式,激不起学生的学习兴趣,这就要求教师在设计板书时,打破固定模式,根据教学的实际,设计出百花齐放、活泼多样的教学板书。例如,《宿建德江》板书(图4.14)。这首诗借傍晚的景色表现了诗人身在异乡、思念家乡的感情,图4.14板书据此设计。

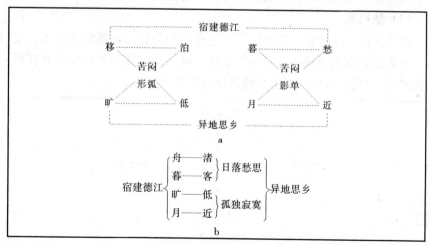

图4.14 《宿建德江》板书

又如《鹿柴》板书（图 4.15），这首诗描写了夕阳西下，鹿柴一带山村幽静美丽的景色。图 4.15a 板书抓住幽静的特点来设计。图 4.15b 板书抓住"空、闻、景、照"四个字来设计，从两个方面展现了"幽静"的特点。

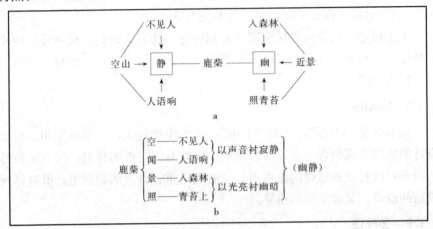

图 4.15　《鹿柴》板书

4.1.10　示范性

板书是给人看的，要给人以美的享受。板书美主要包括以下内容：

（1）文字美

文字美是指文字的端正美和立体美。所谓文字的立体美是指文字的大小和布局要安排巧妙，并与表达的内容相吻合，形成一种立体感。

（2）结构美

板书结构一求匀称，二求精巧。匀称可能很精巧，精巧的却不一定匀称，它可能是别出心裁的"出格"之作。可以说，结构美应体现在任何一则板书上。《我的哥哥》板书结构设计就很美（图 4.16）。

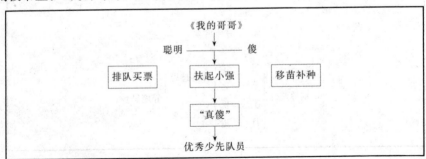

图 4.16　《我的哥哥》板书

此板书结构很美。它清晰地显示了文章思路,把作者思路留给学生们去思考,在板书设计中注意系统化,有助于激发学生的思维。

4.1.11 系统性

系统性指板书能揭示文章内容的内在逻辑联系。这对把握文章的整体结构,了解作者的思路,培养学生系统整体思维能力十分重要。特别是议论文板书的系统性尤为重要。例如,《拿来主义》的板书(图4.17),板书纲要信息,把一篇内容深刻、结构复杂的杂文,准确、鲜明、概括、系统地提示出来,可谓还原了作者的思路。它提示了作者的目的(现实针对性)、论点是如何提出来的基本论证结构、论证方法和关键词语。这可谓概括集中,纲目清晰,对于学生直接理解、掌握文脉起到了很好的作用。

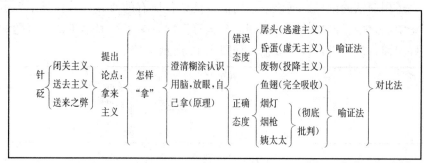

图 4.17 《拿来主义》板书

4.1.12 相称性

人的心理需要空间,有空间才有美感。人对空间的需求有一种"相适应性",板书也是一样,板书过多,密密麻麻会给人一种"挤压"感,因为挤压,人的心理往往失去空间。当然,空间过大,又会造成空空荡荡的感觉。

人的感觉是心理反应的第一阶段。它首先依据客观事物的可感性与形象性,然后借助于主体的生活经验,因联想而出现记忆的复现,从而以一种完整感受去把握客观事物。或者说,形成客观自然物在心理上的完整感觉。这种心理机制的过程,就是审美感觉的过程。

板书设计要注意板书的匀称和平衡,这样才能给人以对称美。图4.18这则板书设计新颖,对比性强,上下对称,给人以匀称和平衡之感。

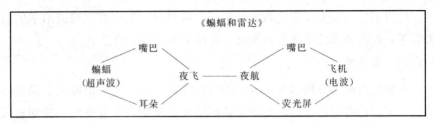

图 4.18 《蝙蝠和雷达》板书

4.1.13 概括性

板书设计的概括性有三个特点。

(1) 紧扣教材，短小精悍，提纲挈领

离了教材，概括就失去了对象。因此，要根据教材内容和教学的特点，运用简洁的记号、词语或一句话就能记住所有的要领，并指导学生运用于学法之中。例如，教"四则混合运算"时，为了培养学生认真审题的良好习惯，教师进行板书概括，如图 4.19 所示。

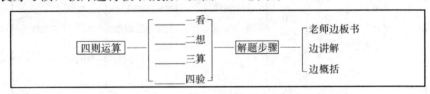

图 4.19 "四则运算"板书

"看"——看清数据，看清含有哪些运算，看清计算的要求。

"想"——想数的特点，想数与数之间的特殊联系，想运算间的关系。

"算"——在分析的基础上，正确运用定理、性质、法则，和、积、商的变化规律，使运算正确、迅速、合理、灵活，并尽可能地从多种算法中选取最佳算法。

"验"——计算后要检验：一是复核；二是验算，这是把关的重要一步。

(2) 切中要害，理清思路，掌握关键

如教学"圆的周长"时，教师引导学生分析各种测量圆周长的方法的共同点，在学生讨论的基础上板书。"化曲为直"概括了测量圆周长的关键。

(3) 归纳原理，开阔思路，增强灵活性

板书不要就事论事，要善于归纳出适用于更大范围的灵活性。例如，教"三角形的分类"时，引导学生按边分可分为三类，按角分可分为三类

(图 4.20)。学生在理解定义的基础上进行归类概括，使学生不仅易记难忘，还学到了方法。

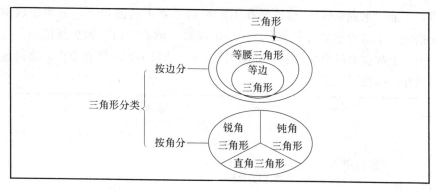

图 4.20 "三角形的分类"板书

4.1.14 计划性

板书要有规律，设计好板书是备课时不可忽视的一环。板书不是一下子出现在黑板上的，而是随着教学进程逐步形成的。因此，教师上课之前，对于板书内容出现的先后、内容间相互的呼应和联系、文字的详略大小和去留、布局位置的调整、虚实的配合、符号的运用、板书与讲述的统一、板书与其他教学活动等等，都要进行周密的考虑，切忌"眉头一皱，信手写来"。

为了使板书实现计划性，克服随意性，可将黑板划分区域，一般可划分为三个区域（图 4.21），引旧探新的迁移题放在Ⅰ区域，新课的标题主要是新授课内容写在Ⅱ区域，辅助性的板书或副板书则写在Ⅲ区域。

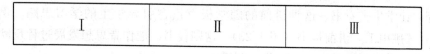

图 4.21 黑板分区

4.1.15 灵活性

板书应因势变通，具有一定的灵活性，防止"千篇一律，千人一面"。灵活性应注意两点。

(1) 布局上的灵活性

教学设计板书，总是以自己常用的黑板为版面依据的。如果换了讲课地点，黑板与原设计不一致时，这时就必须进行临时变通。即使是在本班上课，也必须在版面上留有余地，用于某些临时性的板书。

(2) 内容上的灵活性

在课堂教学的师生双边活动中，常常会遇到原定的板书难以自然出现，不能"水到渠成"。这就要在不影响教学要求的前提下，适当采取应变措施，主动给学生留有余地，让学生获得"填补空白"的思维机会。这样做，上起课来就灵活自然。如图4.22所示的板书，就留有空白，供讲课时增补，体现了灵活性。

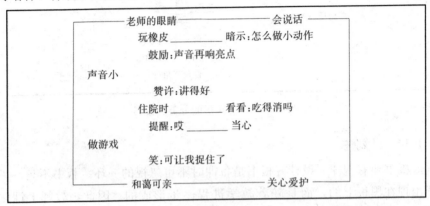

图 4.22　《牟老师的眼睛》板书

4.1.16　时效性

板书不仅要讲究内容美、布局美、书法美，还必须注意板书的时效性，即根据教材特点和学生实际，把板书有机地、和谐地融入教学过程与其他教学手段构成一个协调的系统，促进教学效益的最优化。

(1) 讲课之前板书，重在指引思路

讲课之前，为了学好新课出几道思考题、过渡题、准备题、尝试题等，让学生去看书，这种讲前的随堂板书重在引导学生的学习思路。例如，《挑山工》讲前板书（图4.23）。这则板书，把作者思想发展过程反映出来，借以引导学生划分段落，概括段意。

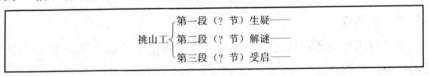

图 4.23　《挑山工》板书

(2) 讲课之中板书，重在展示主体

讲课中板书是主体、重点，所反映的内容也是课文的主体和重点。因此，不仅要精心遣词造句，充分发挥文字效力，更要把握时机，才能使学生思维的脉络与教师的讲解配合默契。

　　板书的时机一般分先讲后书，先书后讲，边讲边书。对于难度较大的概念、公式等一般适宜先讲后书，巧妙引入新课，可使学生在不知不觉中获得新知，总结后再点课题，收到画龙点睛之效。板书常用边讲边书的方式，这就要求教师要有高度的教学机智，当堂启发学生的思维，分析学生的意见以及捕捉学生正确的答案。要做到这一点，要求教师要吃透教材，掌握教材的精髓，胸有成竹，才能得心应手，左右逢源。例如，《列宁和卫兵》完成分段后，读讲课文时，抓住列宁和卫兵的活动，按事情的发展顺序，边分析边板书（图4.24）。

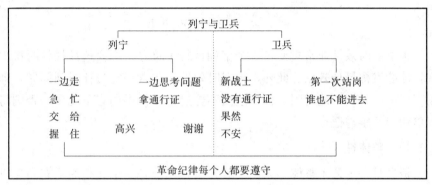

图4.24　《列宁与卫兵》板书

　　(3) 讲完板书之后，重在强化整体

　　讲完后，在原有板书基础上，以简短语言回述全文要点、重点，同时用一些线条、符号、文字勾、连、点、画，标明关系，统领全文，可使学生对全文的整体内容的理解得到强化，这一步是相当重要的。成功者，画龙点睛，锦上添花，失败者则功亏一篑。例如，《草地夜行》讲读完毕，形成如图4.25所示的板书。

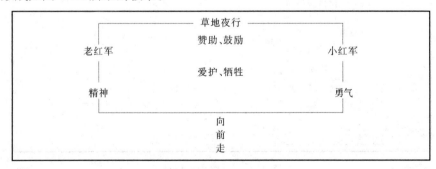

图4.25　《草地夜行》板书

然后，采用"线条式"总括勾画成图 4.26 的形式，体现了小红军在老红军战士的帮助和鼓舞下，决心向前走的决心。

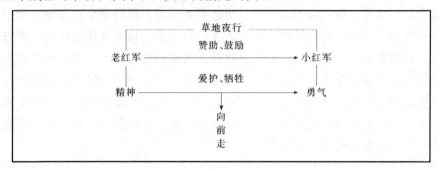

图 4.26　《草地夜行》板书

板书的时效性非常重要，每个字词，每个符号，都要选择最佳时机出现，才能发挥最佳效用。此外，板书时效性还包含一个最佳时间问题，即用于板书的时间不能超限，板书速度不能过慢，板书内容不能多，否则将事倍功半，事与愿违。

4.1.17　整体性

板书是一个艺术整体，无论字数多少，都应是一个完整的、充满生机的"世界"。所谓"整体"，就是根据教材安排和讲述的需要设计的板书，既要能体现一节课的独立性，又要能体现教学内容的系统性。例如，《琥珀》的板书（图 4.27），这节课不仅说明了一般琥珀形成的条件和过程，而

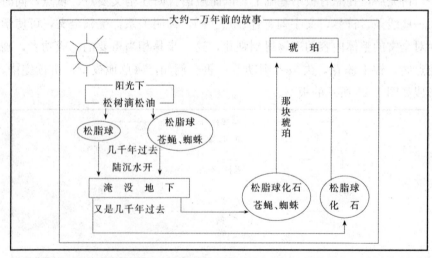

图 4.27　《琥珀》板书

且从"那块"有两个小东西关在里面的"特殊琥珀",假想了发生在"大约一万年前的故事"。本文板书图文并茂、形象直观地把"一般"和"特殊"结合起来,让学生在"一般"与"特殊"的科学区分上,得到严谨和缜密的思维训练。它既体现了独立性,又体现了系统性。

4.1.18 针对性

板书设计要求针对教学内容和学生特点,因文因人制宜,具有鲜明的针对性。凡是学生难记、难讲、难理解、难掌握及容易发生错误的地方都应设计板书。具有针对性的板书一般有三个特点。

(1) 突出重点

对于难理解的词句用不同的形式板书,使学生迅速掌握。例如,《小河流过我门前》的板书(图4.28),针对儿童归纳能力弱的缺点,以儿歌形式描写小河,着重词语设计,帮助学生读懂儿歌内容,懂得抓紧时间的重要性。

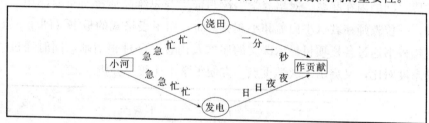

图 4.28 《小河流过我门前》板书

(2) 教给方法

对于一些带有规律性的学习方法要进行板书。例如,《分数的基本性质》的板书(图4.29)。

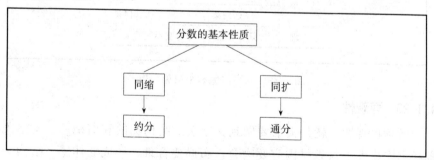

图 4.29 《分数的基本性质》板书

(3) 预防错误

学生易错的字、词、句以及概念、法则等,可通过板书加以纠正,引起重视,防微杜渐。

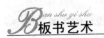

4.1.19 条理性

板书必须有条理,设计清楚明白,有条不紊,纵横连贯,整体感强,使人看了一目了然。

课堂讲课的声音毕竟是稍纵即逝的,而板书则能在黑板上较长时间停留,而且看得见,能笔录,所以板书的条理性特别重要,它是教师讲述的提纲,是引导学生学习的思路。

心理学研究表明,小学生思维是以具体形象思维为主要形式,注意力容易分散,观察事物忽东忽西,缺乏稳定性,主次不分,缺乏目的性,反映到作文上,易犯条理不清、颠三倒四的毛病。因此,教师要重视培养学生思维的条理性,努力发展学生的抽象思维能力。所以,板书应具有清晰的条理,不可杂乱无章。语文课通过板书引导学生理解作者思路,弄清段与段之间的内在联系。对培养学生读写能力与思维品质都有重要作用。例如,一位教师在教《小白兔和小灰兔》时,用了表格式的板书(图4.30),这幅板书通过各栏项目显示课文的层次及内容,条理很清晰,同时通过两种态度对比,又突出了教学重点,方便了学生比较、分析、记忆。

动 物	小白兔	小灰兔
想 法	要菜籽	要白菜
行 为	浇水 种白菜施肥 拔草	不干活
结 果	白菜长大 送白菜	白菜吃完 又去要白菜
道 理	只有自己种,才有吃不完的菜	

图4.30 《小白兔和小灰兔》板书

4.1.20 可观性

所谓可观性,就是板书要做到文字美、结构美的和谐统一。文字美,即板书安排大小与教材内容要吻合,布局要合理,形成立体感。结构美,是指板书一要匀称,二要精巧。人的感觉是心理反应的第一阶段,而好的心理环境,是吸取知识的重要前提。因此,板书的可观性与形象性,可使学生有一种完美的感受去把握事物。所以,设计匀称、平衡美的板书,无疑能够调动学生学习的积极性,激发学生的学习热情。例如,《小珊迪》

记叙了小珊迪在资本主义社会里，靠卖火柴度日的贫困生活和不幸遭遇。此板书设计（图4.31）抓住本质特征的事例，利用对称式设计板书，布局合理，结构优美，文字简练，板书体现了可观性原则。

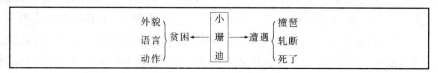

图4.31 《小珊迪》板书

4.1.21 同步性

在设计板书时，要从教学的全局出发，在教学的过程中自然地形成板书，而不是人为地写出来，使板书与教学内容相协调。在执教作家契诃夫的短篇名作《变色龙》时，在学生讨论的基础上板书故事的结局——"狗走"，为点明奥楚蔑洛夫是沙皇忠实的走狗做好准备。接着提示道："最后，狗走了，奥楚蔑洛夫也走了，可见他也是一条狗。一条怎样的狗？一条走狗。"在学生的笑声中，形成如图4.32所示的板书。

变色龙奥楚蔑洛夫 = ……走狗

图4.32 《变色龙》板书

总之，板书要书之有方，书之有用，书之有据，书之有时，书之有条，书之有择。要书之有用，就必须具有鲜明的目的性；书之有据，就必须具有一定的针对性；书之有度，就必须具有高度的概括性；书之有条，就必须具有清晰的条理性；书之有时，就必须具有周密的计划性；书之有择，就必须有适当的灵活性。

4.1.22 形象性

板书要运用线条、符号、图表等抽象的材料形象化，要具有直观性。成功的板书力求形象直观，以此吸引学生的注意力，从而达到教学目的。《有的人》一诗的板书（图4.33）：

图4.33 《有的人》板书

4.1.23 提纲性

板书强调提纲挈领,纲举目张,这是板书的目的性特点。板书的字、词、句要高度概括,要根据课文的中心段落、层次的顺序编排,充分体现课文的重点、难点和详略。如《在仙台》,可以如图4.34所示的形式板书。《在仙台》这篇课文,主题思想是赞扬藤野先生正直无私、诲人不倦、毫无民族偏见的精神品质,表达作者对藤野先生无限崇敬和怀念之情。作者在课文第一段说:"我到仙台也颇受了这样的优待。"这一段课文是弄懂"颇受了这样的优待"是什么样的优待,为什么受到这样的优待,所以"颇受了这样的优待"这句话便是这一段的提纲,抓住了提纲,问题便迎刃而解,理解课文也就容易多了。这是侧面衬托。第二段抓住藤野先生给作者的最初印象去理解课文。抓住了"最初印象"这个纲,便能从藤野先生的外貌、声音、衣着等方面体会他的俭朴正直的精神品质。第三段,作者通过藤野先生教作者学医来表达对藤野先生无限崇敬和怀念之情。这一段要抓住"教我学医"这个纲。从藤野先生教作者学医时,"添改讲义"、"纠正图形"(血管图)、"鼓励解剖"三个方面,表现藤野先生诲人不倦、毫无民族偏见的精神,同时,也流露出作者对藤野先生的感激和怀念。这样板书与文章的层次有条不紊,脉络清楚,简明扼要,重点突出。学生从板书中一目了然,对理解课文起了提纲挈领的作用。

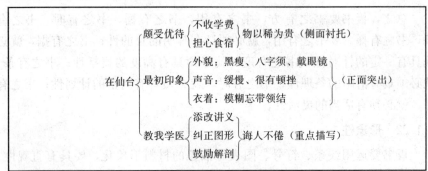

图4.34 《在仙台》板书

总之,课堂板书有法,但无定法。它是随着教学要求、课文特点、教师水平及其学生实际情况的不同而变化的。关键在于教师要灵活运用,巧妙构思,大胆创新,就能取得好的效果。

4.2 板书设计的方法

文字归纳见真功,列表标示益清明。直观再现坐标法,形象图解似春风。

在上面的这首诗里包含有五种板书设计方法，即文字归纳法，这种方法主要是在文字概括上下工夫，它是其他设计方法的基础。这种方法几乎适合于各类课文，掌握起来也比较容易，它主要是要求教者要具备较强的概括能力。由于长期的大量使用，这种方法设计的板书往往形式比较单一，不过适当改造之后仍可体现出新意。分项列表法，是文字归纳法的条理化，表格中适当的空白，可以大大激发学生的求知欲。这种方法设计的板书在比较阅读中有着重要的使用价值；线条标示法与文字归纳法的联系极为紧密。它是对文字归纳法的进一步改良，即在文字归纳法的基础上，借助于线条（箭头、简单符号）标示线索，指明关系，使课文内容更为直观。这种方法对设计者的要求比较严格，哪怕是一个箭头也要体现设计者的匠心。坐标再现法是数学中坐标系知识在语文教学中的灵活运用，其在表现人物内心变化和情节发展上的独特功效是其他方法所无法比拟的；形象图解法，是一种全新的板书设计方法，它的出现犹如拂面的春风为板书设计带来了新的生机，这种板书设计方法因其独特的审美价值而备受师生青睐，在教学实践中也取得了极好的教学效果，用这种方法设计出的板书"粗看，一幅图简直是一首诗，一幅画又是一幅耐看的作品；细看，每幅板书都具有较高的浓缩性、直观性、新颖性、科学性和趣味性"。

"板书"是一种教学艺术，它以精练的语句、简洁的线条、醒目的符号，点破课文的主题，组织课文的内容，使学生集中注意力，视听结合，开展想象，积极思考，因而大大提高教学效果。

4.2.1 板书设计常用的符号

美学家莱夫·贝尔曾提出："有意味的形式就是一切视觉艺术的共同性质。"不同线条及其组合，各有不同的审美特性。数学是"数"与"形"及其结合的科学。"形"中蕴藏着浓郁的诗意美。这种审美特性是和人的情感、联想联系在一起的。板书设计的构图可以运用各种几何图形造型，常用的有如图 4.35 所示的几种形式。

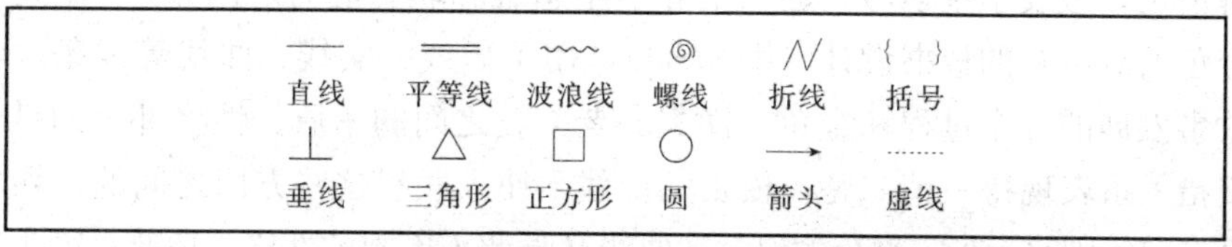

—	=	～	⊚	∧	{ }
直线	平等线	波浪线	螺线	折线	括号
⊥	△	□	○	→	……
垂线	三角形	正方形	圆	箭头	虚线

图 4.35　板书设计常用符号

直线——表示力量、生气和刚强,它向两端无限延伸,无始无终,似乎时间没有端点、没有终点这一哲理的外化。直线在板书中用得最多。

平行线——由于线条的平衡,所以它在板书造型中可使人感到安定。

波浪线——由于线条的起伏变化可给人流动的感觉。

螺线——由于线条的变化可给人升腾的感觉。

折线——表示跌宕起伏、一波三折的复杂变化。

垂线——由于线条的空间延伸,可使人感到崇高。

三角形——犹如泰山,坚实稳定,它在板书造型中给人以安定感。

正方形——不偏不斜,方方正正,显示着庄严与安定,在板书造型中给人庄重感。

圆——完美无缺,从美学的角度讲,事物的重复或相似的出现,就可以使人感到节奏美。在板书造型中给人以柔和优美之感。

箭头——表示方向,板书造型中给人流动之美。

括号——表示归纳、概括、总结之意,在板书中起着画龙点睛的作用。

虚线——表示似断非断,藕断丝连,在板书中起着连接和产生联想的作用。

在板书设计中注意线条的灵活运用,直线与直线的直接连接,给人的"力度"感较强。而直线间通过曲线作为中介的连接则可以"软化"直线的"力度"感。在我们日常生活中有这样的体验,高大的长方形,可以给人一种庄严与安定的感觉,而园林胜地用圆形或椭圆形的门,它能给人柔和优美的感觉,这就是曲线和直线的妙用。同样,在板书设计中更要注意线条的配合使用,这些线条在板书中充分发挥着"集成电路"的作用。

在板书设计中,借助各种几何图形造型,设计的板书就会千姿百态、新颖优美。灵活运用各种线条的连接,就能确切而迅速地将各部分的关系表示出来。同时,还能借助于各种线条表示连接、跳跃、比较、总括、强调等含意,不仅能删减大量的文字叙述,而且使人一目了然,帮助学生理解记忆,激发学生学习兴趣,培养学生思维和联想能力。例如,《渔夫和金鱼的故事》的板书设计(图 4.36),用了虚线、实线、曲线等线条,将故事发展的五个过程和金鱼、渔夫、老太婆之间的矛盾、性格部分的纵横交错关系表现得一清二楚。横贯的虚线,使人联想这些方面之间的密切联系;实线则暗示了三部分的概括;曲线又强调了不同的性格、情绪;箭头给人"流动"感,变静为动,指明发展方向。所以,板书就是借助线条将各部分的文字连接起来，成为一个容纳众多信息的整体，充分体现了缩微作用。

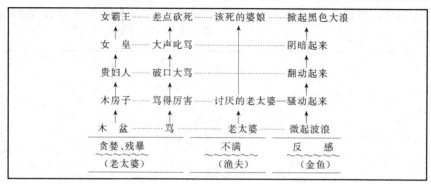

图 4.36 《渔夫和金鱼的故事》板书

4.2.2 图像法

美感离不开想象。美感的直觉性是审美认识的基础。美感的感情体验是认识与感情的统一，这一有机的统一，只有在"想象"中才能实现。想象，它既可以改造旧的形象，也可以组合记忆的形象，更可以创造新的形象。

好的板书不仅造型美，更主要的是结构美，不是用文字叙述，而是采用线条和几何图像造型做综合的立体显示，使学生展开丰富的联想。如图 4.37 所示的板书利用"△"造型，把人物间的双向联系都勾勒出来了。

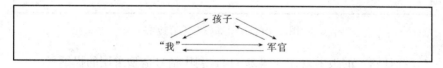

图 4.37 "△"造型板书

《草船借箭》的板书（图 4.38）利用平行线造型，使人感到"安定"。

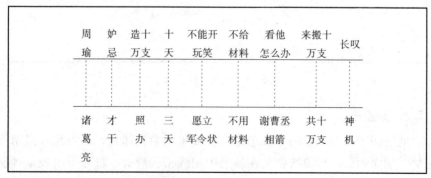

图 4.38 《草船借箭》板书

《黄河象》的板书（图4.39），采用"正方形"的设计给人以庄重、安定的感觉，根据文章以假想为主要内容的特点，体现了文章首尾照应方法。

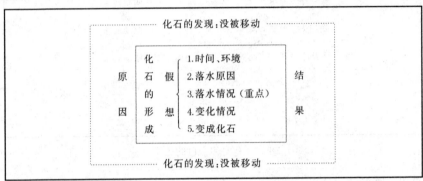

图4.39 《黄河象》板书

《田寡妇看瓜》的板书设计（图4.40），利用折线造型，采用多折式。

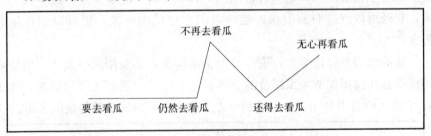

图4.40 《田寡妇看瓜》板书

《统计图》的板书设计（图4.41），利用括号造型采用的提纲式。

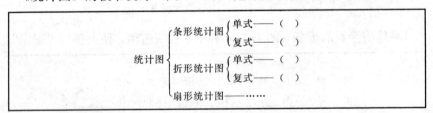

图4.41 《统计图》板书

4.2.3 形象法

此法便于培养学生的形象思维，使抽象概念具体化、形象化，以增强记忆，加深理解。形象法就是在板书中用线条、箭头、符号等组成某种文字图形的板书方法。例如，《计量单位》的板书设计（图4.42）。

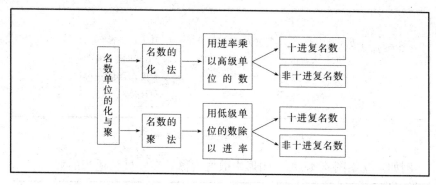

图 4.42 "计量单位"板书

4.2.4 归纳法

当教师对具体内容逐一分析，或学生经过全面思考和课堂讨论后，归纳、总结是必不可少的教学步骤，此时运用归纳板书，能使学生变零为整。归纳推理在小学教学中用得很多，几乎所有法则、公式都是用归纳推理导出的。这类板书要排列有序，易于观察、类比、推导。例如，《平行四边形的面积》的板书（图 4.43）。这则板书采用对称式的排列，利用线条突出了平行四边形的本质特征，既体现了两种图形的相同点，又体现了不同点，整个排列简洁有序。

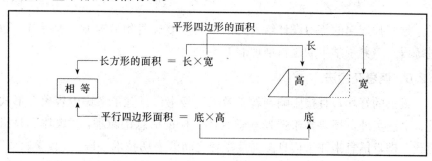

图 4.43 《平行四边形的面积》板书

4.2.5 推理法

"推理"是以一个或数个判断为根据，合乎规律地推出另一个新的判断的思维形式。在小学数学教学中学会推理、运用推理好处很多，在教学中，充分运用板书的直观优势培养学生的推理能力。例如，《商不变性质》（图 4.44）就是从几个具体的除法计算中所反映的共同特点，来推出一般性结论的。

图 4.44　《商不变的性质》板书

例如，观察图 4.45 每个图形中数的规律，在？处填适当的数。

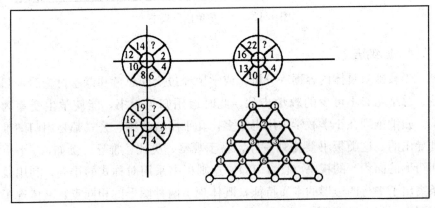

图 4.45　"归纳类"板书

这则找规律的练习设计给人美的享受，形式美和结构美二者皆有。通过练习，培养了学生的逻辑推理能力。

4.2.6　信息交合法

板书的好坏，直接影响到教学效果。板书设计除了考虑内容美、形式美、书法美外，还要善于选择教学媒体。根据信息论原理，"媒体"是指运载、携带信息来往于信息源与接受者之间的一切技术手段。"教学媒体"是以教会别人为目的传递信息的一切技术手段。从传播理论可以知道，一种教学内容信息可以采用多种多样的符号去呈现。例如，语言符号、数学符号、静止图像符号、活动图像符号以及其他一切目视符号和音响符号，而不同的信息符号对教学内容信息都有不同的呈现功能。板书设计主要是通过文字符号、语言符号、数学符号的呈现，使学生感知到信息源的存在，教师借助对信息源的分析，使学生明白其中所蕴含的语意。而信息交合法，则可以最迅速、最有效地使各科教学在课堂上把知识信息传递给学生，从而达到让学生接受这些信息的目的。

信息交合法指的是将信息进行交合，如排列、组合匹配、增殖，从而产生若干新信息。不同联系之间的交合，就会产生新的联系。根据这一原理，在设计板书时，可以根据不同目的要求，不同对象进行板书设计下面用"一课多式"对比说明在板书设计过程中如何利用信息交合法。例如，《赶花》主要讲的是养蜂工的一生。文章由蜜蜂的辛勤采花引到养蜂工的辛勤赶花，突出一个"赶"的精神。

图 4.46 的板书突出"赶"的思路设计。

图 4.46 《赶花》板书（一）

图 4.47 的板书抓住"赞扬"设计，则突出文章的中心。

图 4.47 《赶花》板书（二）

又如《老科学家下乡》，这篇看图学文写了科学家下乡，给农村带来科学，带来希望。板书（图 4.48）抓住这个主线设计，突出人物特点。

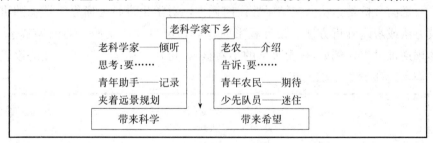

图 4.48 《老科学家下乡》板书（一）

板书（图 4.49）如果围绕"科学"进行设计，就能将老、中、青各类人物与"科学"关系勾勒出来。

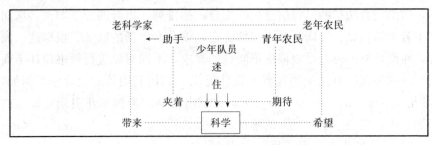

图 4.49　《老科学家下乡》板书（二）

4.2.7　一点切入法

一点切入法是选择一个"牵一发而动全身"的"点"进入课文的方法，板书的序号往往不像通常那样由上而下，从左到右。例如，《赤壁之战》的板书（图 4.50）抓住"火攻"，用 28 个字和放射线条将课文的层次、定计原因、施展步骤一目了然地显示在学生面前。它以少胜多，便于学生记忆。

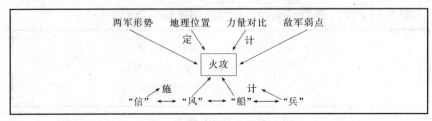

图 4.50　《赤壁之战》板书

4.2.8　逆向分析法

逆向分析是指从课文结尾处往前逆推，对学生进行逆向思维训练的讲读方法或解题分析方法。设计板书时，应理出贯穿课文始终的因果链条，体现逆推过程。例如，《卖火柴的小女孩》，可从"微笑地死了"往前逐层逆推，设计（图 4.51）板书。

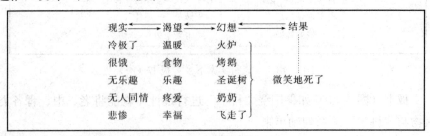

图 4.51　《卖火柴的小女孩》板书

此板书利用逆推法，顺着一条环环相扣、前后相承的因果链条，清晰地呈现在学生面前，利于学生理解、记忆、归纳，从而提高了讲读效果。

4.2.9 以点带面法

有的课文较长，不能平均使用力量，必须抓住重点段讲读，教给方法，让学生自学全篇，这种方法叫作以点带面法。与此相似的有些并列结构的课文，各部分内容相似，句式也大致相同，不少教师选择以段带篇法——重点讲读关键段，使学生不仅理解这一段，而且掌握学习同样结构的方法，以便举一反三。根据这种方法设计板书，起着"放大"作用，重点突出，层次分明。如图4.52所示的板书，采用集合形式以重点带动一般的方法，由满面春风而故乡，由故乡而杨梅树，由杨梅树而杨梅果，前者采用高浓缩的手法表现作者借物寓情、爱国爱乡的思路。但对杨梅果这个重点部分则采取陈列手法，印证作者"惹人喜爱"的强烈感情。这略中见详的板书手法值得学习。"没有重点就没有一般"，"宁断一指，不愿伤其十指"，"多则失，少则得"等名言警句也适用于板书设计。

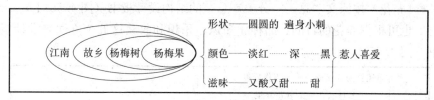

图4.52 《我爱故乡的杨梅》板书

4.2.10 重点突破法

钻井需要找突破口，板书设计也要从文章的内部联系中寻找"突破口"。突破口就是引导读者"入境"的门径。一般而言，首先对课文内容"提炼"，然后从文章内部联系中寻找突破口，其方法有三点。

(1) 以人物关系为突破口

有些课文"形象体系"一目了然，设计板书时着眼于人物关系，稍加梳理，便成格局。例如，《东郭先生和狼》的板书设计（图4.53），简单明了，思路清晰，巧妙运用箭头，使整个板书变得静中有动。

图4.53 《东郭先生和狼》板书

(2) 以课文中心为突破口

小学语文以写人记事为主，抒情状物往往围绕一点集中笔墨。设计板书时抓住这点，精心布局，便可收到非常好的效果。例如，《蜘蛛》的板书设计（图 4.54）抓住了"网"，板书就抓了"纲"。

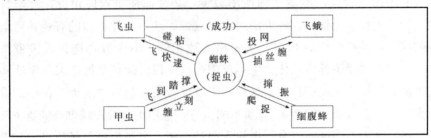

图 4.54 《蜘蛛》板书

(3) 以文章的结构为突破口

小学教材的结构一般比较明显，设计板书时可以此为突破口设计相应的板书。例如，《花》首尾照应，中心思想在文章中间部分层层地表达出来。

《养花》按课文"总——分——总"的结构设计板书（图 4.55-Ⅰ）。

也可根据养花的目的、品种、知识、乐趣和收获这五个方面来设计板书（图 4.55）。

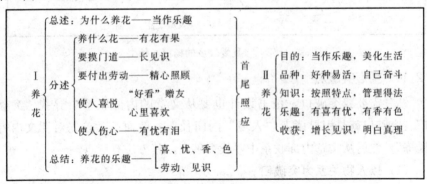

图 4.55 《养花》板书

4.3 板书设计的技巧

板书艺术设计有很强的技巧性，教师在教学中不断探索板书设计与制作的技巧，有助于提高板书艺术的实效。

4.3.1 精心构思，整体设计

教师自觉增强教学板书的设计意识，提高教学板书设计的艺术水平，可以有效地克服教学板书的盲目性、随意性带来的质量和效率不高的弊病，达到应有的教学效果。教学板书要精心构思、整体设计非常重要，因为教学板书设计要书之有效，就得书之有方；讲求构思与设计，做到明确要求，书之有用；抓住重点，书之有据；精选词语，书之有度；确定形式，书之有格；排列先后，书之有序；留有余地，书之有节。这样，教学板书设计才能达到科学、精当、醒目、规范、易记的要求，真正成为提高课堂教学效率的有效工具。例如，《狐假虎威》课文是一个成语故事，它讲的是一只狡猾的狐狸借了老虎的威风，吓唬百兽的故事。板书按故事情节整体设计（图4.56）。

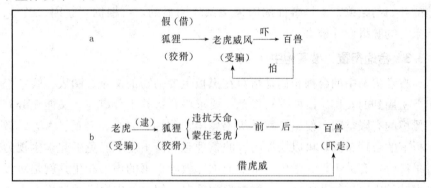

图4.56　《狐假虎威》板书

4.3.2　主次分明，重点突出

(1) 以人物关系的构成为重点

这类课文所反映的矛盾、情节往往在人物间展开。板书设计时，如着眼于人物关系，稍加梳理便成格局。

(2) 以课文中心联结点为重点

有些文章或记叙事情，或说明事物，都围绕一点进行，这一"点"，或是课文的主要记叙事件，或是故事情节展开的动因，或是说明的对象。板书设计时，把握这样的中心联结点经营布局，可取得较好效果。

(3) 以时间变化或空间转换为重点

在一些记事、写景的文章中，时空因素是贯穿全文的线索，设计板书时把握其变化或转换，并理出时空线索与文章内容的内在联系，概括全文内容。

(4) 以文章的结构形态为重点

有些并列式结构的课文，各部分内容相似，句式也大致相同，就可以在教学第一段时确定板书横向层次，再让学生仿此归纳其他各段内容。

(5) 以文章的对比描写为重点

对描写美与丑，善与恶等对立因素的尖锐冲突的课文可根据各自的特点，把对立双方各个回合的冲突、目的、手法、结果等因素对应排列，以强化效果，突出主题。

(6) 以事物间的对应为重点

以描写事物为依据，能较为深刻地反映课文的内在层次。

(7) 以事件内部的逻辑联系为重点

事件内部逻辑联系大致有三类：一是情节性较强的，设计板书应着眼于显示情节全过程；二是着眼于事件前后对比的，板书设计时，要注意事情的开始与结束；三是事件的因果关系较明显的，可根据"起因、经过、结果"的脉络设计板书。

4.3.3 合理布置，虚实相生

教学板书中的合理布局是指对在黑板上要书写的文字、图表、线条作出严密周到的安排。既要书写规范，要求格式行款十分讲究，又能充分利用黑板的有限空间，使整个教学板书紧凑、匀称、完整、美观、大方。教学板书的合理布局，可以增加内容的条理感和清晰度，避免引起学生视力过早疲劳，有助于培养学生的审美能力。教学板书的虚实相生，就是对板书设计的内容进行艺术处理，根据教学需要，使有的内容必须在板书中体现出来，而有的内容则不必在板书中反映出来，通过省略号或丢空的办法使之隐去，让学生自己凭借教师的讲述去领会、去思考、去联想。这样，不仅可以节省教学时间，突出教学重点，而且对提高学生思考问题的能力、启发和调动学生积极主动地去学习都大有裨益。

一幅好的板书，在内容安排上必须有虚有实，虚实结合。"虚"是指板书时留出空缺，让学生根据自己的理解给予补充，可以调动学生积极思维，激发"实"的一面，学生一目了然，加深理解。例如，《瀑布》板书（图4.57）内容有虚有实，两者完美结合，大大增加了板书的情趣。因此，学生根据板书"实"的部分的提示，通过阅读理解课文，就能准确地补充出板书的空缺部分。

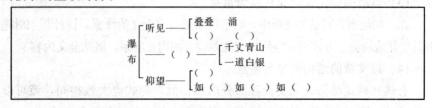

图 4.57 《瀑布》板书

4.3.4 锤炼文字，概括点拨

板书被喻为微型教案，它要求以简驭繁，浓缩信息。教师必须在钻研教材的基础上提炼出教材中能牵一发动全身的关键词语，组成板书的基本内容。例如，《罗盛教》的板书设计（图 4.58）中，除了正板书外，有时也需要加上提示语，它将起到开拓思路、画龙点睛的作用。

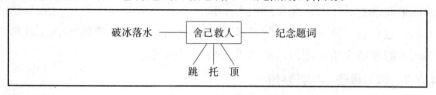

图 4.58 《罗盛教》板书

板书要月明星稀，而不要繁星满天。做到提纲挈领、画龙点睛。要有启发性、趣味性。例如，《塞翁失马》一文板书（图 4.59）。

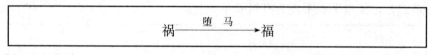

图 4.59 《塞翁失马》板书

4.3.5 技艺熟练，富于创新

板书在设计上要富于创新。长时间的千篇一律，势必令人厌烦，思想分散。只有多种多样的形式才能激发学生的兴趣，长久地处于兴奋状态，以高度的注意力投身于学习。例如，《手》的板书设计（图 4.60）根据"中心要明确，段落要分明"，用"高超、坚硬、灵巧"三词概括出文章的思路。而这三个层次又是以手（文中用"铁耙来比喻"）为线索，紧扣"劳动技能"这一中心安排的，这样设计就有新意。

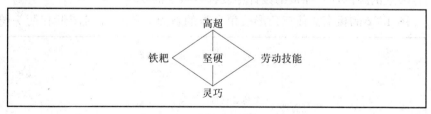

图 4.60 《手》板书

4.3.6 师生合作，共同参与

教学板书艺术是师生共同创造的结果，鼓励并吸收学生参与板书活动过程，有助于打破课堂板书由教师一手包办的局面，对于形成生动活泼的教学气氛、合作融洽的师生关系和发展学生的各种能力等都有积极的作用。让学生参与板书过程，是一项可行的好方法。优秀的教师通常宣布，这堂课虽然是我设计的，但不是我一人的，要由我们大家来共同创造。前苏联实验教师伊利英曾提出"零黑板原则"，即在黑板上没有写上课的课题，课题也不由教师口头宣布，而是在上课的时候作为全班师生共同工作的成果而逐步形成的。全作型板书是建立在充分调动师生积极性的基础之上的，它有益于师生间的默契及其合作精神的培养，可使师生分享教学板书艺术的成功之乐，进而达到思维共振和情感共鸣。

4.3.7 运用线条，加强联想

在板书中要善于运用各种线条的连接，表示各部分之间的关系，借助不同线条可以表达各种不同含意，不仅可以节省语言表达，而且一目了然。例如，《分数的分类》的板书（图4.61），运用线条将分数的分类说得一清二楚，使整个板书成为有机联系的整体。

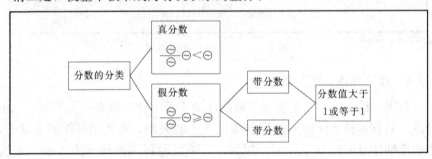

图4.61　《分数的分类》板书

教学板书主要以符号为主，这种教学符号以一目了然的通用性和代替语言表达的经济性，在板书设计中发挥着重要的作用。

图4.62的板书抓住三角形按角分类的特点，借助几何图形和箭头符

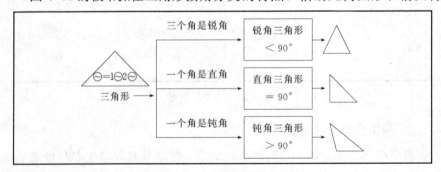

图4.62　《三角形》板书

号,充分发挥它的总括、注释、强调、推理等作用,使学生对三角形分类方法及其特点一目了然。如果此板书不用符号沟通,光靠文字表达,不仅冗长,而且达不到简明易记的目的。

4.3.8 图像辅助,有机结合

如果板书时采用图像辅助与简明文字有机结合,图像简洁,示意明了,直观形象,给人美感,则可以开拓空间、刺激形象思维。例如,《记金华的双龙洞》,有两位教师设计了两种不同的板书(图 4.63)通过比较即可见高下。图 4.63b 板书采用图像辅助就显得格外醒目、美观,它既能形象、生动地再现作者的游览路线,更能展现出双龙洞的特点,即内外洞相通,空隙很小。学生借助于板书,易于理解课文,体会出双龙洞内外洞的各自特点,这种刻意求新的板书形式,自然能够赢得学生的欢迎和接受。

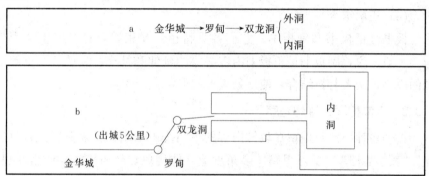

图 4.63 《记金华的双龙洞》板书

从信息论的角度看,教学过程是个信息流通的过程。在这个过程中,采用多通道传输信息,可以提高信息的传输效率。在运用板书时,也应变单项信息传递为多项信息传递,以提高板书的传递效率,更好地发挥板书的作用。

(1) 图文结合

运用板书时如能与幻灯机配合,就能图文并茂,形象直观,事半功倍。没有幻灯机的学校,可以与形象直观的板画结合,可促使学生的左右脑协同活动,增强记忆的效果,增强板书的传递效果。

(2) 动静结合

美国心理学家艾帕尔·梅拉别恩通过实验得出了公式:

人们获得信息的总效果＝文字 7%＋声音 38%＋姿势 55%

从这一公式可以看出，非语言行为在传递信息中所占的重要位置。非语言行为的运用能增强静态板书的感染力，增强记忆力，培养学生兴趣。

在板书的改革中，逐步走向电化教学，利用幻灯片，把教学过程、解题思路、文章思路等反映出来，效果很好。总之，书写在黑板上的板书是静态板书，而活动的幻灯片、手势、动作、姿势和表情等非语言行为亦可称为"动态板书"，在运用时要注意有机结合。

（3）形声结合

板书以边讲边书为主，不要光书不讲，或光讲不书，这样既不利于学生集中注意力听讲，也不利于学生用脑思维。因为长时间地受单一的口头语言信息的刺激，很容易引起大脑疲劳。同样，长时间只板书不讲解，学生抄黑板，大脑也容易产生抑制，从而降低板书效果。

（4）正副结合

板书分正板书和副板书。它们各具特色，互相结合将会产生全力效应。一般来说，副板书是正板书内容必要的延伸和补充，是正板书难解之处的说明，两者有机结合，使正副板书相得益彰。

4.3.9 立体构思，排列有序

板书设计不能只停留在教材内容的单角度平面结构，要根据"教材思路""教学思路""学习思路"多角度地立体构思，从而使学生产生联想，形成知识网络。例如，《加减法应用题》结构分析课，板书设计（图4.64），既要注意排列美，又要注意组合美。好的板书设计，要根据教学的思路、学生学习思路、教材意图，对原教材的顺序进行调整，重新组合，产生一种暗示效应，使信息得到浓缩。

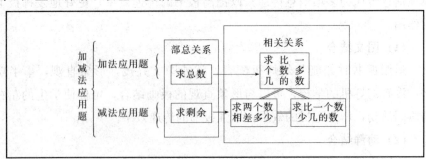

图4.64 《加减法应用题》板书

任何一种复合文字题，在它的数学语言中，总是有些极其重要的关键性词句，板书时找出关键词句简缩在黑板上，就能起到牵一发而动全身的作用。通过良好的排列，可以清楚地看出概念之间的关系，如图 4.65 所示。

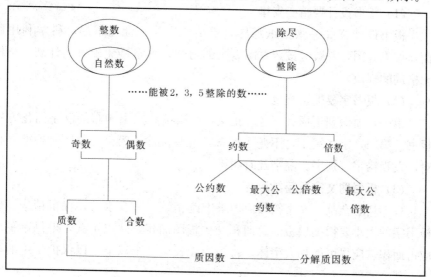

图 4.65 《数的整除》板书

4.3.10 抓住特点，灵活多变

板书设计要根据不同课型的特点设计不同的板书。例如，《半夜鸡叫》板书（图 4.66）反映了课文思路，反映了作者的思路，反映了教学思路。此板书组合巧妙，形式新颖，中心突出，激发学生的兴趣，培养分析概括能力。

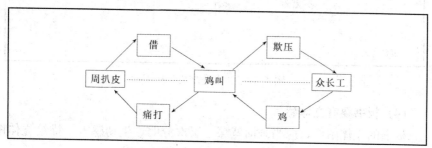

图 4.66 《半夜鸡叫》板书

4.3.11 美观大方，精练醒目

为了使板书美观，可适当运用彩色粉笔，围绕重点、关键点、难点、

疑点，运用点、杠等各种符号，引起学生的注意，以加深印象，强化记忆。另外，板书要注意完整版面设计，避免边讲、边画、边写、边擦，讲完擦光。尽可能给学生留下完整美观的印象。

(1) 板书设计要精心安排

板书设计犹如一张报纸那样，要精心安排，合理布局，科学利用版面，如果有图，一般应按照左图右书的习惯，尽量避免板书无计划、整体无格局的现象。

(2) 板书字要端正规范

第一，要做到正形、正音、正义，严格按照国家颁布的汉字简化方案板书。第二，字体端正，不龙飞凤舞，乱写乱涂。第三，要随时检察、校对，发现错字、别字、漏字及时纠正。

(3) 板书的文字要精练醒目

板书切忌杂乱，文字符号应力求准确精练，减少水分，保留精华。如板书字的大小要根据黑板的总面积减去板图面积，除以字数，得每字平均应占面积。应尽可能加大字体，将视距延长至 8 米以上，以保护学生的视力。其公式如下：

$$最大板书字体面积 = \frac{黑板总面积 - 板图面积}{板书字数}$$

《赤壁之战》有位教师进行板书设计时利用图示法，简要地把曹、吴双方的兵力和大战的手段点出来，直观简洁，便于学生领会（图 4.67）。

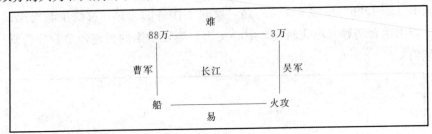

图 4.67 《赤壁之战》板书

(4) 板书要有立体感

板书的立体图像，应当画面宽深，层次分明，生动感人。描绘立体图像要注意远小近大，远密近疏，远略近详，明暗有序。

(5) 板书要有色谐感

色彩能引起知觉，唤起味觉，兴奋大脑皮层，促进植物神经活动，和谐心理发展。色彩大体可分为暖色系、冷色系和中色系。暖色系——红、黄、橙等给人以膨胀、亲近的感觉；冷色系——青、蓝给人以收敛的感觉。在同样大的面积上分别涂上红色和蓝色，给人的感觉是：红色看上去好像浮上来似的，显得大些，蓝色看上去好像沉下去似的，显得小些。板书色彩的使用，要按照内容的需要进行选择。

（6）板书要注意动感

板书具有动势，富于变化，容易激发学习兴趣。因此，板书设计要突出一个"活"字。可通过流线图、叠加而成的综合图和动势来表示板书动感。如地理、语文中的景观画，通过草木摇动、江河奔流、鸟飞兽走、骤雨闪电等表示动感。

4.3.12 配合讲解，适时板书

教学板书是在课堂上当着学生的面逐步完成的，所以板书内容展现的次序和时间也须着意考究。展现太早，学生会觉得突兀；展现太晚，学生又会觉得画蛇添足。只有学生需要教师写的时候写出，板书才能收到好的效果。根据教学需要，有的板书内容可以先讲后写，有的则要先写后讲，而有的却必须边讲边写，与讲解相配合。一般来说，先写后讲的板书能起引导作用，引导学生去追寻教师的思路；先讲后写的板书能起总结作用，可以加深学生对问题的理解；边讲边写的板书则能起到控制作用，可以吸引学生的注意力，激发学生的学习兴趣，使课文思路、教师思路和学生思路合拍共振。而那种对板书马虎随意的做法，是无法进入教学艺术行列之中的。例如，教学《林海》时，如图 4.68 所示，按课文的要求，半扶半放，可先要求学生根据课后习题预习课文，体会课文先总后分的写法。接着，启发学生从课文中找出最能表现"岭""林""花"特点的词语，在板书中进行概括。再抓住课文中对"木材""人与山"的联想，重点板书有关词语。最后，板书"美"字，概括"林海"给人的总印象，与总述部

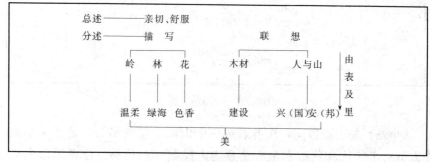

图 4.68 《林海》板书

分的"亲切与舒服"相呼应,突出作者的立意所在。当学生对全文有了一个比较完整、深刻的理解后,再引导学生理解作者构思和行文的妙处,板书"由远到近""由粗到细""由表及里"。

4.3.13 双向反馈,和谐共振

板书是师生开展双边活动的重要桥梁。教学中,或让学生发表意见由教师板书,或启发思考让学生板书,或采用"设疑式"板书诱学导思,都有利于教师主导作用和学生主体作用的发挥,使"教"与"学"产生和谐共鸣。例如,《手》的板书(图4.69)。

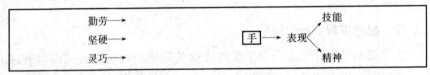

图4.69 《手》板书

4.3.14 循序渐进,拓宽思路

板书是配合课堂教学的重要手段。教师只有随着教学思路的拓宽,循序渐进地板书,依次点拨重要知识点,才能诱导学生积极地参与整个认识过程,达到教学相长的目的。也只有如此,课堂教学才能引人入胜,令人着迷。课堂上板书艺术与语言艺术有机结合,恰当地使用,就更能增强课堂的教学效果,提高课堂效率。例如,有位教师在教《小站》这篇课文时,板书(图4.70)时,把清楚、简洁的板书设计与生动感人的教学语言有机结合,产生了极大的艺术感染力,不但使学生受到教育、学到知识,而且陶冶了学生的情操。老师满怀激情讲解课文,导入新课,揭示课题。

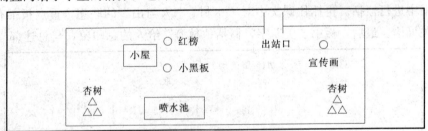

图4.70 《小站》板书

《小站》是一篇散文,作者通过一个山区小站的描写,赞扬了车站工作人员对工作认真负责和全心全意为人民服务的精神。作者围绕中心选材,他写了小站的"小"。老师讲到这里用粉笔板书一个"小"字,车站

小的印象就深深地留在学生的记忆里。正是"小"才突出了工作人员对它布置之精。作者按着方位顺序写了月台的正面，有红榜、小黑板、宣传画，中间有喷水池，两头有杏树，板书后，老师用生动的口头语描述了一个山区无人注意的小站的美景。老师指着板书说："作者描写了池中美景，水珠四溅，杏花鲜艳，蜜蜂飞舞，使我们感到小站有山有水，有花有香，有声有色，有静有动。这就把一幅色彩明确的小站图景展现在我们面前，使我们感到小站是那样的小巧清雅、幽静清晰，使我们感到小站是那样的可爱，工作人员是那样的可敬。"

老师边板书边讲解，学生和老师情感交融，思想上产生共鸣，对车站的工作人员，从内心里产生了敬佩之情。

最后，当老师在总结这节课的写法时，充分利用板书进行画龙点睛。老师说："这篇文章篇幅短小，构思巧妙，别具一格。文章开头写了车上一瞥（板书），勾勒轮廓，点出了车站设计规模之小，中间写了进站细节（板书），描绘站容，突出车站设计精巧，结尾眺望四周（板书），突出中心，揭示课文意旨，写环境美为了突出工作人员的心灵美（板书）。"

讲到这里，老师停了停提了一个令人深思的问题："这篇课文没有扣人心弦的情节，没有感人肺腑的语言，没有惊天动地的事迹，没有奇特美丽的景色，为什么读来感人？"

让学生带着问题回忆板书，然后小结。由于老师语言简练，充满激情，与简明形象的板书配合，产生了极大的艺术感染力，不但使学生受到教育、学到知识，而且陶冶了学生的情操。

4.3.15 注意结构，培养能力

教师板书在考虑教材内容范围的同时，尤其要注意教材的结构体系，引导学生把知识点"串珠成线，结线成网"，描绘"知识树"，以提高他们分析和解决问题的综合能力。例如，讲《国际组织》时，有位老师设计如图 4.71 所示的板书。

通过板书，学生对"国际组织"的知识结构一目了然，利于从整体上掌握教材，养成良好的逻辑思维习惯。

简练迅速是板书的原则，在紧张的 45 分钟一节课内，在学生用脑过程中，板书不能太繁杂。人的心理需要空间，人对空间的要求总有一种"相适应性"，若把整个黑板写得黑压压一片，就会给学生心理上造成一种"挤压"感，影响对知识的掌握。

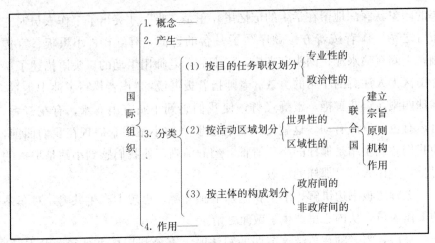

图 4.71 《国际组织》板书

4.3.16 布局美观，激发情趣

教育家赞科夫曾说过："人具有一种欣赏美和创造美的深刻而强烈的需要。"

语文课的板书可就文章思路、文学作品的情节发展进行设计，也可就正音、正词、释词、语法、修辞等进行设计。如果板书条理清楚、布局美观、疏密有致、书写工整，不仅可使学生一目了然、易学易记，还可将学生带入艺术的境界，乐悦其耳目、激动其心灵、触发其情思、开发其智力。一词一句能让学生感受其情趣，一篇一章能引起学生感情的共鸣。学生就会心驰神往，兴趣盎然，把语文学习当作艺术的享受，阅读能力也会随之提高。如《帐篷》一诗借帐篷抒发了建设者以苦为乐、艰苦创业的革命精神。板书（图 4.72）抓住关键词语，把课文讲述与书写工整、布局美观的板书图示相互配合，把文章的基本观点、写作方法和关键词语教学有机地结合起来。学生既能很好地理解教学内容，又在美的欣赏中培养了观察力、想象力和思维能力。

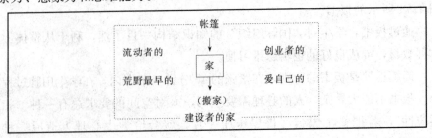

图 4.72 《帐篷》板书

4.3.17 突出感知，详略得当

心理学实验证明，外界进入人脑的信息，有 90% 以上来自眼睛。如果学生一直随着教师讲述的速度和层次进行不间歇的思维活动，神经系统极易疲劳，从而影响听课效率。因此，教师要精心设计板书，突出感知对象，便于直观教学。

①对教学内容进行筛选，兼顾重点、难点、热点知识，做到详略得当，布局合理。

②恰当运用板书手段，如线条、不同色彩、不同字体等，将重要知识标志出来，以突出感知对象、加深学生印象。

③文字精练，图文并茂，使有限的版面能传递大量的知识信息。如一位老师教《月光曲》时，板书设计如图 4.73 所示。板书以"之"字形线条连缀而成，指示学生根据文章的情节线索和情感的发展来理解课文，最后，以一个指向课题的长箭头揭示文章的中心——贝多芬与人民情相连，意相通。

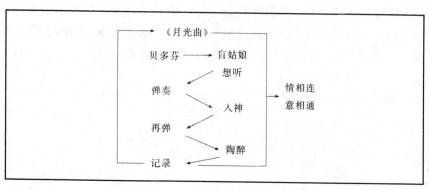

图 4.73 《月光曲》板书

4.3.18 标新立异，富于启发

板书必须标新立异，将抽象的知识通过生动活泼、富于启发的板书表现出来，以激发学生的学习兴趣，点燃他们的思维火花，培养他们的创新意识。有位数学老师在复习加法时，设计了如图 4.74 的板书，配上简笔画，富有启发性和审美性。再配上儿童喜欢的儿歌，更具有趣味性和教育性。这种形象化的板书，加上教师精彩的讲述，不仅能激发学生的学习兴趣，还能发展学生的创造性思维。

这种形象化的板书，加上老师的讲述，不仅加深了学生数学新知识的

理解和记忆,而且对发展学生的创造性思维有着不可低估的作用。

图 4.74 "复习加法"板书

4.3.19 教学训练,有机结合

在教学过程中,应有相应训练。那么,设计板书时,应考虑与大小型练习有适当的配合或间隔。当然,练习无论多少,都应该为学生创造应用知识的情境。例如,《乌鸦喝水》全文共三幅图,课文讲乌鸦想喝水,可是瓶子里有水却喝不着,最后自己想办法喝着了水的故事。按图文序列设计板书(图 4.75),帮助学生理解图文内容,懂得无论做什么事都要勤动脑筋。

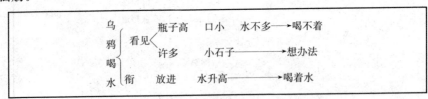

图 4.75 《乌鸦喝水》板书

4.3.20 整理归纳,构建网络

小学数学知识是由知识结构不同的单元组成的,教材不是各单元知识的简单叠加,而是紧密联系的一个整体结构,所以在毕业总复习时的板书,要帮助学生对所学知识进行系统的整理、归纳,理清各章、各类知识的脉络,使学生对相关知识的内在联系有一个系统认识。例如,《平面图形面积公式》的推导(图 4.76)。

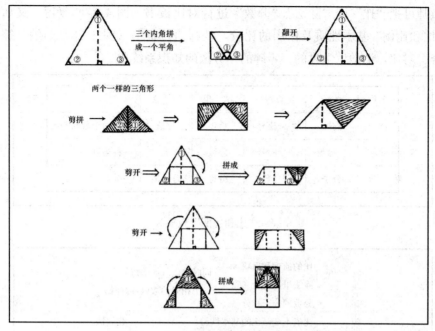

图 4.76 《平面图形面积公式的推导》板书

从板书中学生可以清楚地看出各种平面图形相互转化的过程。平面图形的求积公式以长方形面积为基础，它是用面积单位直接度量求得的；以平行四边形面积公式为重点，它是通过割补的方法转化为长方形求得的；其他图形的面积公式都是通过推导、割补、拼合的方法转化成长方形或平行四边形得到的；三角形和梯形的面积公式是用拼合法得出的。

4.3.21　梳理比较，沟通联系

复习时的板书，教师要有意识地引导学生把那些有内在联系的概念系统化。如除法、分数、小数、百分数和比之间的相互转化可用一幅较为简洁的板书使学生理解其内在联系。又如整数、小数、分数的加减计算法则表面看来有所不同，但实质是相通的，即两个数相加减，它们的计数单位必须相同。整数、小数相加减，要相同数位对齐，分数直接相加减，必须是同分母分数，即计数单位相同。这样复习，就能使学生学一点懂一片，学一片会一面，收到事半功倍的效果。

4.3.22　归纳类比，区别异同

复习课不能像新授课那样面面俱到，要以练习、答疑、讲评为主，运用归纳、综合、对比的方法，大跨度复习。例如，复习"比和比例"时，

教师可把"比"同"除法""分数"进行对比板书（图4.77）复习。又如"比和比例"基本性质及作用的比较，教师通过板书（图4.78）归纳、综合、对比，把学生学过的、零碎的、分散的知识系统化。

名称	关系	运算符号	结果	意义
比	前项	：（比号）	后项	比值	表示两个数的关系
除法	被除数	÷（除号）	除数	商	一种运算
分数	分子	—（分数线）	分母	分数值	一个数

图4.77 "比和比例"板书（一）

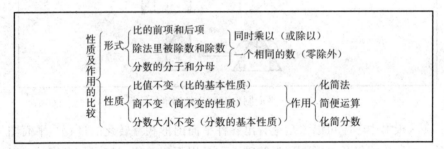

图4.78 "比和比例"板书（二）

4.3.23 分段设计，先后有序

系统论的原理告诉我们，板书活动呈动态结构，其实施过程有一定的方式和阶段排列。

在阅读教学中，板书活动有机有序地介入课时，能成倍提高学生吸收知识的比率。因此，教师在备课中精心构思的板书，在实施过程中要体现先后有序，轻重有别。只有这样，才能最大限度地发挥板书的作用。例如，《伟大的友谊》一文，叙述了马克思和恩格斯在共同创造马克思主义的40年中，互相关怀、亲密合作的事例，赞颂了他们建立在共同革命目标基础上的伟大友谊。本文所在单元的重点训练项目是"领会文章中心思想"。教学中侧重于读的训练，在读的过程中，培养学生的分析、概括能力，从而更深刻地理解文章的内容。鉴于此，在三个课时的教学过程中，分别设计和实施（图4.79）如下三幅板书，收效较好。

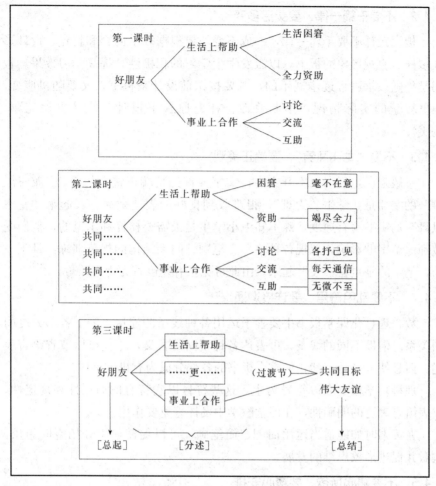

图 4.79 《伟大的友谊》板书

4.4 板书设计的要求

4.4.1 不要简单照搬，要借鉴创新

目前，全国各地编撰的各种板书参考资料较多，特别是教学杂志上更多。这些板书样式，是广大教师实践的结晶，值得借鉴。但借鉴不等于照搬。如果为了图省力、图美观，或应付检查、验收，不假思索地照抄在黑板上，则失去了借鉴的意义。所以，必须在钻研教材、自我设计的同时，汲取、参考板书之精华，进行创造性地再设计，才易于提高板书质量。

4.4.2 不要千篇一律，要灵活多变

板书设计不要千篇一律，一成不变，要根据教学内容和特点，设计形式多样、直观形象的板书，以激发学生学习的积极性，提高学习效果。板书是伴随教学进程逐步展示的，既要按课前设计来板书，又要随机应变，根据教学的实际情况，不断修改、补充原板书设计，使其更加完善、完美。

4.4.3 不要"龙飞凤舞"，要端正美观

一般来说，板书离不开文字，文字美首先是端正整齐的美。"龙飞凤舞"的字那是让学生"为难"，很难收到良好的表达效果。看起来"龙飞凤舞"的字书写有速度，殊不知中小学生是极需要榜样和示范的，他们受教师潦草字的影响，忽视各种笔画、笔顺、间架结构的规范训练，日子一长，笔下的字也会"飞"起来。由此可见，有速度首先得有质量。

4.4.4 不要乱用符号，要连接沟通

数、理、化课堂板书中要善于运用各种线条的连接，表示各部分之间的关系。借助不同的线条，可表达各种不同的含义，不仅可以节省语言表述，而且使人一目了然，使整个板书的各部分成为有机的整体。

理科教学板书多以符号为主，这些符号以它特有的通用性和规定性，代表语言表达的明确性，在课堂教学中发挥着重要作用。

在板书时如能适当运用简图、简笔画，可以促使学生开拓空间想象，刺激并促进形象思维的发展。

4.4.5 不要随心所欲，要精心安排

教师板书的一个词语、一条线条、一个图案，以及安排的位置和形式等，都要事先周密地计划好。凡是重点、难点之处的内容，都不必"挤"上黑板。板书应伴随教学过程有条不紊地出现，不能兴致勃发，信手写来，东一摊西一条，杂乱无章，犹如满天星斗，看花了学生的眼，一堂课下来仍不得要领。当然，在课堂上使用计划好的板书内容，有时会受到诸种条件的制约，其中包括教学时限、学生的可接受性、教材本身语言因素的挖掘程度等，需要教师机敏地灵活板书，这不能和"随心所欲"相提并论。

4.4.6 不要出现混乱，要编织严密

板书的好坏，直接说明教师分析和运用教材、驾驭教学能力的高低。

其实,能力的高低是相对的,不认真"吃透"教材的"三点"(特点、重点、难点)和"三路"(思路、教路、学路),仓促设计板书,就常常欠严密、多破绽,造成语意混乱的"漏洞"。像一个词组写一半,生硬地压缩句子,箭头指意不明,都是板书的大忌。

板书设计既要注意排列美,也要注意组合美,应追求形式美与内容美的统一。好的板书设计,要根据教学目的、教材特点和学生的学习思路,对原教材的顺序进行调整,重新组合,产生一种暗示效应,使教学信息得到浓缩。

4.4.7 不要华而不实,要讲求实用

教师板书时滥用彩色粉笔勾、画、圈、连,缩小了"背景与对象的差别",容易"顶着石臼做戏——吃力不讨好"。试想,黑板"五彩缤纷",看得出事物之间的关系吗?反映得出特点吗?结果只是分散学生注意力,"中看"而"不中用",是结不出果实的"花架子"。

板书是对教材的一种提炼。在设计板书时,教师要深钻教材,深刻地理解教材,准确地把握教材的内在脉络和逻辑联系。这样,才能设计出最优的板书形式,准确地反映出教材重点和难点。

例如,《一曲胡笳救孤城》这篇课文写西晋边关守将刘琨效仿楚汉之争中张良用"四面楚歌"之计击败项羽的事,用一曲胡笳动摇了匈奴的军心,保全了城池的故事(图4.80)。板书设计应突出以下特点:

图 4.80 《一曲胡笳救孤城》板书

(1) 直观形象、讲究艺术

不要说学生,老师都不清楚胡笳究竟是怎样一种乐器,吹奏出的音乐究竟怎样,竟有如此大的魅力勾起匈奴骑兵的思乡之情,让他们士气低落、无心应战。一开始用简笔画勾勒出胡笳图,配以胡笳乐曲,将学生带入到情境之中,激发了学生学习课文的兴趣,调动起了学生的阅读期待。老师适时地穿插一些胡笳的资料,丰富学生的视野。用声波传播的圆弧图形不仅直观形象地演示出胡笳曲传到包围在晋阳城四周的匈奴骑兵耳中,

还把当时边塞的冷落、开阔表现了出来。

(2) 突出重点、点明中心

刘琨的妙计之所以成功，是因为胡笳曲的音乐魅力，因此，引导学生找到文中描写胡笳曲的两个重要词语"悦耳动听"和"哀伤凄婉"。正是这种声音勾起了匈奴骑兵的思乡情，让他们"士气低落""无心应战"。正是这声音涣散了匈奴骑兵的军心，让刘琨将军的妙计得以成功。找到关键词语板书，让学生能够一目了然。学生在总结课文时也明白了刘琨将军是以智取胜的。

板书艺术是一种形式，是一种手段，它是为完成教学任务服务的。由于它在教学中受教学时间、教学对象的可接受性、教学过程的阶段性等诸多因素的制约。因此，板书设计一定要讲求实用性，才能使其真正发挥作用。

4.5 板书设计的形式

要让板书发挥其特有的艺术魅力，不仅要在板书的内容上花力气，而且要在板书形式的构思上狠下工夫，力求把完美的艺术形式与丰富的知识内容有机地结合起来。在对所授知识正确导向的前提下，美化板书形式，强化教学重点。板书中适时运用彩笔或粗体字，抓住要领，突出重点，主次分明，能够加深学生对知识的理解。另外，合理地使用线条（直线、虚线、曲线或折线）、箭头或括号，能开阔学生的思路，质疑问难，突破难点，起到疏通思路，理顺脉络的作用。

4.5.1 板画式板书

在板书设计中，如果结合板画，既可增加板书的形体美，又可利用画面的直观可视性，辅之以简洁的文字示意，化抽象为具体，激发学生的兴趣，培养学生美感。例如，《谜语》选用图文并茂的板书设计（图4.81）。用图示代替呈现各种姿态的事物，从而增强了谜语的形象性，有助于学生发挥想象力，较快地揭示出谜底。

图 4.81 《谜语》板书

4.5.2 连线式板书

这类板书是将选定的板书要点用线条连缀而成的板书。此类板书或是把握课文的情节线索,或是把握作者感情线索,以曲线推进的形式呈现在学生眼前,对于指导学生鉴赏和学习情节跌宕腾挪、情感曲折变化的课文具有形象的启迪作用。例如,《落花生》的板书设计(图4.82)。学生通过对种花生——收花生——吃花生——议花生——要像……的连接,掌握了作者的写作思路,同时,也初步了解了由此而揭示的中心思想。

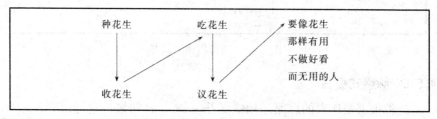

图4.82 《落花生》板书

4.5.3 提示式板书

此做法的目的在于开拓思路,它犹如一把智力钥匙,只要对准学生心灵上的"锁号""锁孔",他们就会豁然开朗,一思百解,在学生思想处于混沌状态或思路堵塞时,这种板书方法效果最佳。如按照三角形的不同分类标准,小学阶段分了两类,如图4.83所示。

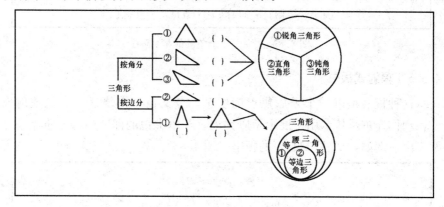

图4.83 《三角形》板书

4.5.4 提问式板书

这种板书通过设疑、激疑来提高学生的阅读、解疑的欲望,激发他们的学习兴趣,培养学生思维能力和探究问题、解决问题的能力。例如,

《将相和》这课板书设计（图4.84）。学生根据这样一张预习图表，先体会带着问号的词义"和"与"不和"这一对意思截然相反、看似矛盾的词语，使学生产生疑问，到底将相和，还是不和？

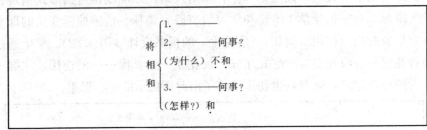

图 4.84 《将相和》板书

4.5.5 脉络式板书

这种板书是作者的思路，用线条指示课文的脉络。它可以将比较长、比较复杂的课文化繁为简，便于学生掌握课文特点和脉络层次，以便从整体上把握。例如，《渔夫和金鱼的故事》，有位教师是这样设计的（图4.85）。板书用5个括号和越来越大的"贪"字把一篇较长的课文的思路一目了然地展示出来，形象地揭示出课文蕴含的哲理"贪得无厌，其结果必然是一无所得"。

图 4.85 《渔夫和金鱼的故事》板书

4.5.6 辐射式板书

这种板书是以一个矛盾焦点为中轴，全文情节围绕这个焦点放射发散，动作连贯承接，用于展示矛盾突出，斗争尖锐的课文内容，重点就非常突出。例如,《完璧归赵》的板书（图4.86）。

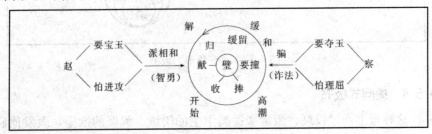

图 4.86 《完璧归赵》板书

4.5.7 往复式板书

有的课文首尾相接,可以采用往复式板书。例如,《小猴子下山》的板书(图4.87)。

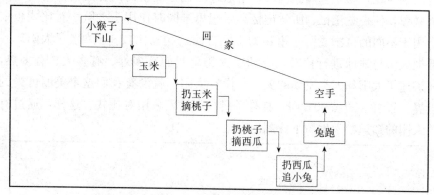

图4.87 《小猴子下山》板书

4.5.8 交叉式板书

对一些发展线索有开有合的课文、内容交叉的课文,以交叉式板书结构表现,便会显得开合分明,富有趣味。例如,《骆驼和羊》的板书(图4.88)。骆驼和羊各自夸耀自己的长处,看不到自己的短处,以己之长比人之短。其内容交叉,适合交叉式板书,也可以用对比式板书,帮助学生理解思路掌握重点,懂得全面看问题的必要性。

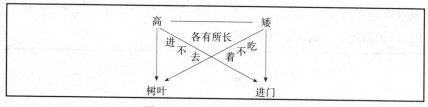

图4.88 《骆驼和羊》板书

又如《桂林山水》采用交叉式板书(图4.89)打破了一般模式,显示出造型美。

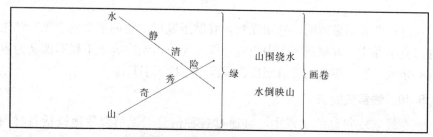

图4.89 《桂林山水》板书

4.5.9 对比式板书

通过对比,揭示知识结构和各部分的逻辑关系,把易错易混的知识进行区别对比,易于掌握。同时,也通过对比把复杂的内容用简图对比,加强联想,使视觉记忆、听觉记忆和联想思维同时作用于大脑。对比式板书常用于不同的事物或同一事物的不同方面的相互比较。例如,《太阳》一课把太阳与地球进行比较,介绍了太阳离我们有多远、有多大、有多热,还讲述了太阳和人类密切的关系。没有太阳,就没有我们这个美丽可爱的世界。板书(图4.90)时,抓住关键性词语,采用对比式。这样,通过有关太阳的知识给学生留下深刻的印象。

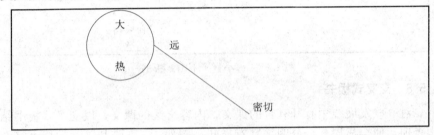

图4.90　《太阳》板书

有些课文内容有较多的对比成分,在指导学生预习时可抓住这一特点,设计对比式图表,让学生进行课文预习。例如,《刘胡兰》一课,为了重点引导学生预习第二、三段,设计了一张"纲要信号"图表(图4.91),根据提示,选用课文词语填空。

		敌人	刘胡兰
《刘胡兰》	第一段	————	————
	第二段	————	————
	第三段	————	————
		手段毒辣	坚贞不屈

图4.91　《刘胡兰》板书

这种图表形象鲜明,感知强烈,有助于发展学生的求知的思维。学生通过自学课文,并根据图表中的信号提示完成填空内容,不仅对课文内容有一定的了解,而且为理清层次、掌握中心打下了基础。

4.5.10 线索式板书

在线索较明显的文章中,可通过各种信息,提纲挈领地概括教材内容,力求用新颖、形象、多样的形式激发学生的情趣。《小木船》板书

"摔、送"反映了故事情节的发展，"破裂、恢复"表现了感情变化的过程。抓住这两条线索，设计板书如图 4.92 所示。又如《药》，按事件发展的中心事物设计线索式板书如图 4.93 所示。再如讲解《人的消化》一课时，教师可设计如图 4.94 所示的板书，使教学内容条理清晰，一目了然，便于接受。

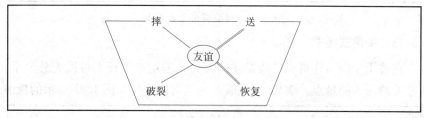

图 4.92　《小木船》板书

图 4.93　《药》板书

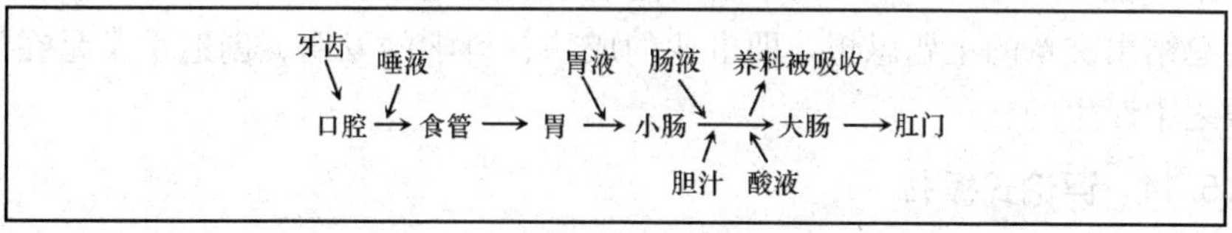

图 4.94　《人的消化》板书

4.5.11　总分式板书

这是总体设计和局部设计相结合的一种板书。这种板书往往按照教学需要，在总体性板书的基础上有意放大某一点"总体"和"局部"，有简有繁，各有侧重，相辅相成，帮助学生既了解知识的整体结构，又突出了对重点和难点的剖析。例如，《春天》的板书设计（图 4.95）。

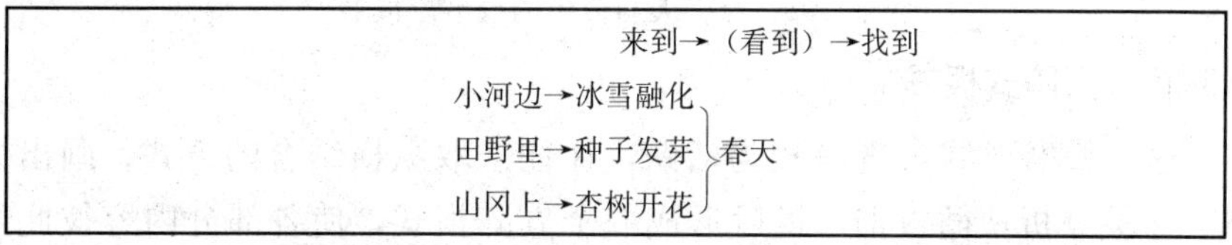

图 4.95　《春天》板书

4.5.12　递进式板书

按照文章的特点，抓住文章的内容的逻辑性，用递进的方式设计板

书。如《泼留希金》的板书设计（图 4.96）

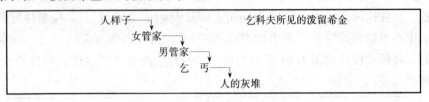

图 4.96 《泼留希金》板书

4.5.13 鱼贯式板书

它适用于情节连贯、单线发展的课文。采用这类板书可以充分显示文章递进的深入的特点。例如，《试航》一文可以设计如图 4.97 所示的板书。

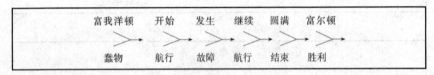

图 4.97 《试航》板书

板书根据课文的情节脉络，以鱼贯式再现了富尔顿化憧憬为现实，造出第一艘轮船并试航成功的事情经过。借助于这个板书，教师还可启发学生总结出文章的主题思想，即事业的成功、科学的发明、创造常常是在失败之中诞生的。

4.5.14 评论式板书

这种板书形式，在语文方面表现为按事情发展经过，提取有关人物性格的词语，揭示人物品质，最后做出评定式的归纳；在数学方面表现为定义、法则、公式、解题方法等结论的概括。例如，《渔夫和金鱼的故事》的板书（图 4.98）。

```
贪欲：要木盆→木房→女皇→做女霸王   贪得无厌
态度：骂→骂得厉害→破口大骂→怒火冲天  一无所得
```

图 4.98 《渔夫与金鱼的故事》板书

4.5.15 方阵式板书

这一板书形式表现得较为活跃，往往采取纵横结合的方式，画出方格，逐层分析，循板书，最后形成一个方阵模式，使各部分内容彼此照应。此板书对内容繁多复杂、诸种事物内部条件和外部联系相互制约的课文较为适宜。通过板书，利于理清关系，认识各项条件，明白相互联系，建立概念体系。例如，"四则运算之间的关系"的板书（图 4.99）。

图 4.99 "四则运算"板书

采用这种板书时,在弄清各部分情节内部和外部的基础上,进行设计。同时,要注意流线图的画法,力求整体设计简洁明快,在推导各部分关系时,应注意变化和发展过程中的条件。

4.5.16 坐标式板书

此板书的特点是以坐标形式展示和剖析课文。其优点是立体感强,有着其他板书所不具有的表达效果。数学知识用得较多,但设计较难。例如,《黄继光》的板书设计(图 4.100)。

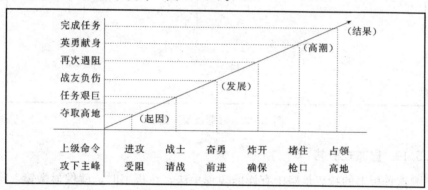

图 4.100 《黄继光》板书

4.5.17 联系式板书

数学知识是相互联系的,在复习时,可以在知识之间串珠引线,用板书沟通起来,形成系统的知识网络。例如,《圆的周长和面积》《圆柱和圆锥》两节,绘制了如图 4.101 所示的纵横联系图,让学生复习、练习,使知识系统化。

4.5.18 螺旋式板书

这种板书像螺旋一样由外向内层层深入,最后点明中心。例如,《荔枝蜜》就采用螺旋式板书(图 4.102)。

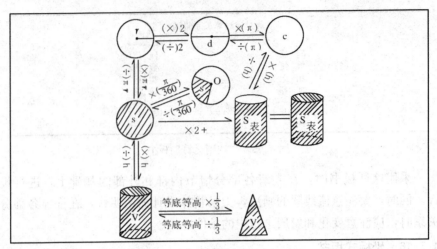

图 4.101 《圆柱与圆锥》板书

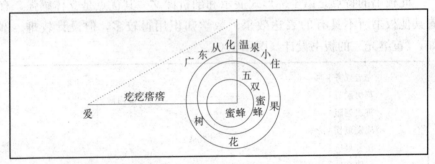

图 4.102 《荔枝蜜》板书

4.5.19 显微式板书

这种板书的特点是略中有详的表现手法。在板书时，就像显微镜，将其中某一关键部分放大，使学生能洞察其奥秘，认识其哲理。例如，《放风筝》板书（图 4.103）把课文的重点部分兄弟俩放风筝作为重点进行板书；前后两小节则略去了，这种板书重点突出，有利于指导学生学习。

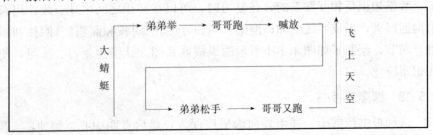

图 4.103 《放风筝》板书

4.5.20 缩微式板书

这种板书的特点是将课文浓缩成最精要的文字和辅助图像，从而使课文的主旨得到了最集中的揭示。它的优点能以高密度的信息储存，使人领略到其中的哲理美。例如，《自相矛盾》的板书（图 4.104）：教学《自相矛盾》这则寓言，一开始，就在黑板上画一支长矛和一个盾牌，标上"矛""盾"二字，让学生认识矛、盾这两样兵器，再让学生默读课文。

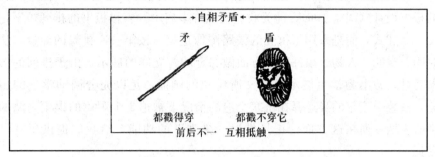

图 4.104　《自相矛盾》板书

4.5.21 纺锤式板书

这种格式常用于揭示多层次、多头绪的脉络及多种叙述方法的结构关系，以使脉络的主次分明，叙述方法的界限明显。例如，《西门豹》的纺锤式板书（图 4.105）。用两头尖的"纺锤式"列出两头标明全文主线及主要叙述方法治理过程，两头揭示中心思想，课文中严谨的逻辑关系昭然若揭。

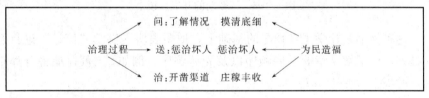

图 4.105　《西门豹》板书

4.5.22 扇面式板书

这种格式以作者思路为枢纽，从"一点"出发依次展开或归拢，形同扇面。这种格式层次分明，脉络清晰，事情的来龙去脉，前因后果一目了然，常用于分析和归纳段落层次、概括段意，揭示一件完整的事情的因果关系及其经过步骤。如辛弃疾的《清平乐·村居》这首词是描写恬静安宁的田园生活，是使用白描的艺术手法，展现在读者面前的是六个画面。作者站在一个固定的位置上,按照观察的顺序,由远到近,由高到低,使六个画面有机地排列在一起,即各有侧重,又浑然一体形成一个"扇面式"。

4.5.23 排列式板书

板书设计的外观排列所构成的造型,往往包含着诸多"潜名词",这可以省去不少文字表达。正像"排列"在"集成块"中所显示的重要作用一样,在板书设计里,"排列"是一项重要的技巧。课文《劳动的开端》的板书设计(图4.106),能为我们提供许多启示。整幅板书的排列,不是文字叙述式,而是采用了挑煤的线路图像造型,按第一次挑煤的经过,从时间、空间、人物、事件四个方面做综合的、立体的展示。由于排列的形象巧妙,板书为学生展示了课文所反映的画面,足以充分调动学生的想象,去感受童年的吴运铎在饥寒交迫的情况下被迫走上艰难的谋生之路的辛酸生活。而在这方面,正是借助"排列"的功能,给我们提供了"潜台词"。

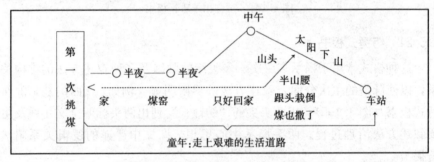

图4.106 《劳动的开端》板书

这种板书是让学生在预习的基础上,把图表所提供的"信号"进行有序排列,以了解文章的发展顺序以及先后顺序。例如,《董存瑞舍身炸暗堡》的板书(图4.107)

图4.107 《董存瑞舍身炸暗堡》板书

4.5.24 练习式板书

这种板书是以适当的空位,引导学生在理解概念的基础上进行填空的板书。这种板书为学生提供一种练习形式,既可让学生掌握概念、法则、定理,又可培养学生的思维能力和表达能力。例如,《角的分类》的板书(图 4.108)。

名称	角	角	角	角	角
图像					
特征	大于 0° 小于 90°	等于( )	大于( ) 小于( )	等于( )	等于( )

图 4.108 《角的分类》板书

4.5.25 宝塔式板书

这种板书形如宝塔,它能形象地表现思维过程不能越级,只能逐级而上,错一步就功亏一篑。例如,在方框中填数板书(图 4.109)。

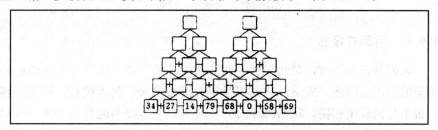

图 4.109 宝塔式板书

4.5.26 阶梯式板书

这种板书状如拾级而上的阶梯,它能形象地表现教学内容的层次以及层次间的关系。在语文教学中,故事性强、情节逐步推向高潮的课文也适用阶梯式板书。这种板书直观性强,便于使用。例如,《跳水》的板书(图 4.110)。

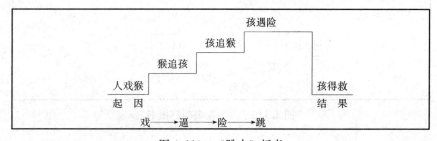

图 4.110 《跳水》板书

4.5.27 条幅式板书

条幅式板书状如悬挂着的条幅。对于以系列画面组合成篇的课文,采用条幅式能展现描绘画面的方式和谋篇布局的特点,有利于触发儿童思维,丰富儿童的想象力。例如,《瀑布》一文,可以设计成条幅式板书(图 4.111)。

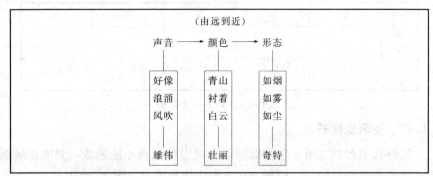

图 4.111　《瀑布》板书

4.5.28 回环式板书

人们的审美心理,对圆环有一种特殊的喜爱之情,也是日常生活中装饰美的标志。因此,板书设计也把回环式板书引入了艺术殿堂。所谓回环式板书是指首尾相接,状如回环的一种板书。这类板书的特点是从一点出发,途经各有关要点再回到起点,它不仅能化难为易,清楚简洁地显示课文的情节脉络,而且能促进学生谋篇布局的能力的发展。例如,《半夜鸡叫》的板书(图 4.112)。这篇文章是独立阅读课文,篇幅也较长,情节也较复杂。板书抓住了课文的主要环节,以环形轨迹和简洁凝练的文字,简要而完整地概括了课文的情节线索,这便于学生掌握课文情节,利于老师指导学生归纳课文的中心思想。

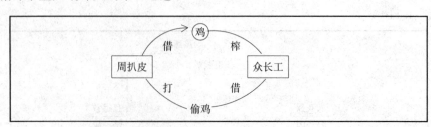

图 4.112　《半夜鸡叫》板书

例如,《书的故事》(图 4.113),写的是鲁迅先生关怀青年、向青年赠书的故事。设计以下板书,可把鲁迅印书、托售,青年买书、钱不够,鲁迅慷慨赠书,青年感激鲁迅的过程展现出来。

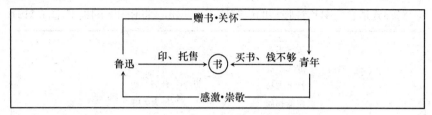

图 4.113 《书的故事》板书

4.5.29 摘录式板书

在数理化的教学中,此法是将书上重要的意义、定理、法则摘录下来,进行分析讲解,理解记忆。在语文教学中,抓住关键的字、词按知识的结构设计。这种板书方法带有直观性,只要运用恰当,便能在学生脑中留下根深蒂固的记忆。例如,《春花》的板书(图 4.114)。

图 4.114 《春花》板书

4.5.30 对称式板书

对称式板书是根据教学的内容和要求对称安排版面的板书。这类板书通过上、下、左、右比较整齐对称的形式,将课文的内容规范化、简明化,便于学生记忆和抄写,也便于学生深入领会课文。例如,《坐井观天》一文的板书(图 4.115)。《坐井观天》是篇寓言。而理解寓言是低年级教学的一大难点。采用对称的形式,将青蛙和小鸟的争论对应板书,最后以

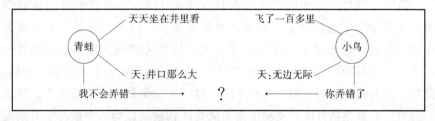

图 4.115 《坐井观天》板书

一个"?"相联系。通过这个问号,教者可向学生提出这样一些问题:①天究竟有多大?谁弄错了?②青蛙为什么会弄错了?由此指导学生理解本文的寓意。

对称式适合于对比性强烈的内容使用。例如,《将相和》的板书(图4.116)。

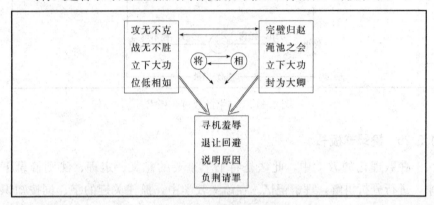

图4.116 《将相和》板书

例如,《蝙蝠》一课,教师通过对称式板书(图4.117)把蝙蝠与雷达的相同之处清晰地展现出来。

图4.117 《蝙蝠》板书

4.5.31 归纳式板书

在数学教学中经常会遇到一些既有联系又有区别的易混情况,如果通过分析和对比,归纳总结,找出规律,就能做到一目了然。

4.5.32 启发式板书

教学《翠鸟》一课时,板书设计(图4.118)富有启发性。在教学中,先指导学生通读课文,弄清作者是从外表、行动、住处三个方面来介绍翠鸟的,接着又引导学生细读课文,抓住关键句子来揭示翠鸟外形的"美"、行动的"快"、住处的"险",在启发诱导之时,让学生概括。同时,不失时机地将"美""快""险"这三个抽象概念反馈给学生,使他们的思维由抽象到具体,又利用板书从具体到抽象成为一个螺旋上升的发展过程。

图 4.118 《翠鸟》板书

对一些议论文或一些小说，可采用这种方法。对于议论文来说，结构是很重要的。如何弄清文章的结构是个难点。我们在弄清文章结构的基础上，精心设计板书，把它展示出来，就很直观地解决了难点。例如，《崇高的理想》《六国论》《药》《雷雨》《人物关系图》等课文，就可如此设计。如《文学与出汗》一文的板书（图 4.119）。

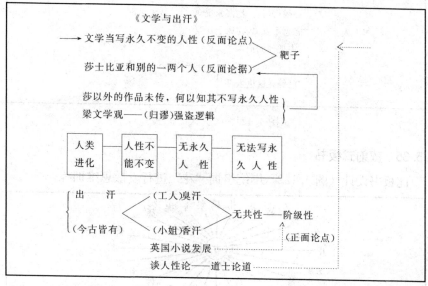

图 4.119 《文学与出汗》板书

4.5.33 表格式板书

这类板书是指将课文内容统一列入表格的一种板书。这类板书类目清楚，条理性强，对于训练学生的分析归纳能力有较大的示范作用。例如，《线段、直线、射线》的板书设计（图 4.120）。

	图 形	内 容
区别	•—•	线段有两个端点，它的长度是有限的，可度量
	•—	射线有一个端点，它的长是无限的，不可度量
	—	直线没有端点，它的长是无限的，不可度量
联系		线段和射线是直线的一部分

图 4.120 《线段、直线、射线》板书

4.5.34 点拨式板书

在板书设计中除了提炼关键词语作为板书内容的主体外，有时也可以加上一些教师编拟的提示语。这些提示语必须是十分必要的，应能起画龙点睛作用的。例如，《穷人》的板书设计（图4.121）。

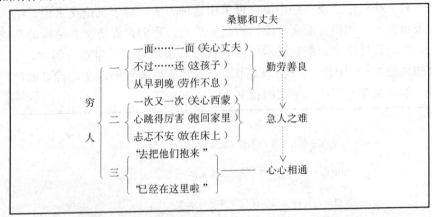

图4.121 《穷人》板书

4.5.35 放射式板书

此板书设计（图4.122）围绕组词"花"进行发散思维训练。

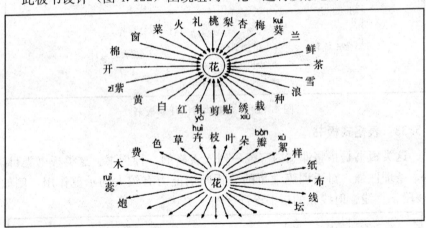

图4.122 放射式板书

4.5.36 集合式板书

这则板书是课文《狼》（图4.123）所有教学内容的集合，主次分明，读、析、讲、练见诸一"板"，知识和能力前呼后应，联成一体。

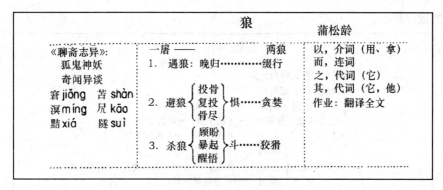

图 4.123 《狼》板书

4.5.37 形象式板书

这则板书（图 4.124）分列左右两侧：左边由下而上写出所见之景，一目了然地让学生明白登临泰山的经过，使移步换景写法变得具体清楚。右边列出作者登山经各个景点时的情感历程，然后教师用红笔勾勒，一个明显的"壮"字出现在眼前，给学生深刻的印象。这"壮"字是祖国山河的特征，是泰山给学生的美感——"壮美"。

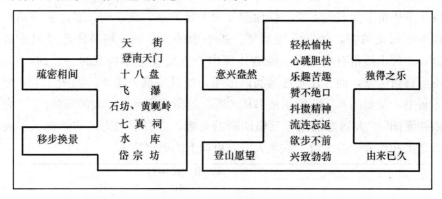

图 4.124 《雨中登泰山》板书

4.5.38 分层式板书

这则板书（图 4.125）依课文三大部分从品格和文学才能、科学成就、政治才干几个方面概括了张衡的一生，题目清楚，了然如绘。

当然，还可以列举一些板书设计的样式，但是广大语文教育工作者在板书设计方面的创造精神是永远也不能穷尽的。时代在前进，板书设计也在不断变化发展。然而，不管哪种式样的板书设计，都必须从教学实际出发，不可生搬硬套；必须精要明确，不可烦琐哲学；必须朴实无华，不可

117

装模作样。

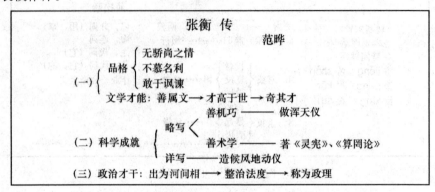

图 4.125 《张衡传》板书

4.5.39 摘要式板书

板书设计的方法很多，但归纳起来要注意以下几点：

第一，板书要深入浅出，直观形象。就是为了要去粗取精，教师才设计板书，把课文复杂的内容变成简明扼要的语言。板书必须深入浅出，便于学生接受。另外，还要形象，一是吸引学生的注意力，二是形象的东西便于学生留下深刻的形象。抓住课文中关键的字、词、句，通过板书精要地展示课文内容，帮助学生理解。板书中的字、词、句必须经过慎重选择，要挑出最富有表现力、最能体现中心思想或写作特点的字、词、句，不可盲目随意，而且还要适当加以浓缩，使其准确、洗练，如图 4.126 所示板书。又如图 4.127 所示板书从"听"的角度勾画了"大海沉睡图""海潮初涨图""大海怒潮图"三幅图画的音响，接引了关键词句，揭示了大海之美和作者溺爱大海、歌颂大海积极向上的思想感情。

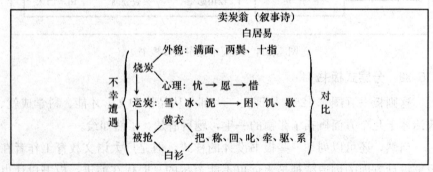

图 4.126 《卖炭翁》板书

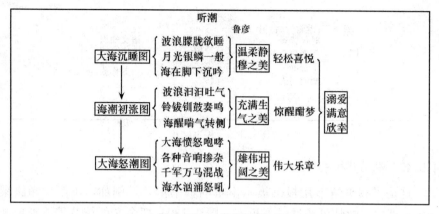

图 4.127 《听潮》板书

第二，板书要抓住课文重点，理清教学脉络。教师对板书刻画入微，一字一句都有明确的目的性，体现教学意图，如图 4.128 所示。这则板书思路清楚，目的性明确，借范文为例子，把读、写结合起来。既帮助学生理解了课文，又指导学生写作因物记事的文章，学会谋篇布局，收到"一石数鸟"之效。

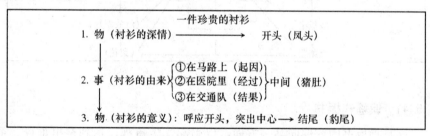

图 4.128 《一件珍贵的衬衫》板书

第三，板书要合理布局。一块黑板犹如一张长方形大纸，应有天头、地角之分。天头正中书写讲课的课题，然后从上至下工整书写；地头略有空余，不应写满，一是教师书写不便，二是讲台所挡学生看不见。一块黑板又好像一帧长方形画轴，板书时从左至右顺势展开，期间可分为左、中、右三个部分。一般说来，左边板书时代背景、作者简介、正音辨字、新的词语，中间板书作者思路、文章结构、重点难点、中心要点、写作特点，右边板书重要的语文知识、陌生字词、添加补充、布置作业，如图 4.129 所示。这样安排板书，就能使教学的有关内容布局严格，整齐美观。当然以上所列项目，绝不是非写不可，而是从教学实际出发，灵活掌握。

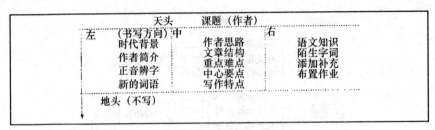

图 4.129　板书结构

4.5.40　情节式板书

这是将故事情节用板书展示出来的板书形式。例如，讲解《驿路梨花》一课时，教师可通过以下板书（图 4.130）把全文的情节较清晰地展示出来。

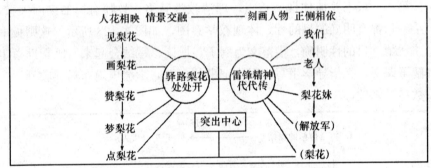

图 4.130　《驿路梨花》板书

4.5.41　偏幅式板书

这是将板书内容偏向某一方面，以引起学生重视，达到突出难点、重点之目的的板书形式。如无脊椎动物的分类，采取图 4.131 所示的板书，可把节肢动物突显出来。

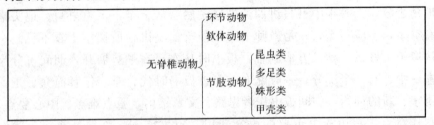

图 4.131　"无脊椎动物分类"板书

4.5.42　雁行式板书

这是把板书内容设计成鸿雁排阵飞行的板书形式（图 4.132）。例如，

《卖火柴的小女孩》一课，揭露了资本主义社会的罪恶，表达了作者对劳动人民悲惨遭遇的深切同情。通过如下板书，可把内容表达出来。

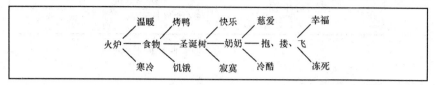

图 4.132　《卖火柴的小女孩》板书

4.5.43　矩阵式板书

这是把板书内容按矩阵的形式来设计的板书。例如，《将相和》一课，主要叙述了廉颇与蔺相如之间矛盾产生与和解的故事。设计成矩阵式板书，可把课文内容较好地展示出来。

4.5.44　投影式板书

这是运用现代化的教学手段，通过幻灯、投影仪等仪器在屏幕上显示教学内容的板书形式。例如，上面提到的《桂林山水》，将其制成幻灯片，能收到优异的教学效果。

4.5.45　阐述式板书

这是根据教材内容边分析边阐述的板书形式。例如，讲解《再见了，亲人》一课时，教师可设计如图 4.133 所示的板书，一边写，一边完成课文的分析任务。

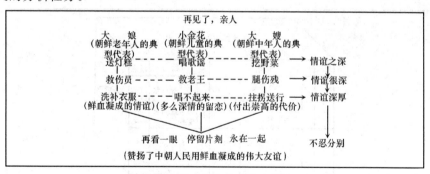

图 4.133　《再见了，亲人》板书

4.5.46　景情式板书

这是语文课中根据课文借景抒情或情景交融的特点而设计的板书。例如，讲解《送元二使安西》这首诗时，教师采用如图 4.134 所示的板书，可较好地展现诗的意境及写法。

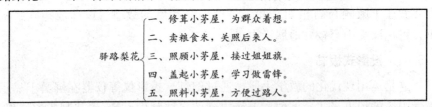

图 4.134 《送元二使安西》板书

4.5.47 章回式板书

这是依照章固体小说的标题而设计的板书形式。这种形式一般以诗句的形式出现,字句精练,朗朗上口,易念易记。例如,前面所列举的《驿路梨花》一课,除采用情节式板书外,还可采用章回式板书(图1.135)。

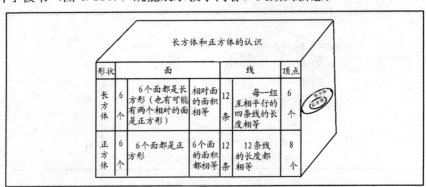

图 4.135 《驿路梨花》板书

4.5.48 立体式板书

这是把板书内容设计成立体图形展示出来的板书内容。例如,讲解"长方体和正方体的认识"时,一位教师依据二者都是"体"的特点,设计了板书(图 4.136),既能展示教学内容,又颇具新意。

图 4.136 "长方体和正方体的认识"板书

4.5.49 线条式板书

这是用线条展现教学内容的板书形式。这种板书形式简明直观,利于学生掌握所学知识。例如,教《我的战友邱少云》一课时,可设计如下板书（图 4.137），帮助学生了解邱少云牺牲原因、经过及其表现出的伟大品质。

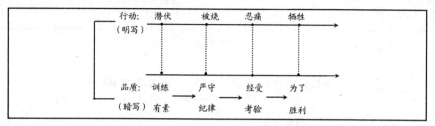

图 4.137　《我的战友邱少云》板书

4.5.50　递加式板书

这是按教学内容的前后顺序，将知识要点列在适当的位置，随着课堂教学的进行，层层递加、步步完善的板书形式。这种板书能清晰地展现教学的整个过程，便于学生从简到繁、从少到多、从易到难地掌握教学内容。例如，《扁鹊见蔡桓公》一课，写的是蔡桓公讳疾忌医，不听扁鹊的忠告，最后无法救治的故事。可设计以下板书（图 4.138），以便于学生理解课文结构和背诵课文。

图 4.138　《扁鹊见蔡桓公》板书

4.5.51　网络式板书

根据知识间的纵横关系，将零碎的知识"串联"成"网"，使知识按层次密切联系，如图 4.139 所示的板书。

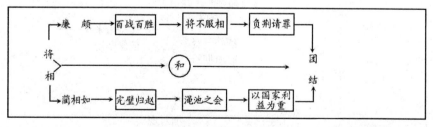

图 4.139　《将相和》板书

例如，《西门豹》一文记叙了西门豹在管理邺城时，破除河伯娶媳妇的迷信，惩治了首恶分子和兴修水利两件事，赞扬了西门豹管理邺城的历史功绩。根据这一内容，结合教学原理，将知识串联成知识网，有利于学生学习（图4.140）。

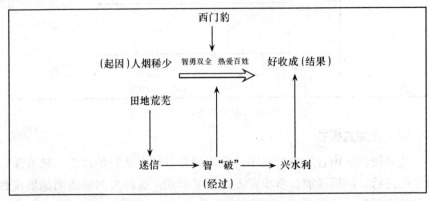

图4.140 《西门豹》板书

教师结合板书，与学生一起总结全文，让学生了解课文的叙述顺序，明确事件的起因、经过和结果。这样的板书体现了文章的内容与结构，把课文重点与中心实实在在地展现在学生面前，有利于学生把握全文，读懂读通，消化课文内容。

4.5.52 线条变化式

这类板书是通过运用文字及简单的符号（线条、箭头等）组成简单的图案，从而形象的展现教学内容的板书形式。这种板书常常要对教材高度概括，精简枝叶，提炼中心，使人感到简明准确，一目了然。较适用于分析作者或人物的感情变化以及情节的发展过程。板书中使用的箭头、着重号、括号、波浪线等辅助性符号，均起到十分重要的作用，与整个板书浑然一体，如图4.141所示。

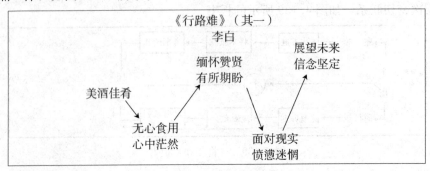

图4.141 《行路难》板书

这里用箭头的指向清楚明晰地展示了诗人复杂多变的心理活动,以箭头的高低变化直观地表示出诗人昂扬豪迈的乐观主义情怀。

图 4.142 是教授蒲松龄短篇小说《狼》的板书设计,这则板书用简洁概括的文字配合箭头及直线表展示了故事的情节发展,一目了然,浅显易懂。

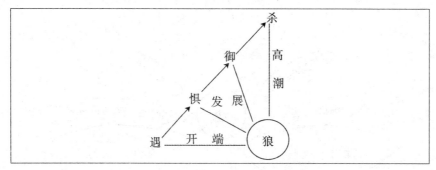

图 4.142 《狼》板书

4.5.53 幻化图形式

这类板书是用精练的词语对教学内容作高度概括;或是在对段落大意归纳的基础上,加以整理;或是总结写作方法,标示主题思想。书写时有意按一定的顺序(图形设计),最后以简单的线条勾勒,使所书写的文字巧妙的连接成一幅与课题相关的图画,从而形象的展现教学内容。这种板书常常因起初的有意零散使学生倍加关注,最后又用意想不到的勾连使学生豁然开朗,博得学生会心的一笑。例如,《陋室铭》的板书(图 4.143)。

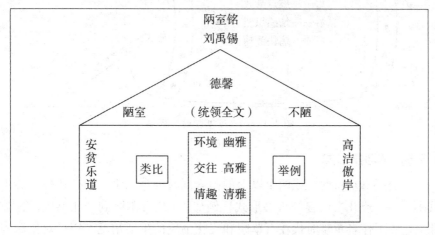

图 4.143 《陋室铭》板书

高度凝练的概括,清楚完备的分析,都巧妙地幻化成眼前"陋室"的门窗和屋瓦,这样的创意怎能不引起学生的兴趣?

又如《爱莲说》的板书(图4.144)巧妙地将荷花的外形特点与其精神内涵结合在一起,从而形象地把课文的主要内容和写作方法展示得清楚明了。

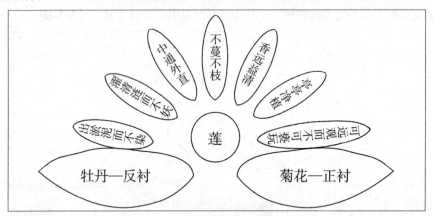

图4.144 《爱莲说》板书

又如《安塞腰鼓》的板书(图4.145)把安塞腰鼓的种种魅力、文章所蕴含的内涵和思想通过一个"腰鼓"的形象和鼓棒飘带的飞扬得到了形象的展示,使学生多年后都将记忆犹新。

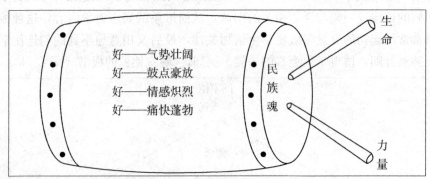

图4.145 《安塞腰鼓》板书

4.5.54 鲜明对比式

这类板书是将两个或两个以上的内容同时列举出来,通过比较,突出其中某一个或几个内容的板书形式。例如,《从百草园到三味书屋》这篇课文记叙了作者童年时代在百草园和三味书屋的生活情况,通过对比深刻而含蓄的批判了束缚儿童身心发展的封建教育制度。根据这一中心,就可将板书设计成对比式(图4.146)。

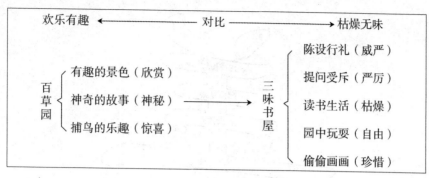

图 4.146 《从百草园到三味书屋》板书

4.5.55 凸现文眼式

这类板书先概括文章内容,然后有意的按一定的顺序书写,最后以简单的线条勾勒,使所书写的文字巧妙的连接成代表全文主题的文眼,从而凸现整个教学内容的重点。这种板书精当、巧妙,特别能加深学生的理解和记忆。

例如,"熟能生巧"是《卖油翁》一文揭示的道理,这个板书(图 4.147)别出心裁地将文眼"巧"字以空心字的形式凸现出来,加深了学生的记忆。

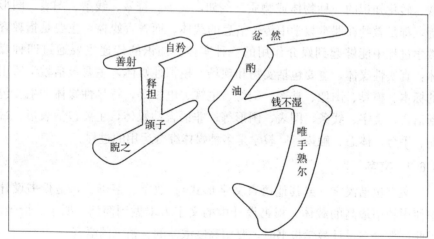

图 4.147 《卖油翁》板书

《口技》一文所有的描述都围绕一个"善"字展开,因此板书设计时(图 4.148),笔者有意概括全文的内容与写法,最后将其构成一个空心的"善"字,突出全文的文眼。

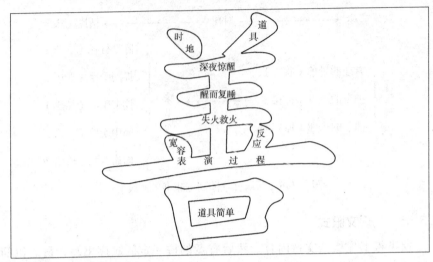

图 4.148 《口技》板书

4.6 板书设计的构件

板书设计的构件，主要包括教学信息载体和教学媒体两个方面。所谓教学信息载体，是指能够准确传递教材的知识内容、教师的教学意识或运载、转化知识的一种物体或物质。例如，文字、符号、线条、图表、图形等，都是教师在课堂教学中传达信息的载体。而教育媒体，主要是指教育教学过程中能够起到媒介作用的一种实体。知识的传递主要通过四种媒体：真实性媒体，主要包括实物和现场；模拟性媒体，主要包括教学所用的标本、模具、图像、挂图、幻灯、电视、电影等；符号性媒体，主要包括语言、文字、线条、图表、图形等；非语言性媒体，主要包括表情、目光、手势、体态、触摸等。教学是多种媒体综合运用的过程。

4.6.1 文字

文字包括汉字（或其他语言文字形式）、数字、字母等，是板书设计中使用频率最高的载体。板书设计中的文字力求做到简洁、明了、恰当。因此，教师在设计教学板书时，要用高度浓缩的、精练的语言。

4.6.2 符号

符号包括代号、记号等。具体有实线、虚线、箭头、括号、折线、圆圈、方框、着重号、三角形等。例如，《桂林山水》一文的板书（图4.149）。

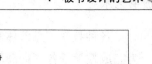

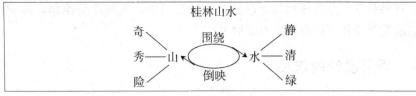

图 4.149 《桂林山水》板书

板书符号运用时要注意这样几个问题。对板书中运用的每个符号，都应为师生双方所熟悉；每次（个）板书所使用的符合不宜过多，更不可粗制滥造和堆砌组合，避免生拼硬凑、画蛇添足而影响教学效果。

4.6.3 线条

各种形式的线条都是教学板书中常用到的。许多板书中的文字、图示等构件就是依靠线条组合起来的，形成具有整体性的信息载体。同时线条又有实、虚、曲、直、长、短之分，其所表达的内涵和效果也各不相同。教学时应根据具体内容和实际情况恰当选择与运用。例如，《一个苹果》一文的教学板书，教师根据教材内容、依据叙事线索，用线条分析法来设计。这样，即使文章层次分明、线索清楚，又能使教学的脉络清晰并具有吸引力。

4.6.4 图表

图表是指课堂教学中运用的框形、图示等来传递教学信息的一种载体。

4.6.5 图形

板书中的图形包括简笔画、板贴、板画等。例如，《小猴子下山》一文的教学板书（图 4.150）。

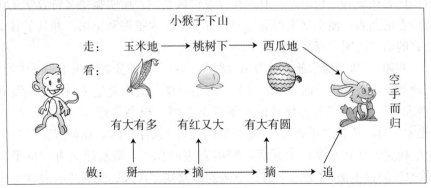

图 4.150 《小猴子下山》板书

各种教学信息载体和教育媒体，无论是勾连、强调或是诠释，都应该为完成教学任务、提高教学效益服务。

4.7 板书设计的作用

目前多媒体课件在教学中虽然已经得到了广泛的运用，并成为提高教学效率的一种重要手段，但传统的板书的作用仍然不可忽视，是教学中不可缺少的重要手段，应充分发挥其在教学中应有的作用。板书在教学中的作用主要体现为以下几个方面：

一是体现教学意图。即在有关教材内容的学习中，要让学生学到哪些东西、受到哪些教育、形成哪些能力，通过板书都可以比较突出地展现出来。

二是突出教学重点。即教学的重点可以利用板书的形式，给学生留下更为鲜明、深刻的印象。

三是揭示教材思路。好的板书不仅能对学生理解教材起到引路的作用，而且可以通过简单明了的结构图示把教材的思路清晰地展现在学生面前。

四是强化直观形象。板书可以通过图形、图表、线条、符号等形式使教材内容变得更加形象、直观，有助于学生更好地去理解和领会教材内容。

五是便于集中注意。板书不仅有文字，而且还有线条、符号、图形等，通过不同的组合和与教材内容相配合的形式，使其更具吸引力，促使学生更好地集中注意力。

六是提高教学效率。板书用经过浓缩、提炼的文字和符号等来勾勒教材的内容梗概和结构思路，形成具有逻辑联系的、简明扼要又符合学生认知特点的图表，便于学生理解领会，有利于学生把握和记忆，并且节省了繁冗的语言说明，提高教学效率。

例如，《鱼和潜水艇》的板书（图4.151）。课前先在黑板上画上大海，创设情景，激发孩子们学习的兴趣。边出示课题边用简笔画画出"鱼"和"潜水艇"。理解"鱼为什么能上下浮沉"时，板书"鳔"，鳔里鼓足气，"胀大"时，鱼就"浮上来"；鳔里放出气，"缩小"时，鱼就"沉下去"。学生找到鱼和潜水艇的关系后，写出右边的板书，潜水艇里有"柜子"，"排水"时浮上来，"装水"时沉下去。由此知道，人们受到鱼的启发发明了潜水艇。用线连接后板书"启发"。学生根据板书不仅知道了鱼和潜水艇能上下浮沉的原因，也领会了它们之间的关系。

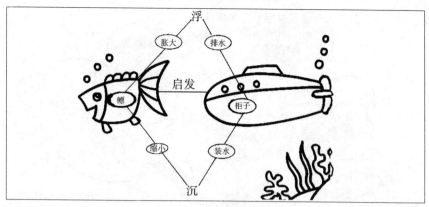

图 4.151 《鱼和潜水艇》板书

4.8 板书设计的意义

板书，是课堂教学重要的组成部分，是教师完成教学任务的必要手段之一。教师在传授知识时，仅凭生动的语言、形象的手势和丰富的表情是难以完成教学任务的。因此，在教学中更需要直观、形象的板书来表现教材的内容和形式、教者的意图和思路、学者的途径和方法。此外，好的板书不仅有利于教师的教，更有利于学生的学，更有助于学生良好学习品质的形成。

4.8.1 板书设计是教学直观形象的体现

板书是教学过程中的直观因素，它对于发展学生智力、启迪学生思维都起着很大的作用。教学实践证明，在单位时间内，学生的各种感官获得知识的效果是不等的。其中视觉效果最好，其次分别是听、嗅、触觉等。由此可见，我们在教学过程中，应该采用有声的口授语言（听觉）和无声的板书语言（视觉）相结合的方法，通过直观的教学来提高学生获得知识的效率，以达到优化教学过程、提高教学实效的目的。

直观、形象的板书，如果能配以简单的图形，不但可以化抽象为具体、增强板书的美感，而且可以减小学生接受知识的难度。甚至在学生的学习活动中得到再现，达到帮助其记忆再现和巩固旧知识的效果。直观、形象的板书，可以使学生通过对具体事物的回忆展开联想，从而引起对所需概念、方法的回忆和知识体系的形成。例如，《汉字的魅力》板书（图4.152）。

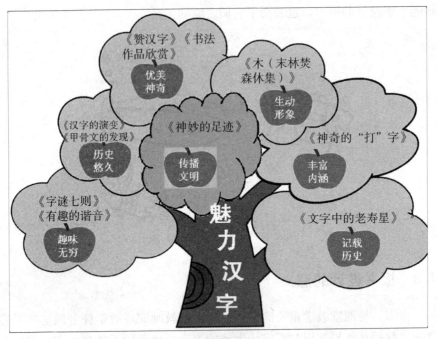

图 4.152 《汉字的魅力》板书

4.8.2 板书设计是教学意图的全面体现

板书设计,是教师深入钻研教材、在线教学内容、体现教学意图的艺术再创造。许多教师把板书设计称之为"微型教案"是非常恰当的。一幅好的板书,既是教材内容的科学体现,又是一种落实教学目标、任务的最佳方案。更是教师教学艺术的再现和升华。也就是说,一幅优秀的板书,渗透着教师对教学内容、形式的条分缕析,是教师对教学重点、难点的研磨提炼,对教学过程的计划与实施。它蕴含着教师对教材内容的精心挖掘,对课堂教学的巧妙布局,对教学方法的灵活运用。一幅优秀的板书,既是教学活动科学性、系统性、艺术性的统一,又是教师教学素质与艺术的体现。

4.8.3 板书设计是提高课堂教学效果的有力手段

板书,是教学过程的直观表达语言,它可以使学生通过视觉促进大脑活动。它在激发学生学习兴趣的同时,集中了学生的注意力,调动了学生的思维积极性,促进了学生的各种记忆,培养了学生的阅读、写作能力。板书语言的条理性、概括性,能提高学生综合能力及形象思维和逻辑概括能力。一幅既美观又实用的板书,也为学生的理解能力、审美能力、创新能力的提高提供了契机。同时板书教学的长期实践也将不断地感染、培养和教育学生，有助于学生良好学习品质的形成。

4.9 板书设计的应用

板书的应用与设计一样是一种学问和艺术。

4.9.1 配合课文逐步出现

板书不可事先写好而应随课文分析的进程作为辅助手段逐步出现。例如，有的老师教《董存瑞舍身炸暗堡》时（图 4.153），先板书"董存瑞"，讲到敌人构筑暗堡时板书"暗堡"，讲到去炸暗堡时板书"炸"，讲到董存瑞高喊"为了新中国，冲啊！"时板书"舍身"。逐步增加信息，最终形成整体。

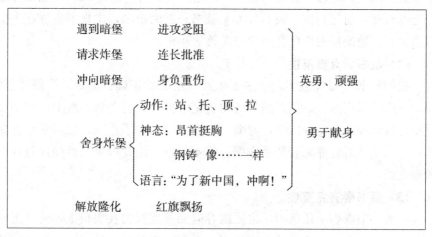

图 4.153 《董存瑞舍身炸暗堡》板书

4.9.2 整洁美观引导示范

板书应讲究书写工整、笔顺正确、布局合理、整体效果整洁美观。一些教师板书随便、字迹潦草，且不时擦掉写，写了又擦。这样不只擦掉了字，也抹去了学生的记忆，扰乱了学习情绪，耽误了教学时间。

总之，板书是课堂教学的重要手段，使用得当可以大大提高课堂教学的效果。板书要注意的问题很多，但最重要的是精要二字，最忌随意乱写。要从教材实际、学生实际出发，精心设计出科学又艺术的板书，以促进教学进步。

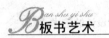

4.10 板书设计"五要""八忌"

板书是教师运用黑板以凝练的文字和图表来传递教学信息的教学行为方式。板书对于准确地表达和理解知识、加深记忆、使知识结构系统化、突出教学的重点和难点，都有着积极的作用。板书是教师讲好课的重要辅助手段，也是教师应具备的教学基本功之一。想要完成一个好的课堂教学设计应做到"五要"与"八忌"。

4.10.1 板书设计"五要"

(1) 板书要有计划性

教师在备课时，要认真思考和准备好板书设计，将每节课的重点内容如概念、法则、定理、公式、结论及例题的演算等合理布局，不能在课堂上走哪写哪，前写后擦。板书分为主板书和辅助板书，主板书应放在中央显著位置，辅助板书应放在边角作为教学补充。

(2) 板书要有规范性

教师板书要写规范字，字迹要工整，绘图要正确、美观、严格规范，尽量不用徒手作图。对例题的解答要清楚、准确，有条理。板书的结构要系统，以培养学生良好的学习习惯。笔者曾习惯徒手作图，怎知学生在做作业、考试作答时亦跟着徒手作图，很不规范。由此可见，教师规范性的重要之处。

(3) 板书要有完整性

一般一节课告一段落时，主要内容应完整地保留在黑板上，使学生对全节课的内容有一个连贯的全面认识，也有利于教师在最后阶段对知识的复习、巩固、整理、总结和提高。

(4) 板书要有针对性

板书要突出重点，其结构应与讲授的内容大体一致。若过于繁细，则易使重点不突出，学生抓不住要点，造成学生疲劳，影响教学效果；若过于简粗，则不能起提纲挈领，揭示教学主要内容的作用，不利于学生理解和掌握所学知识。

(5) 板书要有艺术性

板书的结构设计要新颖，有利于激发学生的学习兴趣；板书的文字、图表要美观；主辅板书结合，对学习中的难点及时用辅助板书补充；图文结合，对一些结论、定理辅以直观图有利于学生对知识的理解和掌握；板书、口述相结合，如几何图形要边说边画，说到哪步画到哪步，说完画完；各种颜色粉笔搭配运用，突出板书的层次、知识的重难点、图形的脉络及题中的数量关系等；每节课板书不能千篇一律，要有变化，力求创新。

4.10.2 板书设计"八忌"

(1) 忌缺乏计划

备课时忽视板书设计，东写一片，西划一片，随写随擦，支离破碎，杂乱无章，学生难已观察，大大影响了知识的传授，降低了教学效果。

(2) 忌条理不清

虽有设计方案，但看不出"纲"，既缺乏本堂课知识重点，又难以体现教材前后内在联系。

(3) 忌逻辑混乱

出现知识性失误，如对概念分类，出现重分或漏分；分类依据前后不一致，或前后矛盾；几何题板书时，箭头方向弄错；等等。

(4) 忌无规范化

忽视基本功的训练，板书缺乏示范性，如随意简化汉字、随便使用标点或符号，或解题格式不规范，这都会误导学生。

(5) 忌考虑不周

笔者在一次公开课上，叫一学生上台，板演画平行线，由于图的位置不当，学生无法将三角板摆平放正，结果耽误了时间，也影响了画图的质量。

(6) 忌布局随便

优秀的板书应像一份专刊，字迹美观、图文并茂、重点突出、疏密有致、布局均衡。不仅要给学生树立模仿的榜样，也给人以美的享受。如果随心所欲，不严于律己，将带给学生消极的影响。

(7) 忌不讲姿势

有的教师只顾板书，面朝黑板背对学生，既挡住了学生视线，影响了传授知识，又与学生没有目光、思想、心灵交流。我认为应以侧立姿势板书。教师左侧朝学生，右侧面朝黑板。这样教师的目光既能看到黑板，又能随时观察学生表情。

4.11 语文板书设计艺术

语文教学中的板书，是指教师在授课过程中通过简洁的语言、形象的符号或者系统的图表等形式，引导学生理清课堂思路、明确教学重点和强化教学内容的教学活动。它是语文教学活动的重要辅助手段，是语文教学中不可缺少的重要组成部分，是课堂教学内容灵魂的体现。

4.11.1 板书设计要突出直观性

直观性指板书应形象直观地再现课文内容。学生通过板书能直观地把握课文重点，明确学习目标，减少学习过程的盲目性。

4.11.2 板书设计应具有调控性

这里所说的调控性包括两方面：一是教师合理布局课文各知识点，使之在整个板书结构中处于恰当的位置，让各知识点呈有序性、层次性；二是体现课堂组织教学的渐进性、层次性。板书内容反映了课堂教学步步推进的有序排列。

例如，《赤壁之战》（图 4.154）根据课时教学目标，要求学生掌握的知识有四个：①人物关系；②主要人物鲁肃、诸葛亮战前促使孙、刘联合过程中所处立场及所持态度；③主要人物的言行；④主要人物通过言行所表现的个性特点。合理安排四个知识点，形成有层有序的板书结构。这样，围绕板书组织课堂教学，层次分明，有条不紊，显示了板书的调控性作用。

```
周瑜  南 ——————— 追杀
                  ┌ 诈降
        火        │
隔江相对         ┤ 东南风
        攻        │
                  └ 点火

曹操  北 ——————— 逃跑
原因：天时 地利 人和   结果：以少胜多
```

图 4.154　《赤壁之战》板书

4.11.3 板书设计应发挥其指导性

指导性即通过板书指导学生全面把握课文知识点，掌握相关的规律性知识和学习方法。

板书设计应集中课文的全部知识点：内容、线索、结构、主题。在教学过程中利用板书引导学生掌握知识重点并使之"网络化"。同时利用板书内容复习巩固散文的规律性知识，诸如抒情散文中借物抒情之"物"的作用，"形"是怎样串联在一起来表现"神"的，等等。这对学生举一凡

4 板书设计的艺术

三阅读其他同类散文,提高散文赏析能力,无疑是一种综合性指导。

4.11.4 板书设计应讲求艺术性

艺术性是指使用经过精心选择的词语、线条、符号等进行艺术性组合,使板书结构形成美观艺术的有机组合体,并使之成为沟通教师、学生、教材三者之间的桥梁。通过教师的分析、点拨,学生手眼脑并用对板书中的词语、线条符号等进行联系判断,强化思维,从而提高记忆的准确性与持久性。

板书通过线条、词语的艺术组合使一篇容量大、关系复杂、人物性格多面的课文得以直观再现,既揭示了课文内容,又挖掘了课文内涵。教师对人物性格稍加分析、点拨,即能简化学生的记忆过程,使学生较好的把握教材知识,收到良好的学习效果。

4.11.5 语文板书设计的原则

(1) 直观性原则

板书是一种直观性教学活动,是教师语言教学的有利补充。它通过简洁的语言文字、形象的教学符号等形式,将语文教学的课堂内容、结构特点、写作技巧及语法修辞等内容,清晰、准确、直观的展现在学生面前,使学生易于感知、理解和记忆。所以,直观性是板书设计的重要原则之一。

(2) 形象性原则

板书是一种视觉性艺术。它通过字的形体变化、色彩的搭配以及图表的构建等形象化辅助手段,刺激学生的感官,吸引学生的注意力,从而达到强化记忆的目的。所以,板书设计应力求形象。

(3) 简约性原则

板书是教师在有限的空间(黑板或教学屏幕)、有限的时间(上课时的 45 分钟)进行的教学活动。因此,板书内容应力求简洁、提纲挈领。

4.11.6 语文板书设计的艺术

板书是语文课堂教学的重要环节,要真正发挥好板书的作用,需要注意板书设计的艺术技巧。

(1) 板书内容方面

板书的内容应是一堂语文课教学内容的核心。它既包含一堂课的框架结构,也需体现学生必须掌握的知识点。因此,教师在板书设计时应注意以下几点:

①抓住重点板书。板书内容必须是课堂内容的精华，它必须体现出教学的目的、重点和难点。板书就是一堂课的关键词，可以让学生迅速领会课堂内容。因此，教师的板书设计必须深入教材，认真研究，务必抓到重点。

②力求简洁。根据板书的简约性原则，语文教学的板书应力求简洁。这就要求教师在板书设计时，必须对教学内容进行高度概括，力求做到语言简洁，言简意赅。板书语言，力求字字千钧，画龙点睛。

③条理系统。板书内容，要按一定的层次和顺序组合起来。有条理的板书，有利于学生的理解和记忆。系统的内容，便于学生建立起自己的记忆网络，提高记忆的效率。

(2) 板书形式方面

优美的板书形式不仅有利于知识的传授，也能成为对学生进行审美教育的重要阵地。因此，教师在板书时应注意以下几点：

①总体要求

板书的形式可以多样。教师可根据教学条件的不同，灵活采用不同的板书形式。学校有多媒体的，教师可利用现代化的教学手段，设计优美的字体、不同的色彩、相应的背景和不同的显现形式，突出重点，形象直观。学校条件较差的，教师也可根据自己的实际，动手制作一些小卡片等教具，用灵活多变的形式调动学生们的注意力，从而充分发挥板书的作用。

②板书设计具体要求

a. 主副分明。教学内容不同板书内容也不同。为方便板书，教师在板书时可把黑板分为主版和副版两部分。主版部分内容相对固定，体现板书内容的核心；副版部分可根据教学需要灵活使用。

b. 布局合理。板书设计要注意构图美。合理的结构布局，是板书艺术的重要内容。教学内容要主次分明，条理清晰；板书的主板、副板搭配得当；构图上下左右边距合理，大小匀称，协调美观。

c. 书写优美。教师的板书应力求书写正确、工整、美观。工整的书写、优美的字体和变化的字形，都能激发起学生的美感，调动学生学习的兴趣，从而达到事半功倍的教学效果。

d. 色彩映衬。根据板书设计的形象性原则，教师可根据教学内容和教学条件的具体情况，充分利用视觉注意力的选择性原理，在板书时使用不同的色彩，引起学生对板书的注意，提高板书的利用效率。

4.11.7 语文板书设计需要注意的问题

（1）板书内容切忌随意。教师上课时，板书内容有时随着教学的深入而信手拈来，讲到哪，写到哪，随意性太强，会让学生抓不到教学的重点而疲于应付，从而降低板书的作用。

（2）板书书写切忌满板飞。板书书写一定要有所规划，切忌满板飞。教师上课时，有时或因习惯原因，有时或为了节约时间，板书内容随处书写。这不仅不利于学生的学习，也同样会降低学生对板书内容的兴趣。

（3）板书书写切忌潦草。潦草的板书，不仅使学生产生的认知困难，降低学习的效率，也不利于学生良好书写习惯的养成。教师作为一个教育者，不仅是知识的传授者，更是学生为人处世的榜样。所以，教师要以身作则，让学生养成良好的做人、做事的好习惯。

总之，板书应力求做到美观、实用，真正成为美的典范，成为语文课堂教学内容的灵魂再现。

4.12 中学语文板书设计的特点

语文课板书的内容，大多是教科书中没有直接反映出来的，它往往是具体内容抽象化的结果，是对事物本质的提炼。因此它最重要的作用，就是帮助学生得到认识上的深化与升华。这在中学语文教学的板书设计中尤为重要。

4.12.1 目的明确的特点

根据教学大纲的要求，语文教学中，每一课都应有明确的教学目标，课堂结束时都应使学生清楚自己该掌握的学习重点，所以课堂教学应该始终围绕教学目标展开各种活动。那么，作为课堂教学中最醒目、最持久的环节——板书，在设计时就必须依据课堂教学的种种需要来确定其内容、种类和形式。优秀的板书能够清楚地展示出本节课的知识目标及重点。如果远离教学目的进行设计，板书便失去了其应有的教学价值，往往使学生不知所向，甚至毫无收获。课堂的教学效果也会因此而大打折扣。所以，设计板书时，首先应该针对教学目标与内容，做到有的放矢。

4.12.2 系统整体的特点

语文板书教学的系统整体的特点主要体现在系统与整体上。语文板书教学属于语文教学系统中的一个小系统。无论是板书设计还是板书教学，既要重视知识系统化，也要重视认识系统化。要想到整个语文教学系统的教学情况，考虑到整个学期，甚至整个学年、整个学段语文教材的系统要求。优秀的板书设计是一个充满生气的、完美的整体艺术世界。良好的板书教学必须具有系统整体的特点，语文板书教学中的各种因素也必须符合系统要求，形成一个系统整体教学过程。因此，利用板书教学有利于学生系统学习，整体把握教材内容、知识技能，有利于教师、学生、教材三者之间的紧密结合，系统整体组合。

4.12.3 高度概括的特点

要提高课堂教学效率，必须注重板书设计的概括性，让学生简明扼要地抓住文章的"内核"。板书要传达丰富的信息，并不是将那些与课文有关的内容不分巨细地写下；并不是要在黑板上写得密密麻麻，形若蛛网；也不要一二三四、ABCD、甲乙丙丁一起上，像开中药铺。这样的板书，学生笔记不及，心记不住，既耽误时间，又难以突出重点。因此，板书应是提纯的金，琢成的玉。优化设计的板书要将复杂的教学内容进行高度的抽象、概括，使板书少而精，让学生能一目了然。以最洗练的语言传达丰富的信息，板书才能发挥以简驭繁、提纲挈领的作用。

4.12.4 直观形象的特点

设计语文板书时，运用直观形象的手段，能够保证理性东西与感性东西的可靠联系。学生通过直接感知所学的事物、现象，通过模型、图示、图表、图像等获取生动具体的表象，形成科学的概念。语文板书直观教学的实质在于教学的每一阶段都保证了具体与抽象之间的联系，帮助学生理解书本知识。运用板书这一直观形象的手段，能使学生的认识由具体到抽象，由感性认识上升到理性认识，从而更好地理解教材内容。

4.12.5 精巧美观的特点

板书设计是建构在视觉心理基础之上的。因此，它既要符合规范、科学的实效性，又要追求美的视觉和美的感受。板书不是文字与线条的简单组合，而是一种教育艺术，是教师通过对教材中精华的提炼而精心设计并画出的直观图形，它既要有助于实现课堂教学目标，又要有利于让学生从板书中得到美的感受，提高学生的审美情趣。设计具有审美价值的板书要充分考虑到板书的构思美、形象美、布局美、语言美、字体美、色彩美、符号美，等等。构思美，就是在梳理文章结构、写法、思想等的基础上，进行创造性的展示。形象美，就是运用一定的构图能力，使板书尽量以有趣、直观的形式展现重点，使学生受到足够的视觉冲击。布局美，就是既要照顾内容安排的有序合理,如对板书位置、大小、疏密的统一安排,也要考虑到板书层次的分明。语言美,即教师要以规范、简明扼要、雅而不俗的语言,体现出板书的优美情调和高雅品位。字体美也是板书设计上一个较重要的环节。教师在课堂板书时,要做到字体清楚、工整、美观。优美的板书字体不仅能体现一个教师的内在素质及个人风格,同时还能对一堂优秀课起到推波助澜、锦上添花的作用。色彩美,教师板书时,应根据学生视觉心理特点,适当运用色彩变化,以达到出奇制胜的效果。

因此,精妙的板书设计,就是一门独特的艺术。多年来教学实践表明,正确、巧妙的使用板书,会收到激发情趣、陶冶情操、增强记忆、开拓思维、培养审美能力的良好效果。正如朱绍禹先生所说:"板书能点睛指要,给人以联想;形式多样,给人以丰富感;结构新颖,给人以美的享受。"所以,在教学手段多样化的今天,板书的艺术性应当成为所有语文教师共同的追求。

4.13 数学板书设计艺术

4.13.1 小学数学板书设计的意义

苏联著名教育家克鲁普斯卡娅指出:"数学是许多概念组成的锁链。"概念在教学中起着非常重要的作用,它是数学大厦的奠基石。没有清晰的概念,就像一座没有合格框架结构的摩天大厦一样,早晚会因为经不住考验而倒塌。要是学生对概念的理解只停留在死记硬背、机械模仿的阶段,那是一件非常可悲的事情,因为它完全脱离现代的素质教育,违背教学改革的理念。所以在日常的教学中,概念课的教学,就显得至关重要了。

数学概念教学的一般模式是:使学生了解概念的产生,掌握概念的内涵和外延,熟悉其表达方式,了解有关概念之间的区别与联系,并能正确灵活的运用概念,达到理解、巩固、系统、会用的目的。课堂应试精彩纷呈、亮点凸现,时而睿智大气,时而委婉细腻。板书,是教师根据课堂教学的需要,提纲挈领地在黑板上写出来的文字或画出来的表格、图画。它是一种书面语言,可以概括教师上课时讲解或讲述的教学内容,可以帮助学生进一步深入理解、牢固掌握教材的重点、突破教学难点。

4.13.2 小学数学板书存在的问题

然而在多媒体课件发挥功效越来越大的今天,我们虽然很重视概念的形成过程，却把我们传统的东西——板书给丢了，或者说淡化了板书的作用。有的老师上课前无规划，上课时随心所欲，想到什么写什么，写到哪儿算哪儿，一节课下来，整个黑板犹如一个大草图，凌乱得不堪入目。试问：学生何以看着板书形成概念？有的老师上数学概念课时，索性没有板书，一堂课下来，黑板整洁如初，真是一字千金啊！一张嘴从头说到尾，自己累得够呛不说，学生又能听进去、记进去多少？因为自己书写怕麻烦，索性直接让学生在课本上画一画、读一读概念了事；有的老师虽有板书，也还美观、整洁，但所写内容不能揭示概念的本质，使学生无法把握知识的重点、难点，等等。因此，笔者认为上好数学概念课尚需好板书。

4.13.3 小学数学板书的作用

(1) 好的数学板书直观形象，有助于学生建立表象、形成概念

抽象的概念在教师的讲解、演绎下，一步步在学生的头脑中建立起来，这时老师用逐步书写或绘画所需讲解的图形把学生的注意力吸引到所要讲解的知识重点上来，从而使学生由浅入深、由易及难、由表及里、由简入繁地学好数学概念。板书的直观形象帮助学生建立了表象，使学生对概念的形成有一个循序渐进的过程。例如，《倍数关系》板书（图4.155）。

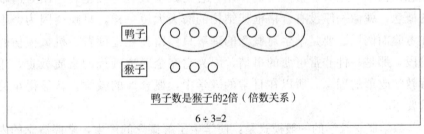

图 4.155　《倍数关系》板书

(2) 好的数学板书正确科学，有利于学生推导公式、法则、定律

同济大学陆敬严教授深刻指出："教师的工作，一靠说，二靠写。"说就是讲解，写就是板书。一堂数学课上得成功与否，讲解是一个重要方面，但板书也是至关重要的。因为正确、科学的板书可以帮助学生从大量的感性材料中推导出数学公式、法则、定律来，帮助学生正确理解和牢固掌握数学知识。例如，《反比例的意义》板书（图4.156）。

图 4.156　《反比例的意义》板书

(3) 好的数学板书简洁明了，有利于学生梳理知识、总结全课

一堂课临近结束，教师往往要引领学生进行课堂小结，即这堂课你有什么收获？你学会了什么？你是怎么学会的？等等。这一系列问题的回答，需要学生对整堂课进行回顾总结。经常在课堂观摩时看到，一些学生40分钟后反而被老师的问题问得不知所云。这时也经常看到一如活跃的课堂突然安静得出奇，本来灵动的小精灵面面相觑，此时的教师只好自己总结以打圆场。假若这堂课的重点、难点都一一呈现在黑板之上，相信学生能根据板书内容进行知识的梳理，进行全课总结。哪怕一个、两个学生不能面面俱到，但相信会有更多的学生加入行列将问题补充完整。

(4) 好的数学板书整洁规范，能培养学生良好的学习习惯

板书是小学数学课堂教学的重要手段，可以通过板书培养学生良好的学习习惯，逐步达到数学计算、解题书写格式的规范化。好板书应当反映出教学内容的系统、重点和层次，内容要少而精，注意简洁、扼要，便于归纳、总结。

教师对学生的书写加强指导、严格要求，这是培养学生良好学习习惯的重要方法之一。应要求学生作业书写符合规范，数字符号要写得清楚、整齐，等号要对齐，列方程解应用题要写解和设。作业本不许乱勾和乱抹，这不仅是为了好看，更重要的是培养学生耐心、细致、严肃认真、一丝不苟的学习态度和良好的学习习惯。为此，教师要通过板书言传身教地进行教育并作出示范。这就是说教师板书要注意规范化，这是为学生临摹用的。教师可以用正确、美观的板书陶冶学生爱美、欣赏美的情操，逐步实现学生数学书写的规范化要求。

4.14 课题的板书艺术

板书是课堂教学中最常用的一种辅助手段，运用各种教学方法，都需要板书的配合，课题是板书中必不可少的内容之一。成功的课题板书，能激发学生兴趣、启迪学生的思维，给学生带来美的享受，增强教学效果。课题板书，讲究与教学思路之间的和谐，是一种较高层次的教学艺术。笔者通过多年来对中学语文课堂教学中课题板书的研究和实践，得出课题的板书应该做到：恰当把握板书时机、灵活运用板书形式、合理选择板书方法。

4.14.1 恰当把握课题的板书时机

课题的板书时机，指一堂课里在什么时候板书课题。根据不同教学内容，课题板书时机大致可分为课首式、课中式和课尾式三种。

(1) 课首式

课首式课题板书，是指在一堂课的前几分钟里，为切入课题而板书的方式。表现为先板书课题，后讲授知识内容。这种方式的优点是能使学生尽早知道要学习的课题，并在教师引导下，围绕课题思考问题、探求知识。大多数课题宜采用课首式板书。运用课首式板书课题时，应避免或少用开门见山的导入方法，要注重新课引入的设计，增强艺术感染力。如《最后一次讲演》可以利用课本中"预习提纲"的内容编一个故事，作为引入新课的开场白："1945年抗日战争胜利以后，……国民党反动当局屠杀爱国民主人士。1946年7月11日，爱国民主人士李公朴在昆明被特务暗杀……1946年7月15日闻一多先生在李公朴先生的追悼会上发表了义正词严的讲演"，讲到这里板书课题中的"讲演"二字，接着讲"……三个小时后，他也被暗杀了，这次讲演成为闻一多先生最后一次讲演"。从而完整的板书课题。

(2) 课中式

课中式课题板书，指在一堂课中，先讲授与课题有关的预备知识，板书相关的知识点，但不见课题，切入课题后即板书课题，再接着讲授其他知识点。这种方式的特点是讲究顺其自然、水到渠成。这种方式可用在语文复习课中，新课教学中一般不用。

(3) 课尾式

课尾式课题板书，是指在几乎讲完了一课时的知识之后，再板书课题。其特点是授课中有知识点的板书，迟迟不见课题，直到由这些知识点归纳出课题。运用这种方式板书课题时，教师应设计好教学程序，让学生明确要研究的问题。否则的话，上课许久学生如坠烟海，不知教师葫芦里卖的什么药。这种方式通常用来系统复习或专题知识讲授。

4.14.2 灵活运用课题的板书形式

课题的板书形式，指课题板书的完成方式，可分为整题式、半题式和填充式。

（1）整题式

整题式课题板书，是指一次性的板书完整的课题。语文教科书中大多数课题宜用整题式板书。

（2）半题式

半题式课题板书，是对由相对独立的两部分组成的课题，分两次板书完成的一种形式。这类课题如果在引入前半题内容而板书课题时，就采用了上述整题式板书，学生对后半题的出现就会感到突如其来、莫名其妙。语文课堂教学中基本不用这种形式。

（3）填充式

填充式课题板式，是指根据课题内容的特点，设计成先预留空位、再填空完成课题的板书形式。运用填充式板书，所留内容要具有思考性，板书时所留空位要恰到好处，以便填充后连成整个课题，切忌擦后再写。前文《最后一次讲演》的课题板书，就是采用的填充式板书。

4.14.3 合理选择课题的板书方法

板书方法，是指呈现板书内容的手段。对课题的板书而言，有直写式、粘贴式和投影式。

（1）直写式

直写式课题板书，是指运用粉笔直接在黑板上书写课题，它是课堂教学中板书课题的主要方法。对于这种频繁选用的板书方法，教师要善于研究学生心理，通过各种彩色粉笔的使用、字体的变换等措施来吸引学生的注意。

（2）粘贴式

粘贴式课题板书，是指将课题事先用毛笔（或其他工具）书写在纸片上，课堂中配合课题引入贴在黑板上，呈现课题内容。这种方法的优点是能够创设新的情景和节省课题的板书时间。采用粘贴式板书课题，还应做到跟其他内容的板书相协调。例如,《独果》板书设计（图 4.157）。

图 4.157 《独果》板书

(3) 投影式

投影式课题板书,是指将课题内容制成投影片或 CAI 课件,用幻灯机或多媒体投影器投影展示的方法。这种方法已经拓展了"板书"（课堂教学中借助黑板的书写手法）的概念,是现代教育技术应用于课堂教学的产物。但是,电化教育是教学的辅助手段,只有配合实物演示和讲解,才能显示它的优势。在运用投影板书课题时,必须有其他内容的投影如投影实验或 CAI 课件等,但不能仅为投影课题而大动干戈。

从以上研究可知,就课题板书的时机、形式、方法分类各有三种方式。此外,从书写格式分有竖式和横式两种方式。数学中"组合"知识告诉我们,在各有三个元素的三个集合和具有两个元素的一个集合中各选一个元素,可以组合成 54 种不同方式。教师在设计教学的时候究竟选择那种方式,应根据具体内容确定。还必须注意各种方式的综合使用和交替使用,既不能千篇一律,也不能片面追求新奇,应做到课题板书的科学性和艺术性相统一,并融入自己的教学风格之中。只有这样,才能发挥课题板书应有的功能。

4.15 板书的类型

按板书的内容分类:情节式、重点式、线索式、结构式、对比式、综合式等。

按板书的形式分类:词语式、表格式等。

词语式板书——是以课文中关键性词语为主组成的板书,这种板书有助于学生抓住课文的重要词语来理解课文,对丰富学生的词汇量、提高其表达能力都很有帮助。

情节式板书——是以显示文学作品情节为主的板书。这种板书适用于分析作品的情节,能帮助学生很快掌握故事情节,理解课文内容,加上教师独具匠心的排列,从而显示出该文情节的跌宕起伏。

重点式板书——是为突出某一教学重点,或某一难点,或针对课文的某一方面知识而设计的板书。目的在于加深学生印象,理解教学内容。

线索式板书——即抓住展示文章结构线索的关键词语,简要概括出行文的结构线索,使学生很快的掌握文章全貌。

结构式板书——是专门展示文章结构形式的板书,它往往采用文字和图形相结合的手段,形象的展示文章的结构特点。

表格式板书——就是把有关内容统一列为表格,这种板书的优点是类目清楚、排列有序。说明文教学用得较多,其他文体的教学也可使用。

对比式板书——对于内容对比强烈的课文,采用对比式板书更能突出其对比效果,使学生理解对比的作用。

综合式板书——是指内容上的综合,即将紧密关联的多方面内容设计在同一板书上。

5 板书的造型艺术

一幅新型别致、富有美感的板书,往往会给学生留下很深的印象。板书的美感凭借直观形象,对课文内容进行艺术的再现,让学生在欣赏优美形象的同时,进一步深化理解教学内容。因此,板书的造型艺术必须考虑到学生的心理特征,以激发学生兴趣,寓教于乐。

板书在造型中一般采用三角形、长方形、正方形、梯形、菱形、椭圆形、叶片形、扇形、十字形等对称板书,使板书造型整齐、对称、和谐,表现出更高的美学价值。

5.1 利用圆形和椭圆形进行板书造型

使用这类造型的板书,一般表达的是以事件主题为中心的教学内容。启发式教学应贯穿于课堂教学的全过程,当然也包括板书设计。板书的对称美,要注意线条、箭头、问号等符号的使用。一个问号、一个箭头、一个括号都可以激起学生对知识的追求和探讨的兴趣,激发起他们的求知欲。例如,《小公鸡》板书造型(图 5.1)时运用圆环式,把文章的中心——"互相帮助"放在圆心,突出了重点。

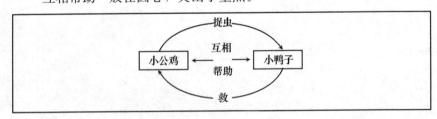

图 5.1 《小公鸡》板书

板书要力求使每一个符号都能代替一个提纲,突出一个重点,而且根据知识的重要程度还可用不同颜色标志。圆环式板书便是紧扣文章的中心,用最能体现主题的字、词、句来表达,并将其放于显著位置,以鲜艳的色彩加以突出。

例如，《我爱故乡的杨梅》（图5.2）中的"爱"，既是作者的情感，也是全文的中心。围绕着"爱"字，作者先总写爱故乡的杨梅，然后分别描写了杨梅的美丽和杨梅果的外形、颜色、滋味惹人喜爱。故而板书造型把"爱"字置于辐射中心，并用红笔来突出。

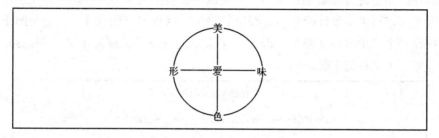

图5.2　《我爱故乡的杨梅》板书

5.2　利用两圆相交进行板书造型

利用两圆相交造型的板书，一般表达的是以人物之间矛盾为中心的教学内容。如《雷雨》（节选）一课，为了更深刻地理解本文的主题，更好地揭示周朴园这一具有浓厚封建色彩的资本家的丑恶、残忍的本质，有位老师在设计板书（图5.3）时，把两个家庭分别看成是两个系统，又按照血统关系画出两个系统的交叉部分中人物的一场戏。这样，两个家庭之间的人物关系就清晰可见了。充分发挥圆的封闭优势，能把《雷雨》的人物关系直观地展示出来，使纷繁的内容条理化，复杂化。既可以引导学生抓住重点阅读，快速进入文章系统，又进一步明确文章要旨，收到牵一发而动全身之效。

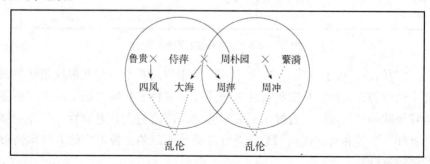

图5.3　《雷雨》板书

5.3 利用长方形或三角形进行板书造型

利用长方形或三角形造型的板书，一般表达的是以事件的经过为中心的教学内容。如《董存瑞舍身炸暗堡》，本文记叙战斗英雄董存瑞在解放隆化战斗中舍身炸暗堡的事迹。全文以"舍身"为重点，"炸"为线索贯穿全文，写出了事件的起因、经过、结果。该板书（图5.4）在造型的正中设一个三角形似如暗堡，既突出了文章的重点，又理清了文章的思路，还暗示了文章的主题。

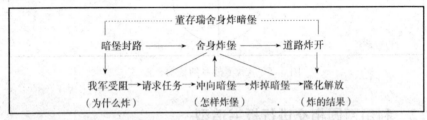

图5.4 《董存瑞舍身炸暗堡》板书

《迷人的天山牧场》板书（图5.5）是利用三角形式设计的，由"景美—物美—人美"，再加上各个时间的迷人景象形成了天山牧场的迷人之处。一个箭头指向了迷人的夜晚，具有神秘感，更进一步展示了牧场的迷人之处。

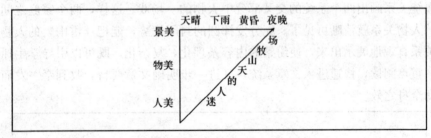

图5.5 《迷人的天山牧场》板书

《西门豹》板书（图5.6）是利用三角形仅用几个字和几根线条就把课文中西门豹、百姓、巫婆和官绅之间的关系一目了然地表现了出来。巫婆和官绅欺骗老百姓，老百姓怕巫婆、官绅。西门豹为救老百姓，惩办巫婆和官绅。巫婆和官绅恨西门豹，老百姓敬重西门豹。板书应随着故事情节的讲解进行。

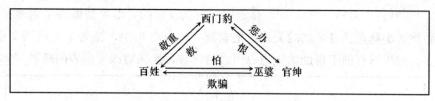

图 5.6 《西门豹》板书

以人物之间的关系为中心，如果用三角形或四边形板书（图 5.7），就把主要人物放在三个角或四个角，以便标明人物之间的相互关系。

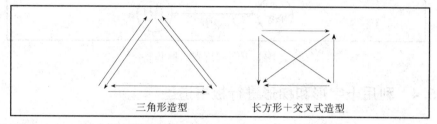

图 5.7 三角形或四边形板书造型示意

《彩色的翅膀》板书（图 5.8）是以昆虫为中心，显示了昆虫与西瓜、昆虫与战士爱岛的联系，揭示了文章中心。

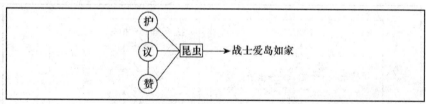

图 5.8 《彩色的翅膀》板书

《高粱情》板书（图 5.9）展示了高粱的特点和品格，揭示了课文中心。教学时，要抓住高粱的特点、品性和品格，引导学生读议课文内容，随着板书设计中的词语，体会作者对高粱的深厚感情，使学生理解课文表达的是作者对高粱的敬佩、感激之情。

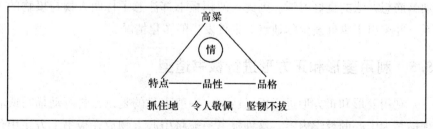

图 5.9 《高粱情》板书

《麻雀》板书（图 5.10）是采用三角式设计的，形象地展现了老麻雀、猎狗、小麻雀三者之间的关系。把老麻雀板书在当中，是为了突出课文重点。此板书有助于帮助学生想象当时的情景，加深对课文内容的理解。

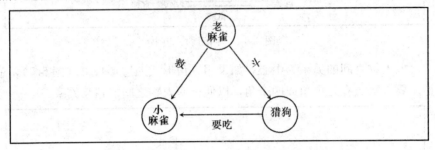

图 5.10　《麻雀》板书

5.4　利用十字形和梯形进行板书造型

以事件发生的地点为中心，利用十字形和梯形造型板书，来体现对称美。事件发生的地点一般放在板书的中心或等腰三角形的顶点。例如，《司马光》和《皮球浮上来了》的板书（图 5.11）。

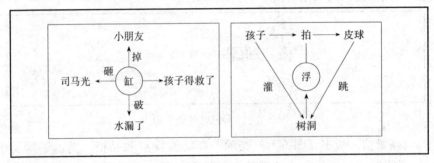

图 5.11　《司马光》和《皮球浮上来了》板书

这两篇课文的教学重点都是使学生掌握故事情节，养成遇事不慌、多动脑筋想办法的良好习惯。因此，两幅板书都注意了标明人物与事物的关系，并突出了事件发生的地点、事件发生的转化情况。

5.5　利用菱形和正方形进行板书造型

利用菱形和正方形进行板书造型，一般表达的是以人物行动描写或心理描写为中心的教学内容。这种板书一般将中心人物放在板书上方正中位置。例如,《春蚕》和《钻石》的板书（图 5.12）。这两幅板书都把课文中暗含的中心思想，放在板书的中心位置加以突出。

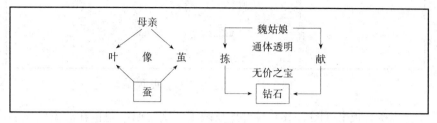

图 5.12 《春蚕》和《钻石》板书

《金色的鱼钩》板书（图 5.13）采用方形加菱形构图，概括了课文的主要内容。

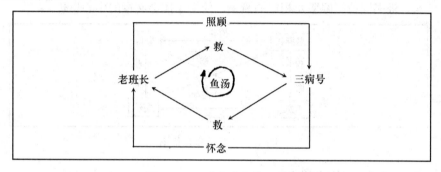

图 5.13 《金色的鱼钩》板书

5.6 利用长方形、十字形造型

利用长方形或十字形进行板书造型，主要用于以事件重点为中心的教学内容的板书。如图 5.14 所示，《蛇与庄稼》板书是十字形加长方形的板书造型，是以"田鼠"为中心事件，采用线条加箭头连接成长方形，体现板书的对称美。《田寡妇看瓜》板书（图 5.15）是以事件重点"瓜"为中心，用长方形和正方形造型，体现板书的对称美。

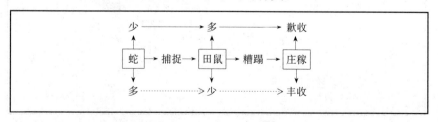

图 5.14 《蛇与庄稼》板书

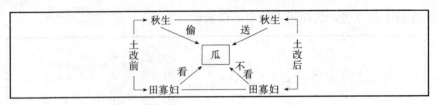

图 5.15　《田寡妇看瓜》板书

《麻雀》板书（图 5.16）较好地反映了课文中四个角色在故事的发展中行为动作上的联系，而且较准确地揭示出四个角色在情感上的内在联系，课文中心自然显现。板书随着对课文内容的读议进行。教学最后一段，板书"我"唤回猎狗，引导学生理解"我"为什么唤回猎狗，"我"佩服老麻雀的什么。板书同情、佩服及相应的箭头，使学生体会文章的中心思想。

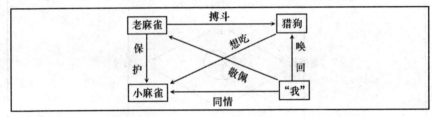

图 5.16　《麻雀》板书

5.7　利用阶梯式造型

利用阶梯式进行板书造型，主要适用于以文章思路为中心的教学内容。例如，《做风车的故事》板书（图 5.17）以阶梯式展示了课文情节脉络，同时又形象地表明了事业的成功、科学家的成长犹如登梯，只有发奋学习、刻苦钻研、在科学的崎岖小道上不畏艰难勇于攀登的人，才有希望达到光辉的顶点。

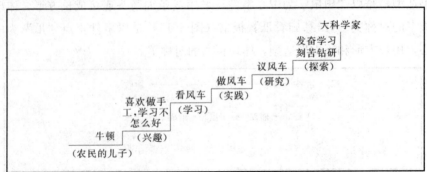

图 5.17　《做风车的故事》板书

《林海》板书（图 5.18），采用阶梯形造型把作者的思想感情与思路凝结在一起，用简明扼要的语言加上勾勾画画的线条提纲挈领地表达出来。板书的三个台阶表示作者随着对大兴安岭了解的深入，这种"亲切舒服"的体会也逐步加深，这样使学生更明晰地掌握作者的思路。

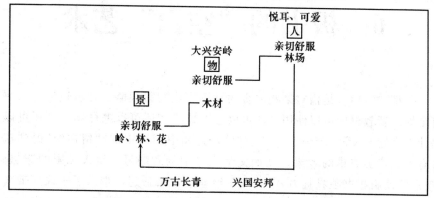

图 5.18　《林海》板书

6 板书的"空白"艺术

所谓"空白"是指对某些内容故意不写或写得很略,在叙述描写上留有余地。新教材中可以使用"还可以怎样数?""还可以怎样算?""还可以提什么问题?"等一个一个的"空白",宛如中国画中的"留白",得到疏密有致、优美典雅的效果。又如文学作品中的省略号,给人无限的遐想。"空白"使新板书独具魅力。"空白"给学生带来猜想,带来了争议,带来了沉思,带来了联想,带来了欢笑……学生在板书"空白"的空间中,任凭思维自由的翱翔,自主地探求,不唯书、不唯师、不唯上。

6.1 给教与学留下活动空间

创新的教育价值观认为:教学的根本目的不是教会解答、掌握结论,而是在探究和解决问题的过程中,锻炼思维,发展能力,激发冲动,从而主动寻求和发现新的问题。思考问题需要时间,探索问题需要空间。新教材以独特的方式——"空白",为学生搭设了创新的舞台,留下了思考与探索的广阔空间。为教学服务的板书设计也应通过"空白"给学生留下探索的广阔空间。例如,《五彩池》的板书(图6.1)。

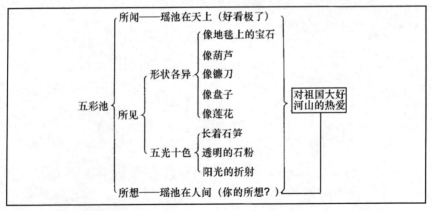

图 6.1 《五彩池》板书

此板书是利用方正式构图。根据作者的所闻、所见和所想设计的。展示了五彩池美丽、神奇的情景，显示了作者热爱大自然、热爱祖国大好河山的思想感情。板书设计最后留下"空白"——学后所想，让学生对祖国大好河山谈体会，发散思维培养创新能力。

6.1.1 给学生留下探索的空间

探索是学习和研究的生命，没有探索就不可能有发现，没有发现就谈不上创新。波利亚指出："学习任何知识的最佳途径是自己去发现，因为这种发现理解最深刻，也最容易掌握其中的规律、性质和联系。"有意义的学习并非是学生被动接受信息的过程，而是一种"再发现""再创造"的主动建构过程。同时儿童有着与生俱来的探索性学习方式，并总是希望自己是一个研究者、发现者、探索者。所以新教材要求改变学生被动学习为主动探索。其学习方式是，动手实践——自主探索——合作交流。板书中的省略号、括号、问号等这些"空白"充分挖掘了学生的潜能，为学生们提供探索的时空和机会，鼓励学生在自主探索中"再创造"。"空白"留下的探索空间，让不同层次的学生经过自主探索，都有所发现，都有了成功探索的体验，培养了学生的主体意识和探索精神。例如，《会摇尾巴的狼》板书（图6.2）。

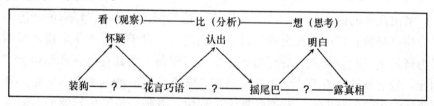

图 6.2 《会摇尾巴的狼》板书

此板书抓住老山羊和狼两条线索，清楚地展示了狼的狡猾、凶恶的本性和老山羊是怎样逐步识破狼的本来面目的。教学时，要紧紧抓住这两条线，围绕狼三次说自己是狗，揭示老山羊是怎样一步步识破的。用三个"?"号让学生去思考，去想象，去发散。

6.1.2 给学生留下开放的空间

传统教学的最大弊端之一是将课堂教学过程视为完成预设方案的不变流程。上课是执行教案的过程，决不可"节外生枝"。课堂成了"教案剧"出演的舞台。新教材中的"空白"，没有固定不变的教学内容和教学过程，使教学内容具有了一定的弹性，使每一个学生在开放的内容中学有所得，在开放的课堂上学有发展。与新教材相匹配的板书设计也应具有一定的弹性。例如，《詹天佑（一）》的板书（图6.3）。

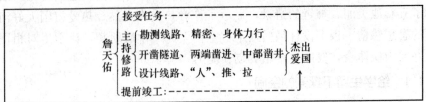

图6.3 《詹天佑（一）》板书

此板书是按文章叙述顺序设计的，展示了文章思路，突出了课文重点，揭示了文章中心。运用省略留下空白让学生思考。

又如，在讲完元、角、分之后，教材安排了购物的实践活动，多种商品的呈现、购物的任意选择、付钱的多种方法都得以展现。这种"空白"的设计，从内容到形式都具有开放性、挑战性和现实意义，挖掘了许多促使人发展的因素。

这种"空白"的设计，突破了课时和教室狭窄的时间和空间，更多地融入社会，充分体现了小课堂大社会的新理念，也使学生们深深地感受到生活中处处有数学。

6.1.3 给学生留下创新的空间

解决问题的能力是教学能力的核心。托兰斯曾认为："探索创新能力的发明，必须在自由而安全的气氛中才能进行。对于课堂教学来说，所谓自由就是尽量减少对儿童的行为和思维无谓限制，给其自由表现的机会。"因此，板书设计应着重让学生开阔思路，掌握思考问题的方法、策略，从而激活学生的创新思维。在课堂教学过程中，老师要给学生足够的时间思考和体验，尽可能将一些知识的发现过程详尽地展现在学生面前，让学生共同参与这个过程，从中得出结论。在板书教学过程中，教师不要直接给学生答案或结论，使学生有困难时能立足于启发。只有这样给学生足够的思维活动空间，才能使其尝试着用自己的方法进行思考和探索，诱发创新的灵感。

"还可以怎想，还可以怎样算？"简洁而深刻的"空白"设计，激起学生探究的欲望，唤醒了学习的热情，充分调动了学生学习的积极性和主动性，促使学生主动参与教学活动，在探究中获得成功的喜悦。"空白"使学生创新意识得到培养，创新能力得到提高。"空白"拓宽了学生的思维空间，有效地挖掘了学生创造的潜能，得到处处是创造之地、天天是创造之时、人人是创造之士的效果。例如，《詹天佑（二）》的板书（图6.4）。

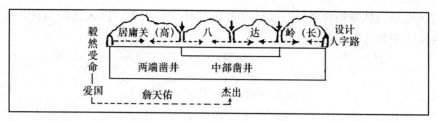

图 6.4 《詹天佑（二）》板书

6.1.4 给学生留下个性发展的空间

个性是作为个体的人的特性的总和。尽管相同年龄的学生有着某些方面共同的心理特点，但其心理发展水平并不完全一致，原有的基础不尽相同，兴趣爱好与特长各有不同。而传统的板书设计往往忽视其个性差异，以统一的目标，原封不动地照搬教材，致使迟钝的学生跟不上，聪明的学生不满足，优秀的学生不能脱颖而出。板书设计中"还可以提出什么问题？""还可以怎样想？"一个一个"空白"，给学生创设一个展示自我的舞台，创造了一个民主、宽松、和谐的课堂气氛，为其自由和谐的个性发展留下了广阔的空间。例如，《太阳》的板书（图6.5）。

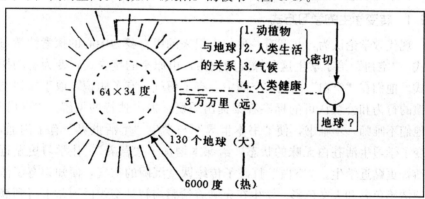

图 6.5 《太阳》板书

本板书是采用图文结合的形式设计的，形象地显示了太阳的特点和与地球的关系。用"？"留出"空白"让学生进行比较找规律。

6.2 改变教与学的传统方式

"师者，所以，传道授业解惑也"。在传统的教学中，教师绞尽脑汁，设计了一层又一层的教学环节，学生亦步亦趋，不敢越雷池半步。坐在这样的课堂里，我们看到的是教师苦心孤诣，却看不到学生的心领神会，看到的是学生在琐碎的问题"轰击"下频频应招，却看不到他们自主探索、自我发现的热情和智慧。新教材要求转变教师的观念，进入新的角色，改变传统的教与学方式：

板书设计也应改变传统的千人一面、千篇一律的方法，让学生有自我表现的空间，积极的思维，任意地表达，敢于标新立异。例如，《十里长街送总理》的板书（图6.6）。

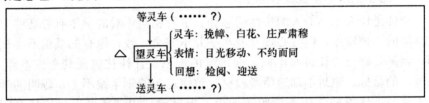

图6.6 《十里长街送总理》板书

《十里长街送总理》一课的板书用重点词语设计提纲用"？"留下"空白"让学生联想，发展思维。

6.2.1 转变学生的学习方式

现代教学论认为，儿童有一种与生俱来的以自我为中心的探索性学习方式。"空白"给了学生这种探究的权力，由原来的接受式转变为主动探索式。他们在"空白"制造的空间中，有了勇气，有了胆识，敢于向司空见惯的行为和公众认可的标准答案提出质疑、提出独特的见解。"空白"使他们不唯师，不唯书，使"书本世界"与学生"生活世界"有了沟通，改变了学习生活苍白无味的状态，给课本增加了"营养"，让学习更贴近生活，更贴近学生。"空白"打破了传统课堂沉闷的空气，使知识有了浓烈的情感色彩和人文色彩。学生在充满着情感与智慧交织的课堂上得到满足，个性得到展现，内心得到感悟，思维得到发展。

《手术台就是阵地（一）》板书（图6.7）按文章思路设计，构思简单，缺乏艺术性。

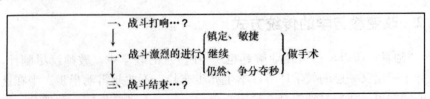

图6.7 《手术台就是阵地（一）》板书

《手术台就是阵地（二）》板书（图6.8）围绕课文的主要情节设计，突出战斗激烈，突出人物形象，揭示课文中心。

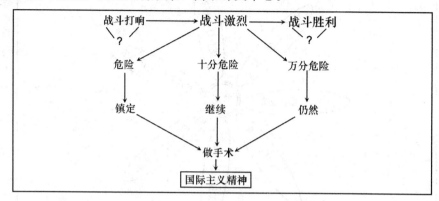

图6.8 《手术台就是阵地（二）》板书

板书从横向看，体现了文章思路；从纵向看，分别展示了在恶劣环境下，白求恩大夫冒着生命危险坚守阵地的画面，具有创新性和艺术性。战斗打响，战斗胜利留下"空白"？让学生想象，发挥学生的自主探索学习精神。

6.2.2 转变教师的教学方式

传统课堂教学以教师为中心，教师讲学生听，只强调教师的权威作用，无视学生作为学习主人的主体作用，把学生当成被动吸收，储藏知识的容器和仓库。"空白"改变了一切。它使教师冲出了"以知识为本"的旧观念的束缚，树立了"以学生发展为本"的教育思想，使教师由权威者变为参与者，由师长变为朋友，打破了以课本为中心的禁锢。变"教"为"导"，变"讲"为"研"，将课堂单向灌输变为师生共同参与一起研讨，变传授式为讨论式、探究式。"空白"使教师要公平对待每个学生，赞许敢于提出意见的学生，重视他们提出新奇观点，鼓励他们的独到分析，使教师最大限度地发掘学生的内在潜力，不断培养学生的创造力。

6.2.3 转变教师的评价方式

传统教学是以教师为中心，教师说了算，评价目标单一，只凭分数的度量。所以反映在板书设计上也是如此，重知识轻能力，重传授轻探究。新教材评价则要求目标多元化、方法多样化，既关注结果，更关注过程，所以在板书设计上留出空白，鼓励学生去观察、去探索、去寻找规律。例如，《养花》板书（图6.9）。

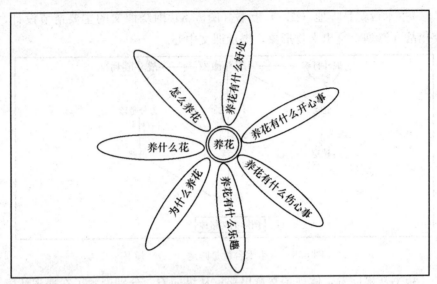

图 6.9 《养花》板书

让学生围绕课文的七个问题自读、自悟、自评,做到师评生,生评生,生评师,培养学生创新思维能力。

"空白"使新教材独具魅力。"空白"使板书设计更具活力。在板书设计中我们巧用"空白"、挖掘"空白"、利用"空白",把时空还给学生,把伙伴还给学生,把权利还给学生,把乐趣还给学生,把课堂还给学生……

7 副板书的艺术

7.1 副板书的作用

为了帮助学生理解板书的内容,教师在教学中经常使用一种辅助性的板书形式——副板书。副板书同正板书一样,在教学中具有相当重要的作用,它是正板书的补充和说明。特别是数学课临时演算步骤及学生上台板演解题过程,经常用到副板书,它同正板书一样具有多样性和艺术性。

7.2 副板书的形式

副板书的形式同正板书一样,形式多样。

7.2.1 提纲式

提纲式板书是常用的一种板书形式,它运用文字解释正板书中学生不易理解的部分。例如,图 7.1 所示板书。

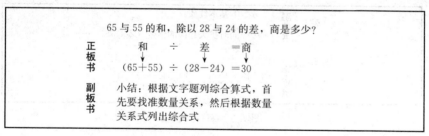

图 7.1 提纲式板书

这段文字式板书是根据文字题列综合算式的关键,找准数量关系,从而帮助正板书概括了解题的思路。

7.2.2 图画式

图画式副板书是运用各种示意图来帮助学生理解正板书的内容的一种板书形式,它有直观、简明、打开解题思路的特点,用之得当,效果很好。例如，图 7.2 所示板书。

该板书用于理清解题思路。题目为筑路队修一条公路，第一天修全长的 30%，第二天修全长的 2/5，第三天全部修完，已知第三天修 6 千米，这段公路长多少千米？

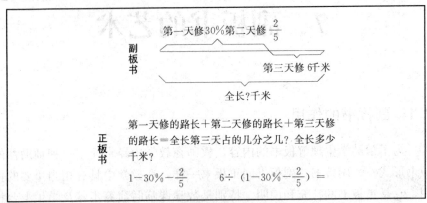

图 7.2　图画式板书

这副板书用简单的线段图，形象地标明了正板书的解题思路，有助于学生理解题意、打开思路。

7.2.3　缩写式

缩写式副板书运用省略号并将其结束语的精华写下，以补充说明正板书不足之处，起到突出重点，产生联想，起到提纲挈领的作用。例如，图 7.3 所示板书。

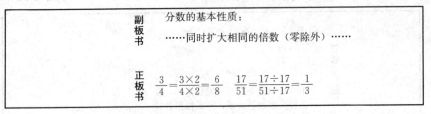

图 7.3　缩写式板书

7.2.4　板画式

板画式副板书用直观的图画，形象地补充了正板书中的不足之处，因它直观、形象，所以还能增强学生对正板书内容的理解和记忆。

《珊瑚》（图 7.4）利用图文并茂的板书，使学生获得放大的单体珊瑚虫的平面形象，有利于学生再造想象，有助于学生突破学习难点。

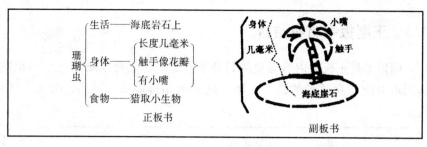

图 7.4 《珊瑚》板书

7.2.5 符号式

符号式副板书是运用各种示意符号来帮助学生理解正板书的一种板书形式。例如，图 7.5 所示板书。

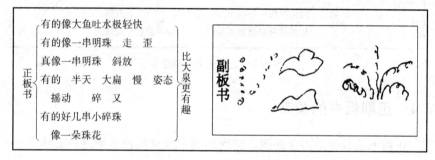

图 7.5 符号式板书

7.2.6 标点式

标点式副板书运用了电影中的摄影表现手法，镜头推向标点，使之显示标点，划去文字。它能配合正板书指导学生理解地背诵课文。如"分数的基本性质"这副标点副板书（见图 7.6）能使学生一目了然地弄清分数基本性质中的重点词，懂得其含义，加强理解和记忆，替代死记硬背的方法。

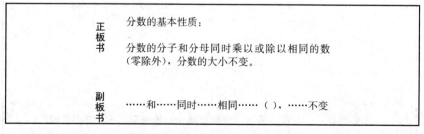

图 7.6 "分数的基本性质"板书

7.3　正副板书有机结合

副板书是正板书内容必要的延伸和补充,是正板书难解之处的说明。运用板书应注意两者的结合,使正副板书相得益彰。例如,图 7.7 所示板书。

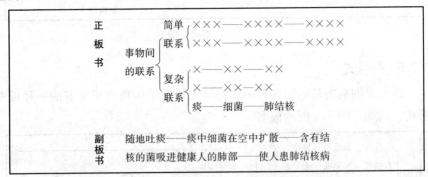

图 7.7　正副板书有机结合

7.4　正副板书的关系

正板书是教师的讲课提纲,它既体现了教材的行文思路,又体现了教师的教学思路,借以引导学生的学习思路。

正板书好比是一堂课的骨架栋梁。骨架栋梁搭好了,房子也初具规模了。因此,正板书一定要具有概括性、启发性、简明性,真正起到提纲挈领的作用。但是一间漂亮的房子,绝不只是骨架栋梁,还需装修,副板书就起到这样的作用,凡在课文内与中心有关的且对正板书有所补充的材料均可列入副板书内容。例如,《荔枝蜜》的板书(图 7.8)。

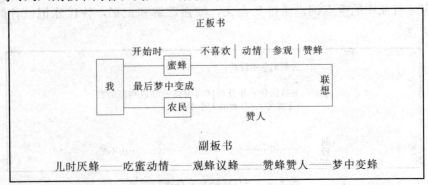

图 7.8　《荔枝蜜》板书

副板书的这一条线是作者儿时的生活、温泉景色、荔枝鲜美、荔枝蜜的香甜、养蜂场的情景、蜜蜂的特性、对蜜蜂的议论、赞美及由此而产生的联想、感想、幻想等很自然地依次勾画出来了。不仅对正板书起到了补充说明的作用，而且培养了学生的联想思维，加深学生对课文的理解记忆。

正板书的位置选择在黑板的中央偏上部位，或者光线最亮、最醒目的地方。副板书的位置则可放在正板书的旁边。但无论正板书还是副板书，都必须让全班学生每个人都能看得清清楚楚，才能发挥它的作用。

采用主板书、副板书两种形式展开教学内容。主板书展示的是一堂课的主要内容，而副板书则是对某一重要内容的补充或注解。如《赵州桥》一课，赵州桥的主要特点可采取以下板书展示（写在黑板正中央），如图7.9所示。

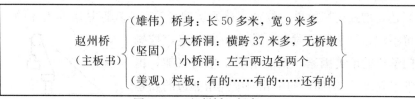

图7.9 《赵州桥》板书（一）

而"这种设计"的巧妙，即大小桥洞的作用，从主板书上看来，要设计一个副板书（写在黑板右上角）：

```
赵州桥     ┌ 减轻冲击力：大桥洞（无桥墩），小桥洞（可排洪）
（副板书）  │ 减轻桥身重量：小桥洞（空心）
           └ 节省石料：大桥洞（无桥墩），小桥洞（空心）
```

图7.10 《赵州桥》板书（二）

8 黑板画的艺术

8.1 黑板画的意义

黑板画是教师在课堂教学时用粉笔迅捷地在黑板上勾勒出来的简笔画。它直观而形象，在教学中运用得当，便可集中学生的注意力，激发学习兴趣，增强记忆效果。教育家蔡元培曾说过，"教育是培养人才的，是不可不注意科学与艺术的。能以审美观点，挖掘各门学科的审美因素，就能增强学生的兴趣，提高学习效果。"例如，初中几何中钝角邻边的高是学生在学习上的难点，中等以下学生不易掌握。在说明高的定义时辅之板画（图8.1），以吊车的起重臂顶端到地面的垂直高度来形象地描述，当学生认清垂足在一边的延长线上且在三角形之外这一形象之后，再去认识角在上方或其他位置的情况，就能比较容易的突破这个难点。

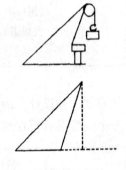

图 8.1 板画

又如，在讲授小学语文第九册课文古诗《暮江吟》时，在黑板一角边讲边勾勒出一幅山水图：半红半绿的秋树；西下的夕阳，江边的远山近树。图文结合，学生细细品味诗中意味，脑子里留下了美好而深刻的记忆。在讲授《送孟浩然之广陵》这首千古绝唱的古诗时，如有位老师在黑板上描绘了李白为友人送行的情景：孤舟远去渐次消逝在水天相接之处，作者李白怅立黄鹤楼前，长久伫立，不忍移步离去。当年的学生今已长大成人，他们见到这位老师总爱谈起昔日为他们板画的情景，说那一幅幅简笔画，仍旧历历在目。

8.2　黑板画的特点

黑板画直观、形象。这比实物、模型、幻灯等直观手段更简便灵活，并且停留下来由视觉感知。这一特点可以使教师把要教的内容配合视觉逐字逐句地进行讲述，学生可以按自己的理解速度进行学习，它还适合于教师讲到后面某个地方要用到前面的内容时，随时指出即可引起学生原有的映象出现，起到随调随用的作用。学生也可以在学习稍后的内容时，结合到前面的板书内容，随时对照，便于理解新知识。

有时为了讲透课文内容，必须对课文所介绍的事物的大小、方位、形状等进行描摹，这时可改板书为板画，或与板书相结合。它更直观，易于理解，使学生如临其境，可收到事半功倍之效。例如，《詹天佑》中的两种隧道开凿法（图8.2）。用板画形式进行处理，便于学生理解。

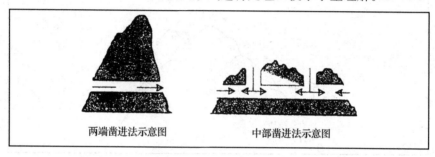

图8.2　《詹天佑》板书

8.3　黑板画的作用

黑板画可形象直观地帮助学生理解课文内容，是学生乐于接受的教学形式，具有很多作用。

8.3.1　能帮助学生准确地理解词句

有些词句，仅凭语言文字的注释说明，学生理解往往是机械的，仍处于"模糊状态"，尤其是某些存有共性的专用名词，学生容易混淆。例如，对《长城》一文中的"垛口""望口""射口"的理解，学生很容易出差错，觉得都是"口"。如果教师有意识地引导学生作一幅简图（图8.3），学生理解起来就比较容易了。结合简图，联系注释，学生对于这三"口"的辨别就一清二楚了。"垛口"，不是口，是齿形的墙垛；"望口"，是凹形的口；"射口"，是方形的射孔。

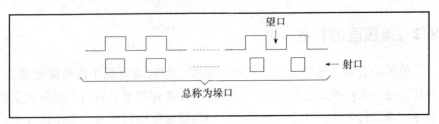

图 8.3 《长城》板书

8.3.2 能帮助学生理顺思路

对于按地点变换顺序组织结构的文章，采取"作图法"，似乎更能清晰地理顺其思路。例如，在给《景阳冈》分段、找顺序、理思路时，教师不妨引导学生一边细读课文一边画出"思路图"（图 8.4），文章的脉络通过板画一目了然。

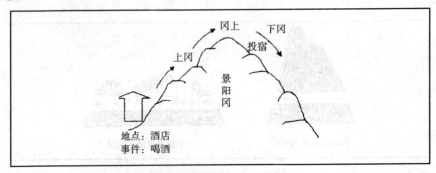

图 8.4 《景阳冈》板书

8.3.3 能帮助学生形象地感知课文

我们知道，课文中的插图和教学中的挂图为形象直观教学提供了诸多便利。据此，对那些直观感强而又没有插图和挂图的课文，教师如果善于引导学生给课文"作画配图"，就能弥补此缺陷。例如，学习《赶花》时，可以指导学生利用地理知识画一幅"赶花路线图"（图 8.5），使之能够更好地理解课文。通过板画，学生对于养蜂工讲的那几大段话中连续出现的地名和养蜂工赶花的踪迹就不至于陌生，对"养蜂工走南跨北，生活如何苦而又充满诗情画意"等也容易回答，进而加深其对课题和文章中心的理解。

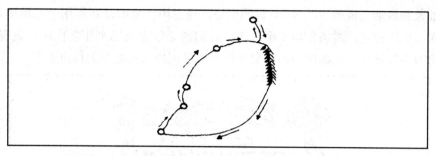

图 8.5 《赶花》板书

8.3.4 能帮助学生理解难点和重点

突破课文中难点的方法是多种多样的,板画是其中一法。在学习《詹天佑》时,部分学生对于火车怎样过"人"字形线路理解起来有些困难。这时,教师如果鼓励学生绘制一幅"人"字形线路图(图 8.6)也当一当"工程师",不仅激发了学生的浓厚兴趣,而且主动参与对课文内容的理解。当学生作罢此图,教师再指导学生图文对照,仔细琢磨,那么火车如何经过"人"字形线路这个疑难就迎刃而解了,从而引起对詹天佑敬佩和其确实是一位杰出的"工程师"的赞叹。

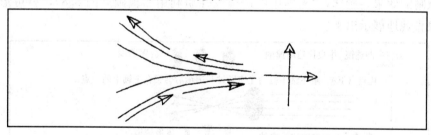

图 8.6 《詹天佑》板书

8.3.5 能直观地揭示事物之间的联系

有些学科的教学,如物理教学,要特别注重思维的形成,借助于"板画"和"图线"表达物理现象和规律,比用语言或文字表达更为清楚。为了引进一个物理概念或解释一道复杂的题意,画出切合实际的示意图,就有助于学生迅速抓住事物的实质。还有许多内容必须应用矢量图、坐标图、光路图等才能讲清它们的本质。因而"板画"的普遍应用是数理化等课的最大特点。它的优点是直观、形象、简便。如讲磁学的磁体之间相互作用时,要引出一种特殊物质——磁场。这种看不见、摸不到,但可感觉到的客观物质,不但要用演示方法证明它的存在,还必须用图示方法进行抽象和概括。板画（图 8.7）说明甲磁体通过甲产生的磁场作用于乙磁体，而乙磁体通过乙磁场作用于甲磁体，它们就是依靠磁场来相互作用，表现出吸引或排斥。这幅图生动形象地把磁体作用的内在联系表现出来了。

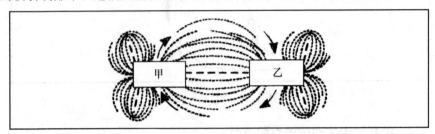

图 8.7 "磁体间的互相作用"板画

8.3.6 能培养形象思维的能力

物理学是以实验为基础的一门学科，实验装置、操作都要用粗体字展示出来，众多的概念、繁杂的知识，若全用文字在黑板上板书是不可能的，还会给学生造成心理上的压抑感。用适当的图示或板画并辅之以不同的色调，粗略几笔，在培养形象思维能力方面往往能收到事半功倍、画龙点睛的效果。例如，"光学中的透镜及性质利用"板画（图 8.8），就可形象直观地展示出来。

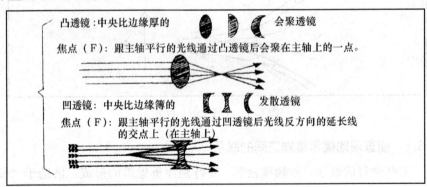

图 8.8 "光学中的透镜及性质利用"板画

在语文课中，有些词句或许多难以用语言解释清楚的事物，适时运用板画，可使学生茅塞顿开，进而达到理解词句、了解事物的教学目的。运用板画，能促使具体感知与抽象思维相结合，帮助学生认识客观事物，铺架起形象思维到理性思维的桥梁。由此，激发学生的学习兴趣，提高课堂教学效率。

8.3.7 能帮助学生提高理解能力

在语文教学中,有些字词学生虽曾见过,但学生掌握的知识和了解的事物有限,再加上口头语言与书面语言不同,以及方言土语之别,照词典所释,容易混淆,而采用简笔画则认得清、记得牢。例如,教《鲁班学艺》中"橡、檩、柁"三字,可画简笔画(图8.9)学生一看便知三物的部位及不同作用,避免让学生死记硬背。

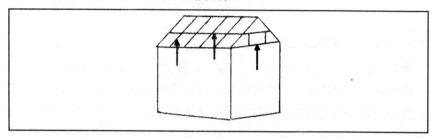

图 8.9 "橡、檩、柁"三字板画

小学生的比较能力有限,意思相近的词语区别不清楚,亦可采取简笔画。例如,"战争、战役、战斗"这组近义词,都有"打仗"之意,但范围不同,如用释句辨析,抽象难懂,若以数学的集合图(图8.10)比较,学生一目了然。

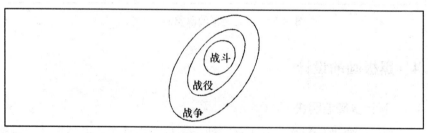

图 8.10 近义词板画

8.3.8 能帮助学生突破教材中的难点

在小学语文的古诗教学中,因古诗反映的事物或事件距离学生的实际较远,有些诗句教师费尽口舌,学生还是不知所云。而当堂采用简笔画却可使学生豁然开朗,进而达到理解诗歌意境的目的。例如,《宿建德江》中"野旷天低树",大部分学生不理解为什么天比树还低,如果画一幅简笔画(图8.11)学生就能清楚地看到远处天确实比树低。

图 8.11　《宿建德江》板书

8.3.9　能让学生理清文章的脉络

例如,《记金华的双龙洞》这篇课文,作者移步换景,不断转换方位,学生理解时有一定难度。教学时可先引导学生认真读课文,理清作者的思路,然后一面讲解一面随手画一幅游览顺序的简笔画(图 8.12)就能帮助学生理清课文的脉络。这副板书,实质上就是一幅简明的导游图。在这篇课文的整个教学中,如果多次用到这幅图,将收到良好的教学效果。

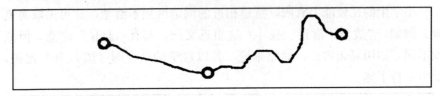

图 8.12　《记金华的双龙洞》板画

8.4　黑板画的设计

8.4.1　设计要简洁明快

板画设计要做到精练,方法有三种:一是牵牛鼻子,抓关键;二是借助形象比喻,化繁为简;三是留空布白,删繁就简。

板画要力求简明,越是简明,作用越大,学生用于掌握知识的时间越少,学习负担越轻,学习效果越好。例如,《重视加强社会主义精神文明建设》的知识要点很多,如果设计一种以"文明"为中心的散射图,就"简明"得多,注意力易于集中。

在设计教学板画时,注意留空布白("布白"是书画艺术创作中的"不到墨""不着笔"的省略手法),使"板画"设计增大了刺激,能引起"注意"的心理效应。这种板书借助图示直接体现课文内容,直观性强,它把文字和图案有机地结合起来,便于理解记忆。

8.4.2 设计要形象有趣

形象包括语言文字和画图。例如,沙塔洛夫讲授《正方形特点》一课时的"图表"只有三个字——"寄生虫"(正方形是长方形的"寄生虫")。有时,将教学内容要点画成简笔画,也能"制造"形象。例如,《火烧赤壁》的板画(图 8.13)。

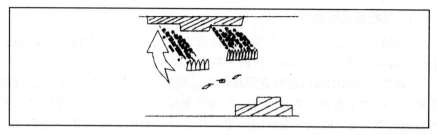

图 8.13 《火烧赤壁》板画

8.4.3 设计要有创造性

沙塔洛夫说过:"多种多样的形式能激发学生的兴趣,使其注意力集中。若千篇一律,则势必令人厌倦,使人的思想分散,甚至催人入睡。"板画设计要做到形式多样,使板画教学"出新",除了发挥上述两方面的优势外,还要注意:①教具变化,有时使用小黑板,或换成纸张画轴,也可利用录音做"画外音"。②图画与文字变化,既可做到图文并茂,色彩点缀;也可图而少文,或文而不图,水墨色淡。③内容变化成"拟人游戏"或将小品表演引进课堂,使"图表"立体化。"八仙过海,各显神通",授课教师要在教学全过程中发挥自己的创造精神。例如,《劳动力成为商品》可以采用画知识树的方法(图 8.14)。其中,"价值"枝上有三片叶子,在教学过程中逐步画出,代表劳动力价值的三方面内容。劳动力成为商品的过程正像叶子能行光合作用那样,生产、再生产、劳动力商品。其他内容也可随教学进行,添画其上,如"劳动力成为商品的条件"可以

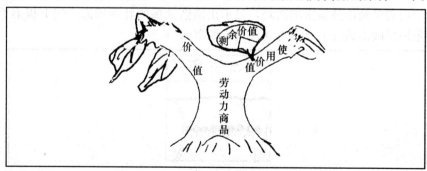

图 8.14 《劳动力成为商品》板画

作为"树根"等。凡要求"逐步画出"的，也可在课前画好并遮掩，讲课时再适时展现。为了调动学生学习的主动性、积极性，发挥其创造性，画的主体由教师画好，添枝加叶可由学生完成。

8.5 黑板画的运用

8.5.1 黑板画运用简介

黑板画直观形象，能吸引学生的注意力。在教学中，如何采用板画法来提高教学质量，这是当前亟待研究的课题。

《观潮》这课的板画过程就是板画的运用艺术的体现。《观潮》通过教学使学生明白作者如何细心观察，生动形象地写出潮的奇观。有位老师采用板画法教本文，收到了很好的效果。学生读文看图，体会作者是怎样一步一步地把事物写具体。同时，也展示了作者的观察方法和写作特点。

课文内容分为潮来前、潮来时、潮来后。根据文章的写作顺序，板画也采用三幅。

（1）潮来前。先画喇叭形的钱江，再画远处几座小山骸、云朵。板书（图 8.15）若隐若现，以示远景。教师用板画并辅之以不同的色调，粗略几笔，画出潮来的情境，收到事半功倍、画龙点睛的效果。

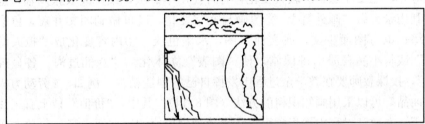

图 8.15　《观潮》板画

（2）潮来时。按潮由远到近而来的不同情景进行板画。教师则可迅速地用白粉笔画出波涛滚滚图画，显示出浩浩荡荡的壮观场面。配上板书更形象地反映出钱江大潮之奇观，板画如图 8.16 所示。

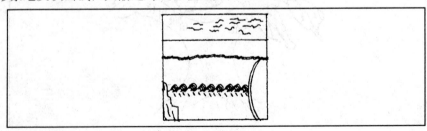

图 8.16　《观潮》板画

（3）潮来后。用细笔条画出余波向西流去的板画图（图8.17），并使对岸的水位升高，表示水已涨了两丈[①]来高。世上万物，静止是相对的，运动是绝对的，因此，板画运用形体勾画出动态，给学生留下立体的美感。

三幅板画，形象地描绘了钱江大潮潮来前、潮来时、潮来后的不同情景，学生通过看老师作画，既学到了知识，又受到了美的陶冶。

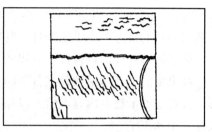

图8.17 《观潮》板画

8.5.2 简笔画艺术

简笔画是教师在教学中利用黑板，以凝练、概括的图示形式，把文章的重、难点及中心意义显示出来，使学生更直观、形象地理解文章内容的一种板书形式。

简笔画的设计使用既有展现教师艺术的作用，又能激发学生学习的兴趣，起到质疑解难、活跃思维、训练技能的作用。

(1) 简笔能突出重点，体现中心

凭借简单图画，让学生理出文章的主题，了解文章写的是什么事物，表达了什么思想感情。例如，《我的战友邱少云》一课的简笔画，充分体现了邱少云在烈火烧身时，如千斤巨石纹丝不动、严守纪律的高贵品质和自我牺牲的伟大精神，从而突出了文章的重点。

(2) 简笔画能释疑解难，活跃思维

利用简笔画及时地为学生的思维活动提供必要的表象支撑，解除学生介于文字与实际情境间的思维障碍，如图8.18《蛇与庄稼》所示。

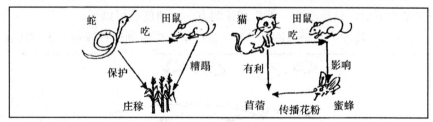

图8.18 《蛇与庄稼》板画

本板书是采用图文结合的形式设计的。通过板画帮助学生理解蛇与庄稼、猫与苜蓿之间的关系，进而理解事物之间是怎样相互联系的。

---

① 1丈=3.333米。

(3) 简笔画能创设意境,生发情趣

对于参观、游记等一类的文章,可以借助简笔画帮助学生了解作者游览的路线和观察的方位,从而使学生进入画面意境,见景生情。例如,《颐和园》一文的简笔画设计,能帮助学生更直观地了解作者参观路线和颐和园的布局特点,使学生有身临其境之感。

简笔画是一种值得设计、使用的板书形式,它有时是教师随着讲解顺手绘画出来的,有时是教师在备课时精心设计的,适时、恰当使用它可以形象直观地展示教学内容,给人以豁然而悟之感。例如,《小白鹅水上游》板画(图8.19)。

图8.19 《小白鹅水上游》板画

应用简笔画辅助教学,可使学生直观感受到只要改变鹅的局部就可改变其动态,从而提高画各种小动物动态变化的能力。

运用简笔画图8.19中①指导学生仔细观察鹅的各种形态,启发学生观察、思考小白鹅动态变化的规律。运用简笔画图8.19中②使学生明白鹅的身体基本不变,只是改变一下头和颈的方向、角度就可以了。

例如,《牧歌》板画(图8.20)。为使学生更深刻地理解每个乐句所表

图8.20 《牧歌》板画

现的意境,在教学中,借助简笔画辅助教学来展现草原一派迷人的景色,使学生能把音乐和画面有机结合起来,达到提高学生音乐素养和审美素质的目的。类似还有《登鹳雀楼》板画(图 8.21)。

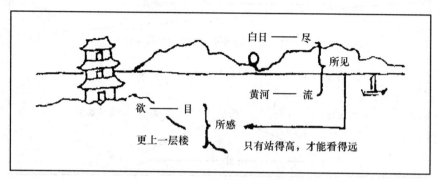

图 8.21 《登鹳雀楼》板画

《飞机遇险的时候》板画(图 8.22)是以降落伞的形状加上文字设计的,既展示了课文的记叙顺序和主要内容,又显示了周恩来总理在飞机遇险的危急关头,把生的希望让给别人,把死的危险留给自己的崇高精神。这能帮助学生划分段落,归纳段意,了解段与段之间的联系,启发学生思维,激发学习兴趣。图 8.23 运用简笔画,使学生直观形象地理解课文内容,在激发小学生的学习兴趣中,潜移默化地进行科学思想方法的启蒙教育。

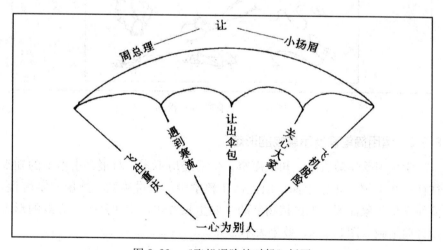

图 8.22 《飞机遇险的时候》板画

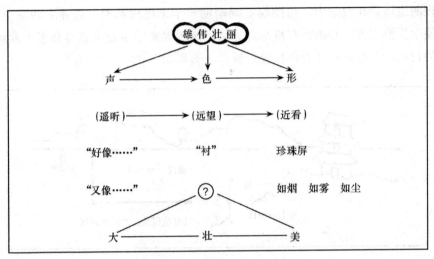

图 8.23 《瀑布》板画

图 8.24 通过形象的简笔画，引导学生利用已有的知识对动植物间的食物关系进行分析，可以非常自然地建立起食物链的概念。

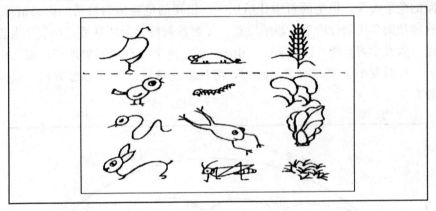

图 8.24 《食物链》板画

8.5.3 运用简笔画展示事物的形态

学生因受年龄所限，知识面窄，生活经历不多，对很多书本上的知识往往一知半解，印象不深。因此，在教学中，边讲边画、边用文字解说，能使学生印象深刻。如讲植物茎的主要生长方式，用四种生长方式的形态设计简笔画（图8.25），效果大不一样。

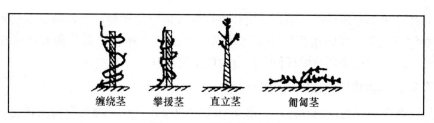

图 8.25 《植物茎》板画

8.5.4 运用简笔画扩展教学内容

简笔画直观形象，容易激发学生的兴趣。在教学中，可以通过简笔画，把课本内容与相关知识结合起来，在理解和掌握课本规定的内容的基础上，引导学生掌握其他相关的知识。如有位英语教师在教《儿童智能英语》的单词时，她不仅设计了课本要求的 Ping-Pong、badminton 两个单词的简笔画，还设计了许多相关内容的简笔画（图 8.26）。生动的简笔画不仅使学生很快掌握了课本要求的 Ping-Pong、badminton 两个单词，还使学生掌握了 Long Jump、High Jump、Rope Skipping 等相关单词，扩大了知识面。

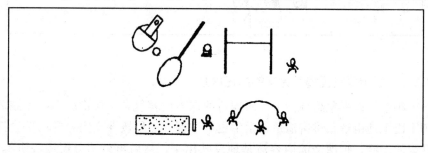

图 8.26 单词板画

8.5.5 运用简笔画揭示事物的结构

有的物体结构复杂，概念抽象，很难用语言说清楚，如果运用简笔画就能看得一清二楚，甚至不用烦琐的讲解，学生一看就明白了。如教学中，叶的组成可以绘成简笔画（图 8.27），具体的显示叶是由托叶、叶柄、

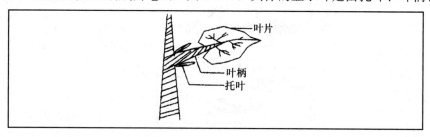

图 8.27 《叶的组成》板画

叶片三个部分组成的。结合简笔画讲解叶各部分的功能，强调指出有的植物没有托叶，有的植物早期就已脱落。凡是有上述三个部分的叶叫完全叶，缺少这三个部分中任何一部分的叫不完全叶。

8.5.6 运用简笔画显示变化的过程

数学有解题的思维过程，语文有文章的写作过程，理化有物质转化过程，植物有种子的萌发过程。这些过程如能用简笔画就能形象、生动地显示出来，就能增强学生的理解力和记忆力。现以菜豆为例，如图 8.28 所示，菜豆种子吸收水分后，体积胀大，子叶里营养物质开始运给胚根、胚芽、胚轴，随后发展成根，子叶以下的胚轴伸长，并带着两片子叶伸出地面。讲解时，按种子萌发的顺序，讲到哪画到哪里，语言与画面密切配合，使简笔画的作用更充分地发挥出来。

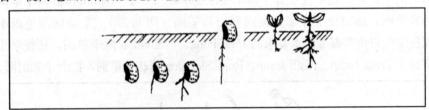

图 8.28　菜豆萌发板画

8.5.7 运用简笔画揭示课文的内在联系

小学生以形象思维为主，而现行的课本内容复杂、层次较多，光靠老师干巴巴地讲解很难讲清楚，学生更难掌握。如果按课文内容和层次设计几幅简笔画，把课文的内容清楚地反映出来，然后再就图分层逐一讲解，这样老师教起来就简单，学生学起来也有兴趣。如古诗的讲解采用此法效果很好，学生可以借图当场背诵，当场口译。如有位英语老师根据《儿童智能英语》第四册第 13 课的内容设计了简笔画（图 8.29），学生一目了然，很快就能流利地背诵了。

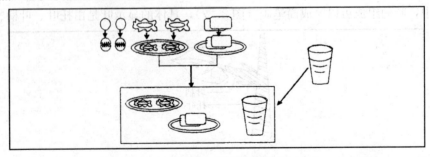

图 8.29　单词板画

8.5.8 运用简笔画阐述事物的成因

事物成因，有较深的理论性知识。如果没有实验，难于理解，但用了简笔画，就形象明晰多了。例如，《日食和月食》板画（图8.30）。

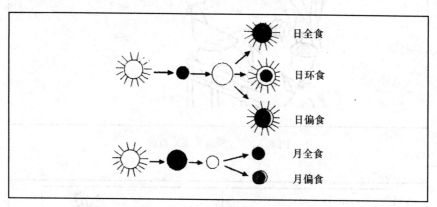

图8.30 《日食和月食》板画

通过简笔画，学生一看就明白：日食是月球运行到太阳、地球之间，月球的影子落在地球表面上，位于月影地区的观测者看到太阳被月球遮蔽的现象叫日食。遮蔽的形状不同，名称不同。如图8.30所示，月球整个进入地球的本影为月全食，部分进入本影为月偏食。

8.5.9 运用简笔画激发学生兴趣

简笔画直观、生动、形象，能有效地增强学生的理解力和记忆力（图8.31～图8.35）。有位英语老师结合课文内容设计了一些学生喜闻乐见的简笔画（图8.31），教学效果很好，深受学生的喜欢。例如，教单词 water、Coca-Cola、soda water、milk、tea时，通过简笔画，把抽象的单词变成了形象有趣的图形，学生学起来轻松自如。

图8.31 单词板画

图 8.32 《劳动光荣》板画

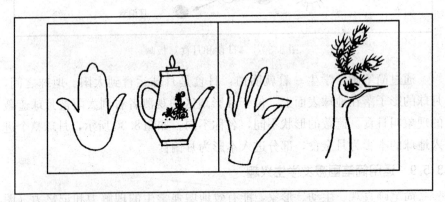

图 8.33 《看看你的手形像什么》板画

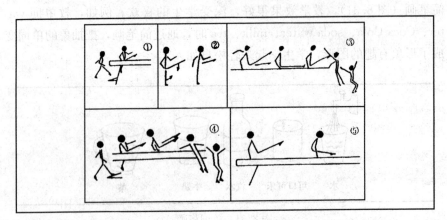

图 8.34 体育课——《斜向助跑直角腾越》板画

图 8.35　《画面部表情》板画

8.5.10　运用简笔画展示教学内容

运用图形并通过必要的文字配合，展示教学内容的板书形式。如《桂林山水》（图 8.36），课文首段以"桂林山水甲天下"一句领起下文，分别写出了桂林水的"静、清、绿"，桂林山的"奇、秀、险"，每部分的描写又与祖国的名山大川进行比较，从而印证其"甲天下"的道理。采用以下板画把有关内容形象地展示出来。

图 8.36　《桂林山水》板画

8.5.11　运用简笔画帮助学生掌握游记叙述的重点

对游记体的课文或作文，通过导游的形式而设计的板书。例如，一位教师指导学生写作文《春游圆通山》（图 8.37）时，在带领学生实地参观的基础上，又通过下列导游图帮助学生把握记叙的重点。

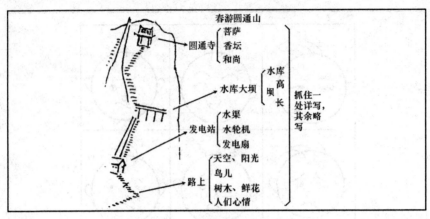

图 8.37 《春游圆通山》板画

8.5.12 运用简笔画展示事物发展的过程

用简笔画描摹事物的形状并配以文字说明的板书形式,这实际上就是我们所说的简笔画。这种板书运用得好,可增强课堂教学的形象直观效果,调动学生的学习积极性。例如,讲解《卵石怎样形成的》(图 8.38)时,教师通过以下板书可把卵石形成的过程形象地展现在学生面前。

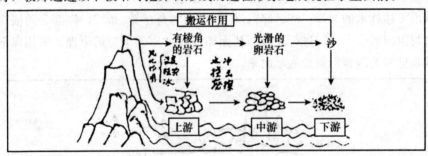

图 8.38 《卵石怎样形成的》板画

又如讲解《老山界》(图 8.39)一课时,教师可通过以下简笔画展现红军战士翻越老山界的全过程。

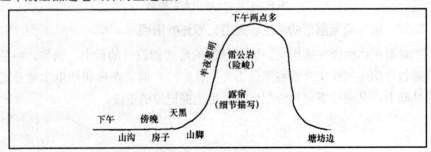

图 8.39 《老山界》板画

8.6 黑板画的基本技巧

板画是无声的教学语言，它能辅助教师生动、形象地表达讲课的基本内容。这不仅能使学生对所学内容获得直观、深刻的印象，而且能激发学生的学习兴趣和吸引他们的注意力，从而提高教和学的效率。

8.6.1 线段的画法

画长线段，如水平线、竖线段、倾斜线等宜用长粉笔。用大拇指与食指捏住粉笔，其余手指托住粉笔，粉笔头接触黑板。在画的过程中应注意：

（1）画直线时不仅手而且整个手臂都要作直线运动。

（2）粉笔的方向要与所画线段的方向一致（这样有"导向作用"）。

（3）画水平线一般由左向右，右臂肘关节应靠身体，并使手平行于黑板上边或下边移动，肘关节也从身体左方移向右方。

（4）画垂线时要从上往下画，必须使右臂肘关节从上方开始，让手随肘部一起向下移动。

8.6.2 特殊角的画法（30°，45°，60°）

按两直角边比例关系确定角的度数。

8.6.3 连线的画法

将粉笔头放在始点，而眼睛注视终点，这样可把粉笔"引导"到终点。等分线段一般都凭目测直接分割，若等分点确定是二等分，然后再按需要分割，各等分点确定后用粉笔作量具，检查分段是否相等，如果不相等，再作修正。这样反复练习，以训练目测力，提高目测的准确率。

8.6.4 圆的画法

除了常用的用圆规画圆和绳子作半径画圆外，可用徒手画圆，其办法是先以圆的直径为边长轻轻的画一正方形，再画圆使之内切于正方形。若画大圆，可以先将手臂伸直，从左向右顺时针方向画，这样手臂即为圆锥的母线，肩关节为圆锥顶，圆锥的底即为所画的圆。若要求画多个直径相同的小圆，如车轮子等，则可先轻轻地划两条距离为小圆直径的平等线，再在平行线中间画圆与之相切。

8.6.5 椭圆的画法

画椭圆可根据椭圆的长短轴画一矩形，再在矩形内作椭圆。方法与画圆相似，但要注意椭圆的对称性，切忌画成两头尖。

8.6.6 汽车的画法

简笔画的优点是画得快,而且很简明。画时要抓住主要特征。如力学的汽车,它主要是由车厢和轮子构成的。

8.6.7 条形人的画法

条形人是在数理化中常用的简笔画,表现动态,直观形象。其画法:先画一个圆代替人头,然后在小圆下面画一正楷"个"字,再在"个"字下面加一"符号",一个条形人就画出来了。

8.7 黑板画的例析

教学板画的主要作用是以生动的视觉形象,调动学生学习兴趣,帮助理解课文内容。板画设计的基本要求和板书相同,要针对教学要求,生动、形象、富有情趣,还要与板书融为一体。

8.7.1 图解字词的板画设计

例如,《鸡毛信》一课有"山崖""山梁""山顶""山峁""山口""山沟""山嘴""山坡"8个词,如果教师只用口头解说,手势比划,很难使学生获得准确的形象。教师画出板画(图8.40),逐一标明,便可使教学达到理想的效果。

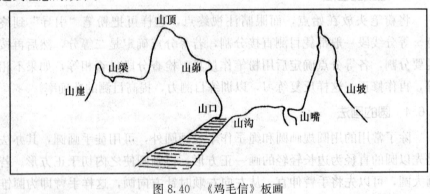

图 8.40 《鸡毛信》板画

8.7.2 描画特征的板画设计

例如,《翠鸟》一课,用板画(图8.41)把课文中描述翠鸟的外形特征和活动特征都显示出来了。

8 黑板画的艺术

图 8.41 《翠鸟》板画

例如，讲《画鸡》（图 8.42）一课时，可用板画描述鸡的特性。

(a)

图 8.42 《画鸡》板画

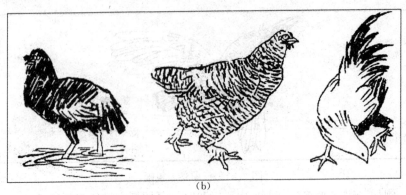

(b)

图 8.42 《画鸡》板画

8.7.3 描画活动过程的板画设计

如《刻舟求剑》的板画设计以行船远离落剑处之一组简图（图 8.43），使学生懂得"刻舟求剑"是一种不能适应已经变化了的条件的错误。

图 8.43 《刻舟求剑》板画

8.7.4 显示结构的板画设计

例如，《鹅》（古诗），板画（图 8.44）展现了鹅的外形特征及其不同的动作。

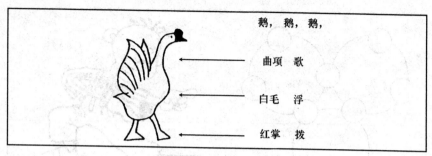

图 8.44 《鹅》板画

8.7.5 事物分类的板画

例如,《蔬菜》,观看板画(图 8.45),学生对"蔬菜"的分类,有了整体认识,然后填写分类表。

图 8.45 《蔬菜》板画

8.7.6 图文组合的整体设计

例如,《骄傲的孔雀》,板书与板画(图 8.46)都是为了帮助学生理解课文内容及主题,既要各显神通,又要融为一体,这种设计才是上乘之作。如图 8.47 所示板画。

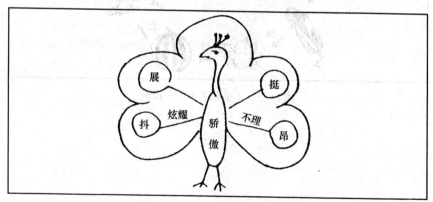

图 8.46 《骄傲的孔雀》板画

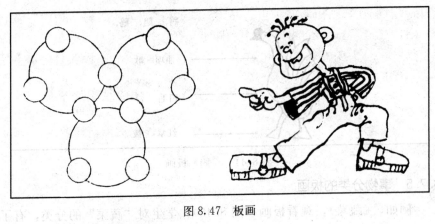

图 8.47 板画

8.7.7 展现活动过程的板画

例如,《小猴子下山》,以此单幅图(图 8.48)再配合板书和讲解,学生能较快地理解小猴子为什么最后空着手回山。又如《一粒种子》,这一拟人化板画(图 8.49)显示了种子发芽的全过程,并帮助学生理解种子发芽需要温度、水分和空气这三个条件。

图 8.48 《小猴子下山》板画

8 黑板画的艺术

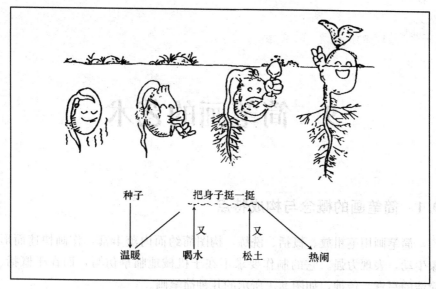

图 8.49 《一粒种子》板画

再如以下几种板画（图 8.50）。

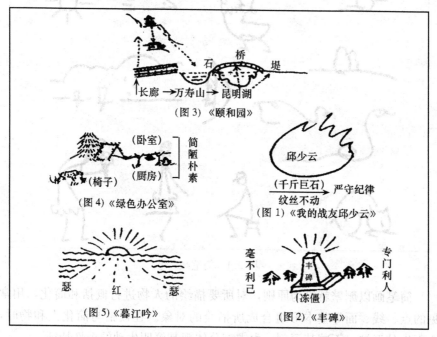

图 8.50 其他板画

193

9 简笔画的艺术

9.1 简笔画的概念与构成特点

简笔画用笔粗放、概括、洗练，构图简约而内蕴丰富，作画快速而形象生动，表现力强。它的制作要求不在于机械地临摹仿写，而在于概括、简洁的写意、传神，如图 9.1 所示的几种简笔画。

图 9.1 简笔画

简笔画以删繁就简为原则，对所要描绘的人物进行概括和简化，用常见的点、线、面等基本形组合成所描绘的对象。在概括与简化人和物时，应不失其形神，不减其深刻，力求充分体现其鲜明生动的个性特征。

不同的基本形组合成不同的物象，如图 9.2 所示。

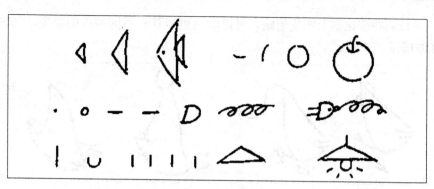

图 9.2　不同物象

9.2　简笔画的表现方法

9.2.1　基本形体组合的方法与步骤

用基本形组合成各种物象。

（1）线与圆形的组合，如图 9.3 所示。

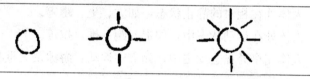

图 9.3　线与圆形

（2）半圆与圆形的组合，如图 9.4 所示。

图 9.4　半圆与圆形

9.2.2　通过基本形变化组合成各种物象

（1）椭圆形大小和位置变化相结合，如图 9.5 所示。

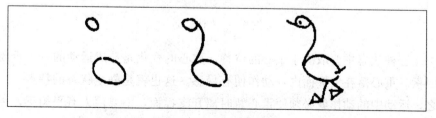

图 9.5　大小与位置变化

(2) 在变化型上添加笔画，可以画出更多具有不同特点的物象，如图 9.6 所示。

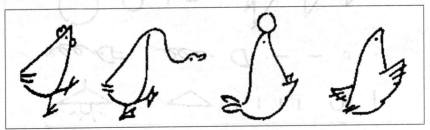

图 9.6 添加笔画

9.3 简笔人物画

9.3.1 人体运动

人体运动依靠身体各大关节的活动，人体运动有三种基本形态，如图 9.7 所示。

(1) 人体处在相对的静止状态，如立、坐、蹲等。

(2) 人体处在运动状态中，如走、跑、推、拉等。

(3) 人体完全处在运动之中，如空中运动、游泳及失重状态等。

图 9.7 人体运动

三种状态主要取决于重心的位置。重心的变化是造成运动的一个重要因素。重心落在支撑面内，动作便有稳感。这也就是静止状态的特点。反之，运动中的动作就必须使重心暂时离开支撑面，但要使人有平衡感，否则便会有跌倒的感觉。

9.3.2 人物服饰

服饰用装反映着一个人的仪表、身份、职业、性别、性格、气质和审美观念。不管服装怎样变化，多么复杂，以及人物身上的装饰如何，在学简笔画时，都可把复杂的形态概括简化成简单的 等基本图形，这样就构成了人物服装基本形体及其变化，如图9.8所示。

图9.8 人物服饰

10 板书的运用艺术

10.1 注意和理解板书

10.1.1 注意板书

教育家乌申斯基有个形象的说法:"注意力是个大门,如果没有它,外部世界的所有东西都无法进入人的心灵。"指导学生用好板书的首要任务是讲明板书的重要性,要随时引导学生注意板书,表扬那些注意板书的同学。另外,也要求教师提高板书技艺,做到内容美、形式美、书法美,使学生爱看、爱学。

10.1.2 理解板书

教师把重要的教学内容和思路提纲挈领简明扼要地写在黑板上,其目的在于引起学生注意。学生注意了,理解了,这就容易抓住教学的重点、要点、关键、思路,提高课堂的学习效率。

如何让学生理解板书呢?除了教师边教、边板书、边让学生理解外,适当的时候——特别是板书内容已构成一个相对整体的时候,可以指导学生围绕板书作一些复述、答问、补写等的练习。例如,教《年月日》,老师完成了板书(图10.1)后,巩固时就可以让学生按照板书的揭示说明主要的内容,并板书其中的数,这样就能加深对板书的理解。

```
                    秒—分—时—日(天)
                    大月:一、三、五、七、八、十、十二。每月31天
    月 ~ 年         小月:二、四、六、九、十一。每月30天
    上、中、下旬    二月:28天或29天
                    _____年_____月
                    小结:七前单月大,七后单月小,闰年二月29天
```

图 10.1 《年月日》板书

10.2 记录和学习板书

10.2.1 记录板书

俗话说:"好记性不如烂笔头。"培养学生记录板书的习惯,为课后复习创造良好的条件,有记录才能使板书在课后更好地发挥作用。要让学生记录好板书,首先要引导学生认识记录板书的重要性,然后老师讲明记录的方法。学生不能照抄板书,要注意抄录的板书既要有整体性,又要有实用性和针对性。所谓实用性,就是要学生针对自己知识的实际情况,加以理解,对未理解甚至有疑问的要自己作补充并用符号标明,课后及时补上。

10.2.2 学习板书

老师的板书目的不单纯是将书上的重难点浓缩在黑板上,而且还要使学生学习教师板书的方式方法。一节课老师讲得内容多,学生往往思考不过来,如果拿起笔,用文字或符号比画比画,头绪就容易清楚。这是提高阅读和思考效率的好方法。因此,老师在板书时,要引导学生一起回顾课堂上板书的形成过程,使学生认识到,读书的时候,旁边放上笔记本,边学习边把想到的重点、要点简明地揭示出来或者勾画出来,这就像老师板书的那样帮助自己理解和思考。为了使学生更好地理解,把老师板书设计的过程告诉学生,特别是修改部分要让学生知道为什么要改,怎样才能改好,这样启发学生动脑筋,掌握如何写读书笔记。

10.3 评议和参与板书

10.3.1 评议板书

老师的板书是学生学习的榜样,讲完新课后,教师要引导学生分析板书,通过解剖范例的办法,让学生明白哪些知识要详写,哪些知识要略写,哪些不写,如何用符号代替繁难的知识,如何用箭头符号勾勒知识之间的联系。

10.3.2 参与板书

教育家第斯多惠在谈到教学方法时有一个生动的比喻:"真正的教师不是把经过千年来劳动建成的大厦指给学生看,而是要引导他们对建筑材料进行加工,和他们共同建筑楼房,并交给他们建筑之术。"板书艺术不仅是让学生欣赏它的美,更主要的还要在美的陶冶中鼓励学生参与板书设计,指导学生用好板书。学生参与板书时,要分三步走。做到仿—变—创,即先模仿,再变化,最后独立创作。

仿——对各段结构相似的课文,教师只对精讲的重点段板书设计,其他各段则要求学生能举一反三,模仿精讲段的分析,自读课文并试作相应的板书。例如,教《卖火柴的小女孩》,教师重点讲读第一次擦燃火柴这一段,并作了板书(图10.2)。接着教师要学生按照这一小节的理解方式,读其他几节课文,并独立作出板书。

```
              现实(冷酷)——→幻觉(美丽)——→现实(冷酷)
第一次    几乎冻   终于抽出            大火炉旺旺(灭了)    只有火
擦燃      僵了    了一根    (灭了)    暖烘烘的              柴梗
```

图10.2 《卖火柴的小女孩》板书

变——对有些课文,教师配合讲读所作的板书,可以先比较具体一些,便于学生理解。在课文之后,再让学生把板书改变得更精,以便激发学习兴趣,培养创造能力。例如,教《雷达和蝙蝠》一文时,教师配合讲读课文按顺序所作的板书如图10.3所示。在讲读课文之后,要求学生把这个说明雷达原理的板书改变得更简明扼要。同学们兴趣很高,作了各种不同的探索。其中比较好的一幅如图10.4所示。

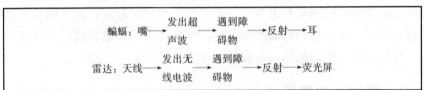

图10.3 《雷达和蝙蝠》板书

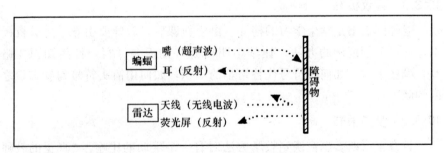

图10.4 《雷达和蝙蝠》板书

创——有些课文内容经过简单的概括,我们完全可以把它列成图表。

这样，就可以把课文的条理一清二楚地展示在学生面前，使学生对课文有一个全面的、清晰的了解。例如，《谈谈记忆》《书籍的变迁》，课文后面本身就给我们提供了这方面的模式，我们完全可以让学生把这个图表完成。这样既锻炼了学生，又把课文理解清楚，一举两得。有些课文虽然内容不像前两篇明确，但稍动一下手，也可制成表格，如《改造我们的学习》等。上海语文教学艺术家于漪在这方面给我们做出了榜样。她在教学《变色龙》时给人们印象最深的莫过于引导学生参与板书设计。她简介作者之后，在黑板左侧中心处写一个"变"字后，提示道："整篇文章就看奥楚蔑洛夫（以下简称奥）怎样变来变去"，"变了几次后，要找明显的桴"。这时，男生甲举手回答说，最明显的桴就是对狗的称呼，并一一点出。男生乙在此基础上进一步指出，变化的根据是狗的主人的变化，也逐一说明。于是老师一边听两位男生回答，一边概括归纳出板书（图 10.5）。

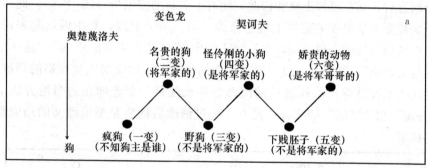

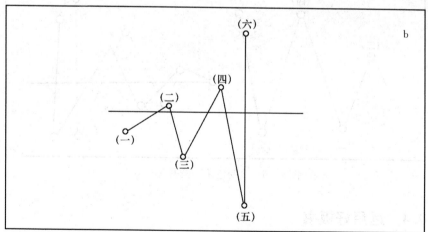

图 10.5 《变色龙》板书（a、b）

板书是师生共同活动的结晶，有时可以视教学进度和学生思维发展过程，把学生最有价值的"语言"，及时写在黑板的位置上，然后予以充实和完善，最后形成一套完整的板书，于漪就是这样做的。当女生丙又提出：奥不仅对狗的称呼有变化，对狗主人的称呼也有变化。她又上台将（一）到（六）分别写出相应的文字，于是，（一）（三）（五）由"席加洛夫将军"到"将军"，再到"老人家"，与（二）（四）（六）相应，在教《变色龙》时，教师抓住这篇小说的"文眼"——"变"，设计板书（图10.5a）形成明显的字面上的倾斜，这就更直观了。于老师一面满怀深情地称赞同学们思考深刻，打破常规思维的可贵，一面分析说，奥无论怎么变来变去，其本质始终不变，又在"变"字的正面板书出"阿谀奉承、媚上欺下"。接着，于老师似有所思，觉得这个图"还可以改一改"，因为奥越到后来变的频率越来越快，而板书的波峰谷却是等距离的，不足以表现奥更迫切巴结狗、巴结人的心情，应当是振幅越来越大，频率越来越快。大家同意后，又在黑板上略加修改，便有了更新的波浪形（图10.6）。此后，于老师要求学生在笔记本上自己修改。第二节一上课，男生丙站起来说，奥巴结的心情越来越迫切，"不能漏掉语气""非常肉麻的语气""这一语气越来越快"，这样就要以"通过频率的变化"来加深对人物性格的理解。这实质上就是对再次修改后的图形的补充注释。于老师在适当地方添上"开端"和"结尾"的字样，便有了经过修改后的也是整篇课文的最完整的板书。

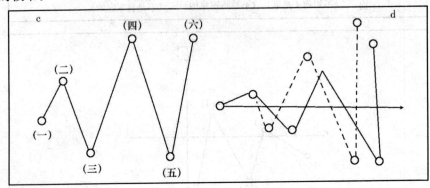

图 10.6 《变色龙》板书（c、d）

10.4 运用好板书

10.4.1 运用板书浓缩记忆

利用板书的形象直观、简明扼要、突出重点、便于理解、浓缩记忆的优点,可以帮助学生背诵课文。例如,《滥竽充数》的板书(图10.7),利用线条式直观形象地概括了南郭先生为什么在齐宣王那里混得过去,而在齐缗王那里混不过去了,只有逃走,关键在于他没有真才实学。这副板书有利于理解记忆,有利于形象记忆,有利于逻辑记忆。它为学生从理解入手,提纲挈领、全面准确的记忆创造了良好的条件。教师不仅要设计好板书,还要充分利用板书的优势引导学生理解学习的内容,进行有效的理解。苏霍姆林斯基早就指出:"以理解为基础的记忆是牢固的记忆。理解得越深刻,记忆情况就越好。"因此,教师不仅要精心设计板书,还要充分利用板书所创造的良好的条件,指导学生读懂板书,使他们对要背的东西有较完整的、清楚的了解,弄清其内在联系,把握背诵关键。在头脑里架起清晰的背诵框架,进行提纲式的浓缩记忆,进而进行全面准确的记忆。教学实践证明,利用板书优势,方便老师引导学生亲自实践背诵,从实践中去学习背诵,从而挖掘出教学潜力,提高效率,夸美纽斯告诫我们:"一切语文从实践中去学习比用规则学习来得容易。"而板书就为师生背诵课文提供了很好的条件。它能使学生在老师的指导下,从实践中明白如何利用板书提示理解、背诵课文,它利于在背诵课文的起初开展范背、领头背、集体背等适合中小学生好动、好静特点的实践活动,创造一种集体的、竞争的热烈气氛,激发起学生良好的情绪。这就是老师"用火花点燃了青少年求知欲、好奇心和渴望知识的火药",引发出背诵课文的兴趣。

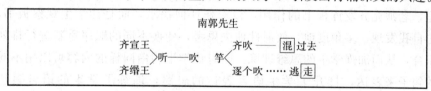

图10.7 《滥竽充数》板书

教育学家科罗廖夫说过:"有兴趣有吸引力的东西,使记忆可能几乎增加一倍半。这就是教学的潜力所在。"这就是利用板书引导学生背诵产生的效应。有位语文老师在指导学生背诵《有的人》的对比实践表明:利用板书指导背诵的班,只用一两天时间全班同学能比较流畅、准确地背诵出全诗,而没有利用板书背诵的班,则需要四天的时间,全班才基本完成了背诵全诗的任务。

无数事实表明,在教学中利用板书指导学生记忆,形式新颖,易于理解、记忆,方法行之有效,富于启发性,比死记硬背要有趣得多,背记得更快,遗忘得更慢。

10.4.2 运用板书进行语言训练

板书是小学课堂教学的重要组成部分,是提高课堂教学质量的重要手段。在语文教学活动中,充分运用板书,强化学生的思维训练。例如,在教学《捞铁牛》一课时,首先让学生自由读课文,一边读一边找:课文一讲了谁?他是哪个朝代的?是个怎样的人?学生一边答,教师一边在黑板上板书(图10.8),然后根据板书的词语,要求学生把它们连成一句话,看谁说得多。学生在老师的鼓励下通过思考,争先恐后地说出了下面几个不同的句子:

怀丙——宋朝——和尚——工程家——出色

图 10.8 《捞铁牛》板书

(1) 宋朝出色的工程家是怀丙和尚。
(2) 出色的工程家怀丙和尚是宋朝人。
(3) 怀丙和尚是宋朝出色的工程家。
(4) 出色的工程家怀丙是宋朝的和尚。
……

这位老师利用板书将一个个单独的词语,看似零碎却连成了意思不变的几个不同的句子,这就训练了学生的求异思维,发展其语言能力。在这里,老师充分发挥板书的作用,没有作任何揭示,而是让学生观察板书,去自我发现,多角度地、放射性地去思考,变换不同的顺序重新进行排列组合,从而加强学生的思维训练,同时让学生明白同样的内容可以用不同的句子来表达,打开了学生语言表达的思路,训练了学生的语言表达能力。

10.4.3 运用板书突出教学重点

板书可称为微型教案,它的信息是密集的。教师备课时要掌握课文的总体思路、发展线索。例如,《还是人有办法》的板书设计(图10.9),这个板书设计,紧扣几个"关键词",组成网络,最后总结,水到渠成。

人能制造 { 火车、汽车——比马快 / 轮船、潜水艇——比鱼快 / 飞机、火箭——比鸟快 } 人有办法

图 10.9 《还是人有办法》板书

又如《草地夜行》的板书设计（图 10.10），板书揭示了红军队伍知难而进，永不掉队的顽强精神。

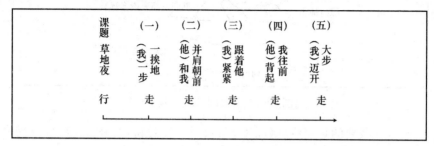

图 10.10 《草地夜行》板书

10.4.4 运用板书体现作者思路

板书设计要体现课文作者的思路，板书的文字表达还要简明扼要。特级教师霍懋征对《别了，我爱的中国》一课的板书设计（图 10.11），就是上乘之作。这幅板书把船的行驶过程和作者爱国的思想情感简明扼要地勾勒出来了，突出了文章中心。

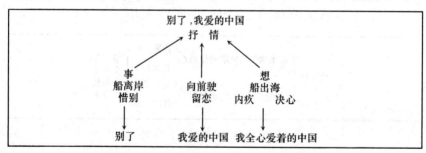

图 10.11 《别了，我爱的中国》板书

又如《小山羊》一文，结合识字的板书设计（图 10.12）。

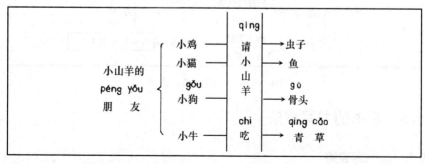

图 10.12 《小山羊》板书

又如教古诗《泊船瓜州》情景并叙的板书设计（图10.13）。

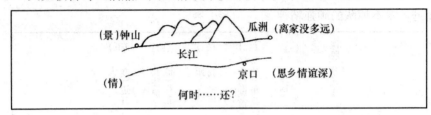

图10.13　《泊船瓜州》板书

再如《我要的是葫芦》（图10.14）、《兰兰过桥》（图10.15）、《捞月亮》（图10.16）的板书设计。

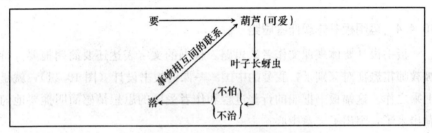

图10.14　《我要的是葫芦》板书

图10.15　《兰兰过桥》板书

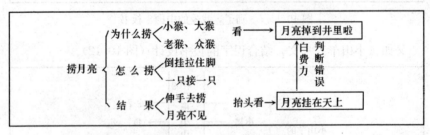

图10.16　《捞月亮》板书

10.5　板书的书写技法

10.5.1　书写姿势

板书的书写姿势一般采用侧身书写的姿势。

10.5.2 字体的大小

板书字体的大小直接关系到效果问题。字体太大，写不了几个字，影响板面的利用率；太小，学生看不清，失去板书的作用。一般认为，字体的大小，以后排学生能看清为标准。同时字体的使用要注意适应学生的特点，主要采取楷、行楷、行草等字体。

10.5.3 教师板书的字迹

（1）正确。

（2）清晰。

（3）认真。

10.6 板书的板位安排

板位安排就像规划报纸的板面一样，应精心设计，严谨布局，决不可满板乱画，使板书杂乱无章。

（1）充分利用。充分利用黑板的有效面积，主要应做到三点：一是四周空间适当；二是分片书写；三是字距适当。

（2）布局合理。在板位安排时，应当注意整体效果，合理布局。哪部分在左，哪部分在右，哪部分位上，哪部分位下，必须有一个全局安排，使之位次适当，措置有序，编排合理，给人以整体美感。一般来说，应将板面分出若干区域，譬如，标题区、推演区、绘图区、便写区等。标题区比较重要，需要学生注意和记录，通常位于左侧上边，字写得比较庄重、醒目。推演区因内容较多，又要随写随擦，所以应单辟一区，以左右之中为宜。绘图区不一定太死，可根据图的多少和难易而定，便写区是处理临时情况用的，通常靠右，以免干扰其他区。

10.7 板书的行列设计

板书的书写大都站立面壁而书，最常见的毛病是字行写不直，不是偏上，就是偏下，或者是曲曲弯弯，很不整齐，很不美观，既影响学生观察，也不便于板面的充分利用。因此，有必要对这个问题加以研究。

10.7.1 行列不直的原因

行列不直的原因大体上有三个方面：一是意识的错位，主要表现是意识范围狭窄和意识分散;二是习惯动作的偏差;三是视区的狭小。

10.7.2 如何才能使行列写直

一是让自主意识参与调节;二是养成正确的书写习惯;三是不断调整和正确使用最佳书写区。

需要说明的是,最佳书写区的宽度只能在视平线上最大,距视平线越远,其宽度愈窄,书写时,在视平线上每行最多只能写8个字,超过8个字就应当移动脚步,移动时两脚距离仍然保持不变。在视平线之外两行,每写6个字就要换一次;以此类推,视平线之外三行,则每写4个字就要换步一次……有经验的教师在板书时,很注意时时换步,使自己始终在最佳书写区内书写,动作准确合理,有条不紊,带明显的程式化的特点,这正是教师应该具备的基本功。

10.8 板书的内容设计

板书内容构成直接影响板书质量和教学效果。因此,教师应对板书内容进行精心设计,使其达到科学、精练、好懂、易记的要求。对每堂课的板书内容设计,应根据教材的内容、教师的设计技巧和学生的适应程度而定,难以作统一的规定。因为即使同一教学内容,不同的教师、不同的对象,可以设计出不同的板书内容。

10.8.1 内容构成

板书一般可分为系统性板书和辅助性板书两种类型。系统性板书是对教学内容的高度概括,如讲课提纲、基本内容、重要结论等;辅助性板书是根据教学需要,将一些重要概念、名词术语或重要的时间、地点及其他需强调的内容,简要地写在黑板一侧。系统性板书一般写在黑板重要位置上,相对保持时间长些,辅助性板书往往边写边擦。系统性板书内容的构成形式,有内容式板书、强调式板书、设问式板书、序列式板书四种。

(1) 内容式板书。内容式板书是以全面概括课文内容为主的板书。它便于学生全面理解课文的内容,是板书内容构成的基本形式。

(2) 强调式板书。强调式板书是以发挥某种强调作用的板书。这种形式的板书可根据需要,灵活机动地突出课文的某一部分或某种思想,增强针对性,以使学生把握学习的重点,也是教师在有丰富经验的基础上,充分发挥聪明才智的主要板书手段。

(3) 设问式板书。设问式板书是用问号启发学生思考问题的板书。这种板书,可根据教学目的、要求,在课题的难点或重点下边引而不发地划上一个或几个问号,并配上必要的文字提示,以指导学生预习时注意阅读和思考。

(4) 序列式板书。序列式板书是按文章情节发展的序列构造板书内容的板书。这种板书,能比较清晰地显示故事的轮廓,使学生对文章有完整的印象,并领会其脉络。

10.8.2 设计方法

板书内容设计,应根据教学大纲和教学目的以及学生的接受能力,采取不同的设计方法。常用的有以下四种。

(1) 内容再现法。内容再现法是浓缩、再现原文内容的设计方法。它是常用的方法之一。

(2) 逻辑追踪法。逻辑追踪法是根据课文本身的内在逻辑性和系统性设计板书内容的方法。用这种方法设计板书,有利于培养学生分析问题的能力。

(3) 推论法。推论法是层层推理设计板书内容的方法。这种方法可以经过推理,得出结论,可以比较清晰地反映论证过程。

(4) 思路展开法。思路展开法是根据课文内容,通过联想、假设进一步扩展课文思路的设计板书内容的方法。

10.8.3 注意事项

(1) 深挖教材,把握重点。板书是学生掌握教材的凭借,巩固知识的依据。因此,教师的板书设计,应在十分准确地掌握了教材基本观点的基础上进行。要力求向更深层次奋力挖掘,使认识达到更高的层次。设计应遵循教材的逻辑顺序,紧紧把握教学内容的重点和难点。一般来说,应抓住以下重点内容:①能引导学生思路发展的内容,如必要的标题、问题的衔接和核心点。②能引导学生由形象思维向抽象思维过渡的内容。③能引学生产生联想、便于记忆的内容,如对课业结构的提炼等。总之,备课时应十分注意把握重点,采取恰当的方法解决难点,突出特点,在此基础上再设计板书的内容。只有这样才能设计出高质量的板书。

(2) 掌握情况,有的放矢。要设计好一堂课的板书,必须掌握学生的动态,了解他们的知识水平和接受能力。不然,设计出的板书就发挥不了很好的作用，勉强使用也得不到好的效果。

（3）讲写结合，相得益彰。板书内容设计必须与讲解紧密结合。课堂的板书只是条条框框，它与教师的讲解是纲与目的关系。因此板书的内容不能过多，这就要求教师在进行内容设计时，应与讲述内容统盘考虑，对于写哪些内容、什么时机写、写在什么位置都应作周密合理地安排，使板书与讲解互相协调，相得益彰。

（4）主辅相随，紧密结合。系统性板书与辅助性板书应紧密结合。系统性板书是板书的主体，辅助性板书为系统性板书奠定基础。二者相辅相成，密切结合才能收到好的效果。

（5）语言准确，启发性强。教师板书的语言要确切、精当、言简意明、一目了然，给人以凝练之感，能起到"画龙点睛"、指点引路的作用。

（6）内容完整，条理系统。有些板书虽是在授课过程中不规则地间隔出现的，但最后要形成一个整体。一堂课的板书，应是对该堂课讲述内容的浓缩，内容应完整系统，以便学生在课后利用板书的章、节、目、条、款，进行归纳小结，收到再现知识、加深理解、强化记忆的效果。

10.9　板书比赛视图

"创新杯"板书设计比赛的开展，有效激发了全体语文教师钻研教材、创新教学思路的积极性与主动性。这既是一次业务能力的锻炼和提高，也是一次教学风采的展示。通过这样的比赛，大家对发挥传统教学手段的优势有了新的认识，对提高课堂教学效率进行了新的探索和尝试，为青年教师迅速成长提供了广阔的展示舞台（图10.17～图10.23）。

图10.17　板书比赛

10 板书的运用艺术

图 10.18　英文板书

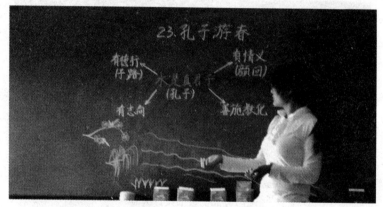

图 10.19　《孔子游春》板书

图 10.20　《小蝌蚪找妈妈》板书

图 10.21 《草船借箭》板书

图 10.22 板书设计大赛

图 10.23 《草船借箭》板书

10.10　师生共同设计板书

教师的板书具有很强的示范和引导作用，可以直接影响学生的书写能力，给学生以美的示范与享受。因为学生的模仿能力很强，如果教师示范不到位，学生学得也可能不到位。经过教师精心设计的板书，能使学生赏心悦目，兴趣盎然，活化知识，对知识加深理解，加深记忆，是提高学生非智力因素的重要手段。对于一个教师来说，写好粉笔字是其很重要的基本功。老师写一手好的粉笔字对学生来说有很大的吸引力，不仅能体现教师逻辑思维和训练抽象能力，还能体现教师形象，对教师在学生中树立威信也有益处。

10.10.1　课题的引入要板书

俗话说，"眼睛是心灵的窗户。"一堂课，无论是哪种课型，板书的课题是整堂课的"眼睛"，它可以让学生预先了解和思考本堂课的重点和难点。虽然在课件上也有课题的展示，但它会随着教学的推进一闪而过，要给学生留下深刻的印象并有所思考，就需要板书的课题来引导，它是课堂教学的重要组成部分。

10.10.2　重点例题的讲解要板书

教师通过完整板书可以给学生做示范，让学生在解答类似问题时有规范的书写格式、解题步骤和图形作法等。例如，在新授课《指数函数和对数函数》时，可以先引导学生分析实际应用题，而后根据学生的回答逐步完善板书，这个过程不是一蹴而就的，而是师生共同的思维结晶。最后，由学生总结出规律，归纳指数函数和对数函数的定义，以表格的形式体现函数的性质（①函数解析式；②函数图像；③函数过的定点；④函数的单调性），并把两种函数进行对比。这个过程充分地体现了课堂教学的有效性、师生地位的平等性，并且能够让学生体验到学习成功的喜悦性。

10.10.3　解法多的习题需要板书

苏霍姆林斯基几乎在所有的课堂上使用黑板和彩色粉笔，他说："不这样做，就不能设想有一个发展抽象思维的过程。"在数学课堂教学中，利用习题训练学生的思维时，学生难免有"节外生枝"的想法出现，如果此时多媒体课件中没有相应的信息，教师最好就在黑板上直接板书，加以展示。

10.10.4 学生的展演要板书

在利用课件参与课堂教学时,教师过分地依赖课件会让学生养成光看不想、光听不说、光说不写的习惯。写是学生思维"外化"的过程,是学生思维"格式化"的成果。当学生初步掌握了某种知识或方法后,就会表现出跃跃欲试的样子,此时教师可以因势利导,请部分学生上黑板来板演。例如,在教学《概率》《立体几何》时,可以放手让不同层次的学生进行板演,而后教师再当堂讲评。这样做,一方面可以提高学生参与课堂的积极性,另一方面可以促进教师与学生、学生与学生之间信息的交流,使学生熟练掌握解题的技巧和格式。

此外,教师在使用课件进行教学时,脑袋里会有突然而至的火花,这些灵感往往是教学艺术动人之处,如无法加入到课件中就会生出许多遗憾。如果此刻教师能借助一支粉笔板书,就会收到意想不到的效果。

板书的优势还在于:一是可以随写随看,内容方便增删。板书的连贯性更利于培养学生的逻辑思维及推理能力。二是漂亮的板书还能从视觉上强化对学生的刺激,成为许多学生争相效仿的"兰亭序"。三是板书便于教学双方的交流,使课堂气氛更融洽。教师在板书时,边写边讲,与学生不断进行思想与情感的互动,有利于教师及时调整自己的教学。对于传统和现代教学媒体的选择,要看哪种表现形式更有利于教学内容的表现、更有利于学生的理解和学习。美国大众传媒学家施兰姆曾说:"如果两种媒体在实现某一教学目标时,功能是一样的,我一定选择价格较低的那种媒体。"在我们的中小学课堂上,如果教学内容能够在黑板上完全而完美实现,我们就没必要将其制成多媒体课件,否则就是一种浪费。当然,在考虑成本和效益的前提下,将传统板书和现代教学媒体呈现方式有机结合,互相取长补短,那是再好不过的了。

总之,在利用多媒体课件参与课堂教学时,优秀的板书不仅能完整地、科学地展示知识的发生、发展的过程,有利于学生对所学知识的理解、思维与记忆,还能给人以美的享受,激发学生学习的兴趣,有助于学生知识的构建。虽然课件有板书所无法具有的种种优点,但一堂完整的教学课,是缺少不了板书这支"点睛"之笔的。

11 说板书设计的艺术

11.1 如何开展说课活动及板书设计

经常开展说课活动,可以在教师中形成钻研教学业务、学习教育理论的浓厚气氛,加速教师及时进行讨论评价的进度。甚至可以边说、边讨、论边评价,以达到共同提高的目的。评价的内容与标准,各地各学校可以根据自己的实际与需要来确定。一般要从说教材、说教法、说教学程序和说教育理论素养四个方面作出评价。

11.1.1 说教材

(1) 说教学目标的确定

说教学目标:一说目标的完整性,教学目标应包括知识目标、能力目标和思想三个方面的目标;二说目标的可行性,即教学目标要符合大纲的要求,切合学生实际;三说目标的可操作性,即目标要求要具体、明确,能直接用来指导、评价和检查该课的教学工作。

(2) 说教材关键、教学重点、难点的确定及其依据

教材关键就是教材中的重点。它是教材内容表现出学科知识内在的联系或本质,是教材着力叙述的部分。其确定的依据主要是教材的前后联系与本课题的知识结构等。教学重点是教学过程中需要着力讲解的部分。其确定依据的解释要从教学目标、学生基础和年龄特征和心理特征等方面来说明。有时教材关键就是教学重点,有时教材关键不一定是教学重点。教学难点确定依据要从造成学生难懂的原因来说明。学生难懂的原因,一是教材内容较深或概念比较抽象;二是学生缺乏这方面的感性认识或基础知识;三未能实现相邻学科知识的迁移。有时难点和教学重点重合,或难点发生在关键问题上,如难点属于教材内容的次要部分,则要说出教学时对难点的处理、时间的战胜比例等。

11.1.2 说教学方法

(1) 说教法组合及其依据

教法的组合，一是要考虑能否取得最佳效果；二是要考虑师生的劳动付出是否体现了最优化原则。一般一节课以一两种教学方法为主，穿插渗透其他教法。说教法组合的依据，要从教学目标、教材编排形式、学生知识基础与年龄特征、教师的自身特点以及学校设备条件等方面说明。

(2) 说教学手段及其依据

教学手段是指教具的选择及其使用方法。在教学中要尽可能使用现代化的教学手段。教具的选择要注意以下几点：一是忌多，使用过频，使课堂教学变成教具的展览；二是忌教学手段过简，不能反映生物课直观性的特点；三是忌教学手段流于形式，对教学手段的依据，要联系教学目标、教材内容、学生的年龄特征、学校设备条件、主要教具的功能等方面作出解释。

11.1.3 说学生学法

说学法指导及其依据。学法就是学生学习基础知识与基本技能的方法。学法指导就是通过教学及教师引导，指导学生学会什么样的学习方法？培养哪种能力？达到怎样的学习效果？科学的学法指导，是智能发展目标得以实施的重要途径。

11.1.4 说教学程序

(1) 说教学思路的设计及其依据

教学思路主要包括各教学环节的时序安排及其内部结构。如课堂怎么开头？新授内容分几个段落？各段落的教学分别是先讲后读再练，还是先练后读再讲？如何使用相关直观教具？如何提问和组织讨论？各教学环节之间如何过渡？如何小结？最后怎样结束？等等。整个教学思路要层次分明，富有启发性，能体现教师的主导作用和学生的主体作用。

(2) 说各教学环节的时间分配

并联系实际教材内容、学生基础和教学方法等说出依据。

(3) 说板书设计及其依据

说板书设计，主要介绍这堂课的板书类型是纲目式、表解式，还是图解式？什么时候板书？板书的具体内容是什么？板书的展现形式是什么？板书设计要注意知识科学性、系统性与简洁性，文字要准确、简洁。说依据可联系教学内容、教学方法、教师本身特点等加以解释。

（一）说教材

（1）教材简析（简要说明本说课的内容来自哪一学科、哪一册书、哪一章节）本说课内容在学科知识体系中所处地位和作用。

（2）教学目标。

（3）教学重点和难点.

（二）说教法

（1）教学方法。

（2）教学手段。

（3）教学媒体的运用。

（三）说学法

（1）学习方法。

（2）能力培养。

（四）说教学程序

（1）新课导入。

（2）新知识的学习。

（3）检测训练。

（4）总结巩固。

（五）说板书设计

（1）程序性。

（2）概括性。

（3）指导性。

（4）艺术性。

说课要坚持从实际出发，不能搞一刀切。应因材、因时、因地、因人（学生、教师）的不同采取不同的说课方式和方法，提高说课的科学性和可行性。

11.1.5 说板书的构成形式

（1）内容形式板书

（2）强调式板书（图 11.1）

（3）设问式板书

（4）序列式板书（图 11.2）

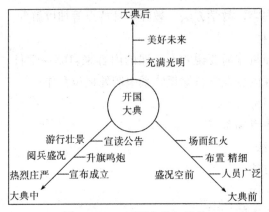

图 11.1 《开国大典》板书

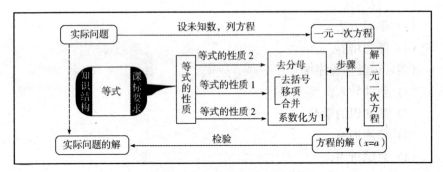

图 11.2 《设未知数列方程》板书

11.1.6 板书设计应注意的几个问题

（1）深挖教材，把握重点（图 11.3）

（2）掌握情况，有的放矢

（3）讲写结合，相得益彰

（4）主辅相随，紧密结合

（5）语言准确，启发性强

（6）内容完整，系统性强（图 11.4）

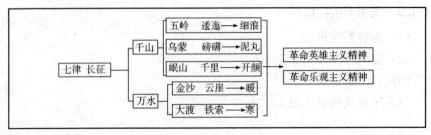

图 11.3 《七律·长征》板书

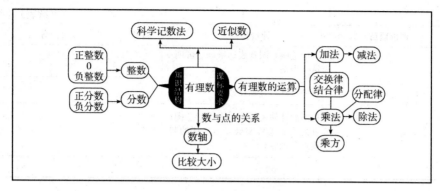

图 11.4 《有理数》板书

11.2 口语表达、板书简笔画评价标准

口语表达、板书简笔画评价标准见表 11-1。

表 11-1 口语表达、板书简笔画评价标准

评价项目		评价指标	满分	项目得分
口语表达（30分）	1	主题突出，观点正确	3	
	2	紧扣教学，内容真实、生动、丰富	3	
	3	层次清楚，逻辑性强	2	
	4	语音语调正确自然，声音清晰洪亮	10	
	5	表情真实自然，体态动作恰当得体	10	
	6	语流顺畅，重视现场沟通实效	2	
板书与简笔画（70分）	1	按时完成（5分）完成时间：5分钟，超时1分钟内扣1分（含1分钟），超时2分钟内扣2分（含2分钟），以此类推	5	
	2	版面布局、格式合理。重难点突出。（布局不合理扣5分。重点、难点不突出，扣10分）	20	
	3	板书简明、醒目，内容精练	5	
	4	英文书写规范、正确、字体大小得当	5	
	5	图文配置合理，突出重点和难点	10	

（续表）

评价项目		评价指标	满分	项目得分
板书与简笔画（70分）	6	（简笔画）图意表达准确、鲜明、简洁、生动	10	
	7	整体设计具有独特创意	5	
	8	板书设计简要说明：①设计意图；②如此设计怎样突破了本节课的教学重点和难点。	10	
总分				

12 板书艺术范例及评析

板书艺术之精华就在于启发学生探奥搜奇的积极性、主动性,把他们引到知识的海洋中去,让他们动口、动手、动脑、多思、多辨、多分析、多提问、多解决问题。要学生乐学、想学、积极主动地学。许多优秀的教师创作了许多板书作品,其艺术价值很高,值得我们借鉴和赏析。

12.1 同题多式板书评析

同一课题,根据不同的角度和不同的重点、难点设计不同的板书,进行对比分析,就能增强设计能力。

12.1.1 《一个苹果》板书艺术评析

(1) 图解式

《一个苹果》是写在朝鲜战场上的一个防空洞里,一位火线运输员把捡到的一个苹果交给连长,由此围绕一个苹果展开了一个个生动感人的故事情节。这幅图解式板书(图 12.1),深入浅出,直观形象。它抓住了贯穿全文的主线——一个苹果,体现了事情发展的两个过程——"传"和"吃"。同时,体现了传的详细过程和吃的简要步骤。从对待一个苹果的态度上,集中反映了革命战士之间深厚的阶级感情。整个板书条理清楚,详略分明,重点突出。"以小见大,以物传情"这几个字,体现了课文的写作

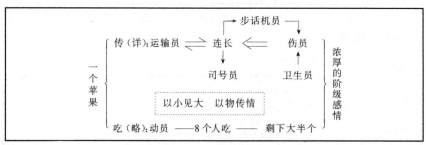

图 12.1 《一个苹果》板书

特点，配合了本组课文"怎样选择材料"这一重点训练项目。图中的箭头，使静止的板书富有动感，加深了学生对课文的理解。

(2) 对称式

板书（图 12.2）如果以传苹果为线索，而展开故事情节，可以按"捡——传——吃——思"的顺序设计板书。

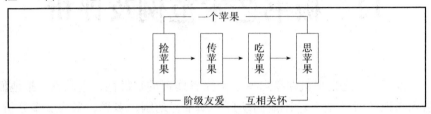

图 12.2　《一个苹果》板书

(3) 圆环式

板书（图 12.3）抓住两次"传"来设计直观形象的板书。

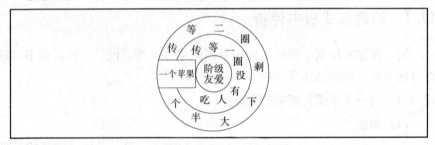

图 12.3　《一个苹果》板书

(4) 线条式

线条式板书（图 12.4）运用"线条式"，列出文中人物，以虚实两条线来显示两次"传"的经过。

图 12.4　《一个苹果》板书

(5) 回环式

回环式板书，图 12.5。

图 12.5　《一个苹果》板书

12.1.2 《望庐山瀑布》板书设计评析

(1) 重点式

重点式板书（图12.6）抓住诗中的重点字、词用线条连接，突出重点。这首诗以奇特的联想和夸张，有声有色地描绘了庐山瀑布雄奇壮丽的景色，抒发了诗人对祖国山河无比热爱的思想感情。因此，教师在讲析中结合板书，引导学生在理解句意的同时，体会诗的画面意境，从而产生美的感受。

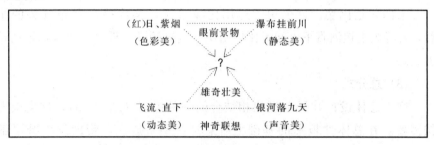

图 12.6 《望庐山瀑布》板书

重点式板书的次序是沿着教学思路依次进行的，板书的位置也基本上按照从左至右、自上而下的方式逐一排列，但根据讲解的需要还得灵活就位。这样教者既能一步步开发诗中的美，又能使学生的形象思维得以训练，还能使学生采用绘声绘色、动静结合的方法来写景状物。

这幅板书的次序：①红日、紫烟；②瀑布挂前川；③飞流直下；④银河落九天；⑤眼前景物；⑥神奇联想；⑦色彩美；⑧声音美；⑨静态美；⑩动态美；⑪雄奇壮美。用红色粉笔画箭头，把四个方面连接为一个整体。

(2) 摘录式

摘录式板书（图12.7）将诗中的重点字词摘录下来，进行分析讲解，理解记忆。这首诗按照诗人观察庐山瀑布的感受，依次写出香炉峰前瀑布的壮观景色。全诗四句，教学时可分句引导学生体会诗人对庐山瀑布精妙的描绘（板书：高——生紫烟）。

```
高——生紫烟      快——飞流
遥——挂前川      长——三千尺
       比喻：银河落九天
```

图 12.7 《望庐山瀑布》板书

第二句写瀑布远景。由于有高大巍峨的香炉峰衬托,所以"三千尺"的大瀑布遥遥看去,有如一匹拦开的白布倒挂前川。一个"挂"字颇为传神,突出了"遥看"的远距离效果(板书:遥——挂前川)。

第三句写瀑布近景。这是对瀑布的夸张描写,有两种含义:其一是瀑布飞流,突出一个"快";其二是瀑布三千尺,这里采用了夸张的手法,突出一个"长",全句七个字,却写出了瀑布无比壮观的气势(板书:快——飞流,长——三千尺)。

第四句是比喻。这个句子运用比喻手法,再次描写瀑布气势的雄壮,好像天上银河直下人间,比喻贴切,气势磅礴(板书:比喻:银河落九天)。

(3) 总分式

这是总体设计和局部设想相结合的一种板书(图12.8)。这类板书按需要,在总体性板书的基础上有意把"望"放大,帮助学生既了解诗的整体结构又突出了对重点"望"的剖析。这种板书条理清楚,简明醒目。全诗紧扣诗题"望"字,诗人始而仰望,红日初照,香炉生烟,突出其环境、时间特点,唯有阳光的照耀,晨雾才是紫色,唯有"生"才描摹出晨的升腾景象。继而遥看,因为是远距离地看,所以瀑布简直是倒挂的河流,一个"挂"字写出远处瀑布的大概模样,这是遥看的真实感觉,可见用词之准确。进而近观,瀑布宛如凌空飞来,直泻而下,"飞"与"下"为瀑布的气势创造了一个十分生动传神的形象。此时此境,诗人浮想联翩,不禁怀疑起银河落入人间,"疑""落"说得若真若假,使画面逼真,也如实地体现了诗人对景物进行观察和想象的过程。

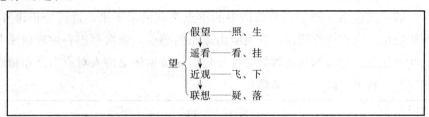

图12.8 《望庐山瀑布》板书

12.1.3 《东郭先生和狼》板书设计评析

板书设计要注意科学性、准确性、新颖性、概括性、启发性、目的性和多样性。

《东郭先生和狼》是一则寓言故事,教学时板书设计有多种形式,如图 12.9 所示。图中实线表示事情已做过,虚线表示事情未做成。这样表现课文内容和思路就更准确、更清晰。

板书(一)缺乏科学性。板书(二)(三)(四)缺乏准确性。从图中箭头号都让人感到东郭先生救了狼,狼吃了东郭先生似的。其实狼并没有吃掉东郭先生,而是被老农设妙计而杀死,东郭先生有惊无险。板书(五)(六)设计用实线表示已做过,虚线表示未做成,这样就更准确、更清晰。

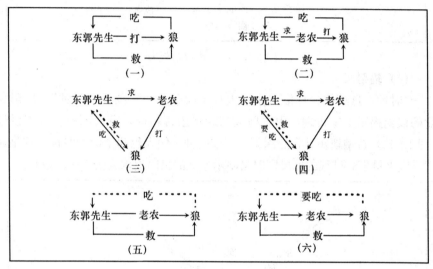

图 12.9　《东郭先生和狼》板书

12.2　语文板书设计范例评析

教师要利用有限的时间教好有限的课文,在教学中就不能面面俱到,应本着"少而精"的原则,当留则留,当弃则弃。无论哪一课的板书,都要尽可能抓住关键性的问题,都要便于记忆,力求有启发性,引起学生思考,使之产生联想,举一反三,触类旁通。

12.2.1　中学语文板书设计例析

(1) 总分式

《守财奴》总分式板书,如图 12.10 所示。

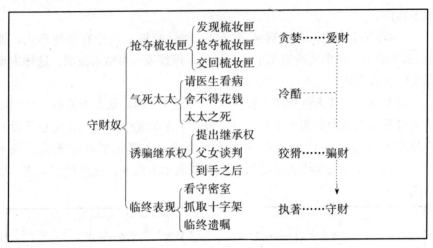

图 12.10　《守财奴》板书

(2) 辐射式

《时钟》这篇议论性散文作于十月革命前夕。它围绕"时钟",以形象化的议论揭示人生哲理,内容博大精深,语言精辟,发人深省。板书设计(图 12.11)造型新颖,含意深刻,形如时钟,使人想起生活的时钟。这是客观反应大量生命过程的标尺同时又暗示主观的惜时追求完美人生的过程。

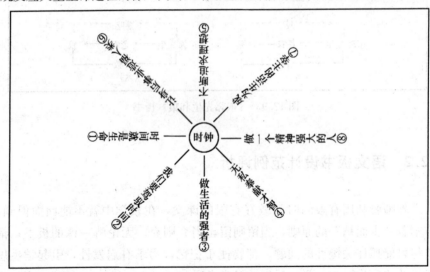

图 12.11　《时钟》板书

(3) 提纲式

《土地》《黄山记》提纲式板书,如图 12.12 和图 12.13 所示。

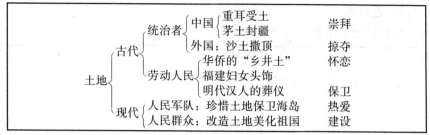

图 12.12 《土地》板书

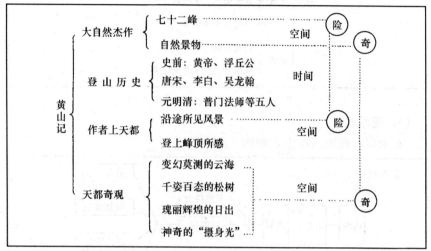

图 12.13 《黄山记》板书

(4) 对比式

《依依惜别的深情》对比式板书,如图 12.14 所示。

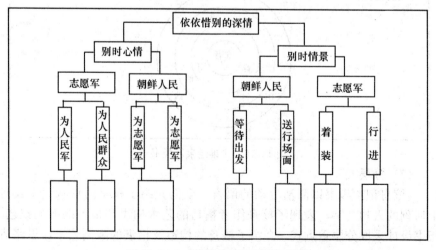

图 12.14 《依依惜别的深情》板书

（5）逻辑式

《石钟山记》逻辑式板书，如图12.15所示。

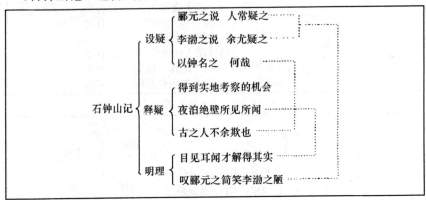

图 12.15　《石钟山记》板书

（6）板画式

《难老泉》板画式板书，如图12.16所示。

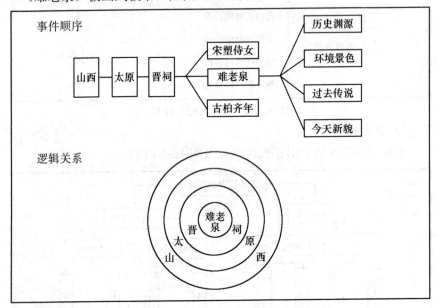

图 12.16　《难老泉》板书

（7）分层式

《核舟记》板书以简洁生动的语言，全面介绍了核舟的形状大小及舟上所刻的人物文字，表现了核舟作者精巧的艺术构思和精湛的雕刻技艺。板书设计采取分层重点式，介绍了核舟的构造及精湛的雕刻艺术，思路清晰（图12.17）。

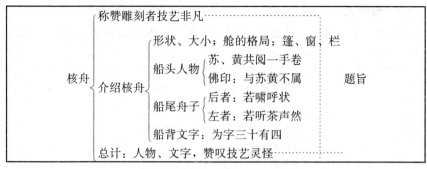

图 12.17 《核舟记》板书

《听潮》分层式板书，如图 12.18 所示。

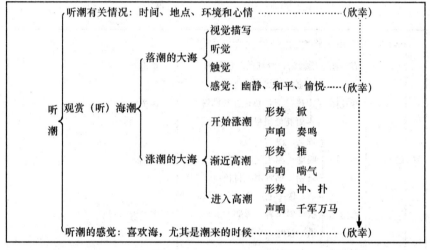

图 12.18 《听潮》板书

(8) 结构式

《皇帝的新装》结构式板书，如图 12.19 所示。

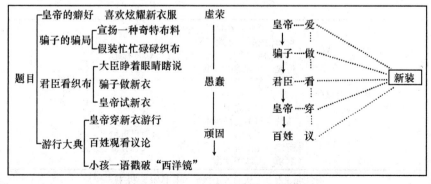

图 12.19 《皇帝的新装》板书

(9) 线索式

《最后一课》《春》《从百草园到三味书屋》线索式板书，如图 12.20～图 12~22 所示。

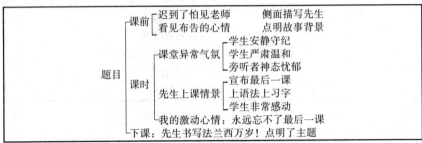

图 12.20　《最后一课》板书

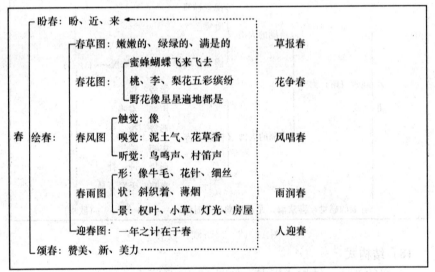

图 12.21　《春》板书

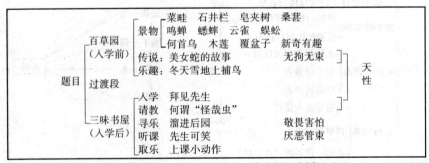

图 12.22　《从百草园到三味书屋》板书

12.2.2 语文板书设计案例

(1)《社戏》板书

《社戏》板书,如图12.23所示。

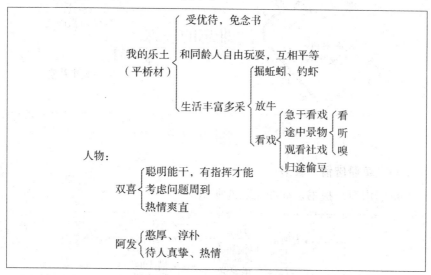

图12.23 《社戏》板书

(2)《荷塘月色》板书

《荷塘月色》板书,如图12.24所示。

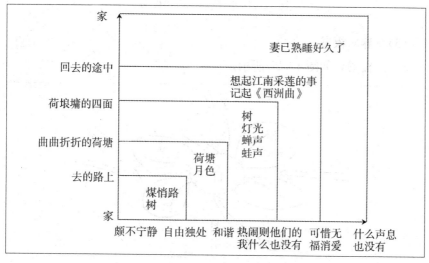

图12.24 《荷塘月色》板书

(3)《难忘的一堂课》板书

《难忘的一堂课》板书,如图 12.25 所示。

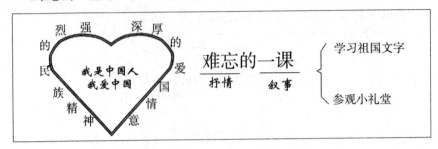

图 12.25 《难忘的一堂课》板书

(4)《草船借箭》板书

《草船借箭》板书,如图 12.26 所示。

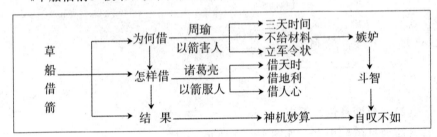

图 12.26 《草船借箭》板书

(5)《春》板书

《春》板书,如图 12.27 所示。

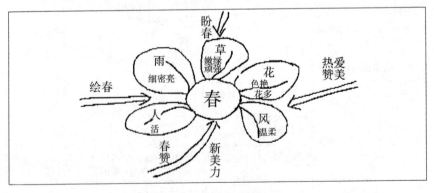

图 12.27 《春》板书

(6)《惊弓之鸟》板书

《惊弓之鸟》板书，如图 12.28 所示。

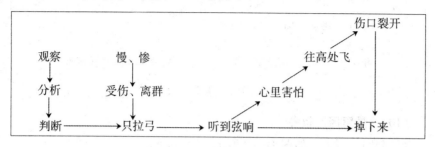

图 12.28 《惊弓之鸟》板书

(7)《观潮》板书

《观潮》板书，如图 12.29 所示。

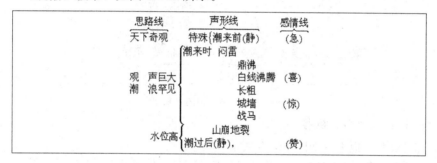

图 12.29 《观潮》板书

(8)《纪念刘和珍君》板书

《纪念刘和珍君》板书，如图 12.30 所示。

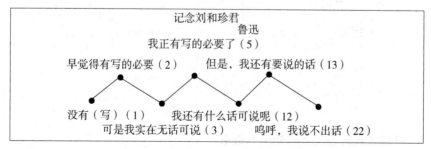

图 12.30 《纪念刘和珍君》板书

(9)《灰雀》板书

《灰雀》板书，如图 12.31 所示。

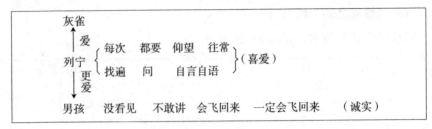

图 12.31　《灰雀》板书

(10)《景阳冈》板书

《景阳冈》板书，如图 12.32 所示。

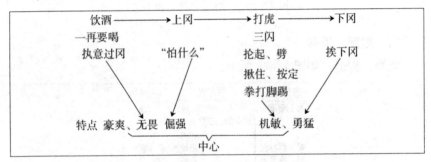

图 12.32　《景阳冈》板书

(11)《故乡》板书

《故乡》板书，如图 12.33 所示。

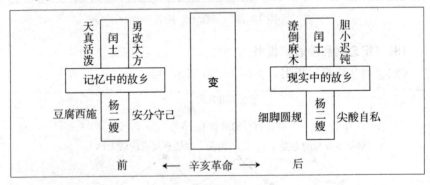

图 12.33　《故乡》板书

(12)《我的伯父鲁迅先生》板书

《我的伯父鲁迅先生》板书，如图 12.34 所示。

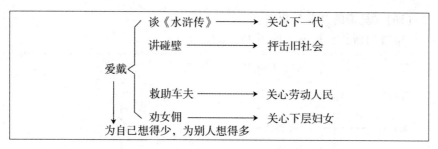

图 12.34 《我的伯父鲁迅先生》板书

(13) 《争吵》板书

《争吵》板书，如图 12.35 所示。

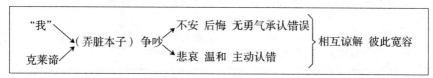

图 12.35 《争吵》板书

(14) 《永不放弃》板书

《永不放弃》板书，如图 12.36 所示。

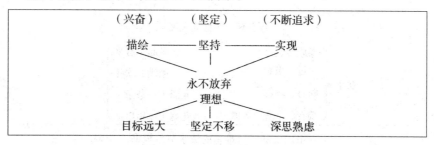

图 12.36 《永不放弃》板书

(15) 《荷叶圆圆》板书

《荷叶圆圆》板书，如图 12.37 所示。

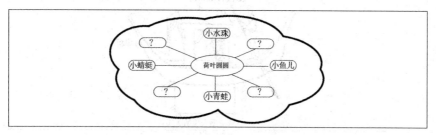

图 12.37 《荷叶圆圆》板书

(16)《皇帝的新装》板书

《皇帝的新装》板书，如图12.38所示。

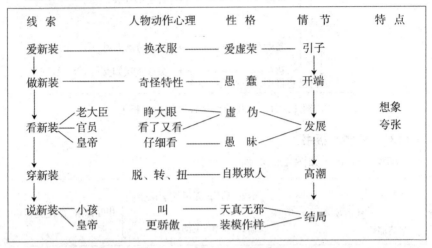

图12.38 《皇帝的新装》板书

(17)《难忘的泼水节》板书

《难忘的泼水节》板书，如图12.39所示。

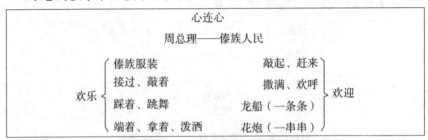

图12.39 《难忘的泼水节》板书

(18)《威尼斯小艇》板书

《威尼斯小艇》板书，如图12.40所示。

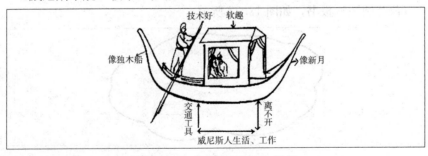

图12.40 《威尼斯小艇》板书

(19)《月光曲》板书

《月光曲》板书,如图12.41所示。

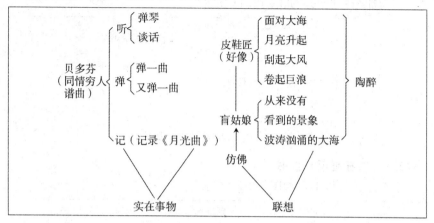

图12.41　《月光曲》板书

(20)《观舞记》板书

《观舞记》板书,如图12.42所示。

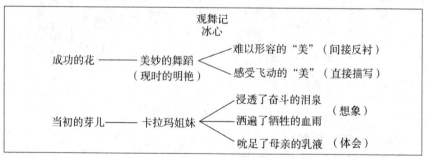

图12.42　《观舞记》板书

(21)《圆明园的毁灭》板书

《圆明园的毁灭》板书,如图12.43所示。

图12.43　《圆明园的毁灭》板书

(22)《爬天都峰》板书

《爬天都峰》板书，如图12.44所示。

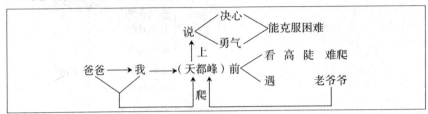

图12.44 《爬天都峰》板书

(23)《小石潭记》板书

《小石潭记》板书，如图12.45所示。

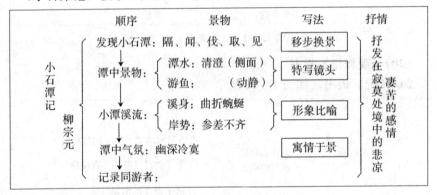

图12.45 《小石潭记》板书

(24)《诗经》板书

《诗经》板书，如图12.46所示。

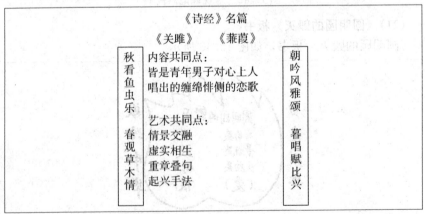

图12.46 《诗经》板书

12.2.3 语文板书设计评析

(1)《药》板书设计评析

图 12.47 的一边是"故事情节",提示有明、暗两条线索,重点引导学生清楚故事的情节;另一边是"人物形象",帮助学生了解夏瑜这一人物性格。从而引起学生思考,理解作者正面描写华老栓买药给儿子治病的情节发展(明线),同时又从侧面(暗线)表现了夏瑜的英勇无畏和坚贞不屈的斗争精神。

故事情节				人物形象	
情节	场景	线 明线(华)	索 暗线(夏)	夏瑜:	资产阶级民主革命者代表
开端	刑场	买药	夏瑜被杀	性格	意志坚强 毫不畏惧 忧郁深沉 胸怀宽广
发展	茶馆	吃药	鲜血被吃	血的教训	给华家当作治病的假药 给刽子手提供诈骗的机会
高潮	茶馆	议药	狱中斗争		
结局	坟场	上坟	寂寞悲凉	死的意义	脱离群众→革命必败 火种不灭→给人希望

图 12.47 《药》板书

图 12.48 这则板书运用线条交代了人物间的复杂关系。课文分四个部分,虽然时间、场地不同,但写了两件事:一是华老栓买人血馒头给儿子治病和儿子病死,从正面描写,为明线;二是革命者夏瑜被杀害,他的血做了华老栓的人血馒头,从侧面描写,为暗线。两线由连续到交织、融合。对于这样错综复杂的关系,板书的线条勾勒得十分清楚。

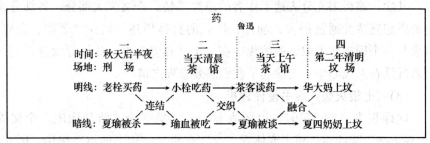

图 12.48 《药》板书

《药》的板书也可以按图 12.49 双线式板书设计。此板书双线结构,线索对比、清晰。明线(实线)写华家的悲剧,暗线(虚线)写夏家的悲剧。双线平行推进,交汇于刑场、茶馆和坟场三个场面。

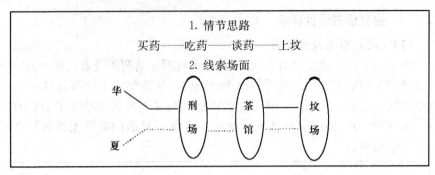

图 12.49　设计双线式板书

(2)《十里长街送总理》板书设计评析

《十里长街送总理》以"送"为主线,按时间顺序通过"等、望、追"灵车三个词表现了人们送别总理的感人场面,用箭头归纳到表现中心的"热爱"两个字上,又用箭头与课题的中心词联起来。全板书(图 12.50)仅 24 个字,显得结构明朗,思路清晰。

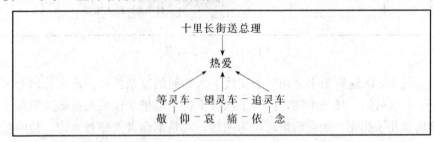

图 12.50　《十里长街送总理》板书

其次,该板书充分表达了作者的思想感情。全文三大部分,各部分表达的思想感情又通过语言、动作、神态的具体描述,抓住"敬仰、哀痛、依念"三个词把作者浓浓的情集中在一个"热爱"上,让人深深感受到总理永远活在人民心中,更激起了我们热爱总理之情。

(3)《七根火柴》板书设计评析

这课板书(图 12.51)以图表显示,一览无余,清楚明晰。全文以"七根火柴"为线索,板书亦体现"火"在全篇结构上的枢纽作用。因此,易于把握故事情节的三次曲折,见其波澜。小说主要人物、陪衬人物分明,且重在展现人物思想品质的精神风貌,在这一点上,板书有助于人物分析和中心思想的概括,从中了解学习红军战士在艰苦的处境中对党赤胆忠心、无限忠诚的崇高精神。

七根火柴	线索	环境	卢进勇	无名战士
	想火堆	冷风暴雨冰雹倾泻荒、凉、烂、湿	顽强精神	（主要人物）
	见火柴	湿漉漉雾蒙蒙	阶级深情	赤胆忠心
	燃篝火	无边的暗夜熊熊的野火	巨大鼓舞	

图 12.51 《七根火柴》板书

(4)《皇帝的新装》板书设计评析

此板书（图 12.52）运用图示法，围绕"新装"，鲜明地揭示了人物的性格，配合课文讲解，使学生对课文的理解一目了然。

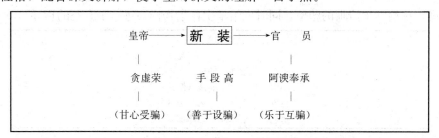

图 12.52 《皇帝的新装》板书

(5)《一件小事》板书设计评析

此板书运用比较式板书（图 12.53），抓住课文的内在联系。因此，从教学实际出发，运用板书进行比较，使学生领悟课文内容。

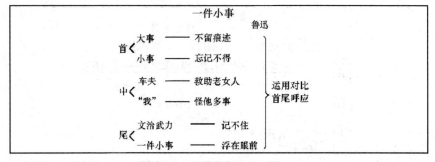

图 12.53 《一件小事》板书

(6)《背影》板书设计评析

这是总结式板书（图 12.54）。课文学习要进行归纳小结，知识进行归类，要点进行概括，阶段性复习进行指导，等等。总结式板书可以运用板书由博返约，以简驭繁，便于学生记忆储存。

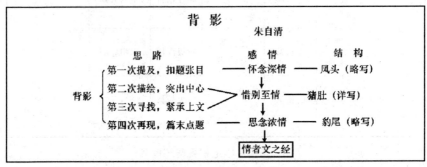

图 12.54 《背影》板书

(7)《济南的冬天》板书设计评析

这则板书（图 12.55）抓住济南冬天的景物，从描写的景点到描写的角度，都给学生清晰的印象，同时也给学生作景物描写进行了有益的指导。

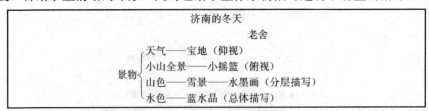

图 12.55 《济南的冬天》板书

另外，还有说明顺序提纲和论点论据提纲，这里就不细说了。

(8)《竞选州长》板书设计评析

这则板书（图 12.56）明显揭示"我"参加竞选州长、受到各种攻击、

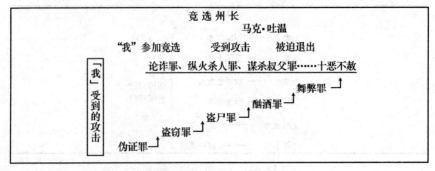

图 12.56 《竞选州长》板书

被迫退出竞选三个部分的情节发展过程。从遭到愈演愈烈的"莫须有"的攻击开始,逐步升级,到"十恶不赦",最后只好放弃竞选。前后对比,显示了本文夸张的语言特点和强烈的讽刺意味。

(9)《岳阳楼记》板书设计评析

板书,如图12.57所示。本文记事、描写、议论都有,如何让学生掌握结构、内容、写法呢？用提示性的板书,学生便会一目了然。首先写重修岳阳楼的背景和作记的缘由；其次写"迁客骚人"登楼"鉴物"而产生的两种不同的感受；最后抒发作者的博大情怀和远大的抱负。结构上由事入景,由景生情、收情化理。而且用短的边接线表明了写景与写人与中心思想的关系。为了在板书上突出中心论点,没有简缩语,而用整句出现。这样设计板书可谓简而明。

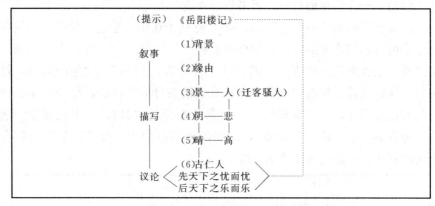

图 12.57　《岳阳楼记》板书

(10)《咏柳》板书设计评析

板书,如图12.58所示。《咏柳》连用四个比喻,从色、形的描绘并通过想象,借赞"柳"赞美了生机勃勃的春天。板书既突出了诗的内容,又突出了它的表现手法,以培养学生阅读古诗的能力。

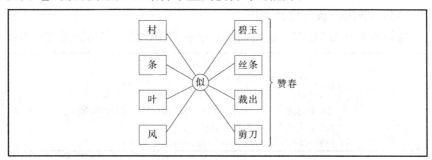

图 12.58　《咏柳》板书

(11)《夜》板书设计评析

板书，如图 12.59 所示，清晰地展示了小说独具匠心的结构，故事交织着明暗两条线，以明线带暗线，以暗线引起明线。

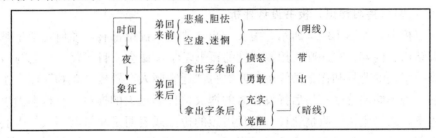

图 12.59　《夜》板书

(12)《一件珍贵的衬衫》板书设计评析

该课利用归纳式板书（图 12.60），有利于在学生学前、学中、学后掌握全文内容和写作上的特点。从板书上的"一"号一看，便知本文的主体是"我"亲身经历的往事，线索是"一件珍贵的衬衫"，学生印象深，好记忆。从底线看，标有"倒叙"字样及带箭头号的连接线，便知本文结构上的特点是倒叙，而且首尾呼应。文章开头交代"衬衫"，形成悬念。然后，写它的由来。最后"珍藏"，从而深化主题思想。使"倒叙"更符合生活的真实，引起读者阅读的兴趣。

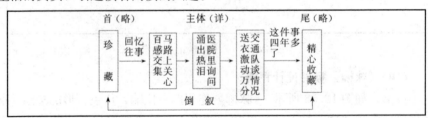

图 12.60　《一件珍贵的衬衫》板书

(13)《林海》板书设计评析

这幅板书（图 12.61）就很简练，很有实用价值。如果把课文中的重

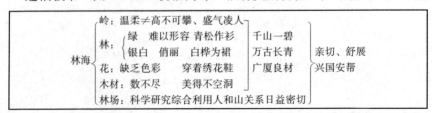

图 12.61　《林海》板书

点词语不加提炼,不加选择,统统都列上来,看似完整、全面、缜密,但从实际教学看,板书得越细越多,就会有种种不便和弊端。

(14)《泊船瓜洲》板书设计评析

该板书运用图示式(图12.62)设计,这种板书借助图示直接体现课文内容,直观性强,并把文字和图案有机地结合起来,便于理解记忆。

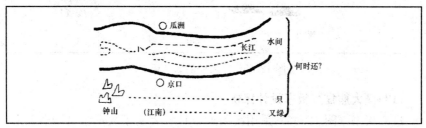

图12.62 《泊船瓜洲》板书

(15)《狼和小羊》板书设计评析

这幅板书采用圆环式(图12.63)设计,这种板书适合于内容对比性强烈的课文使用。此板书按课文的思路来设计,它可以帮助学生理清段落层次,明确主要内容,懂得抓住景物特点,突出重点,有次序地描述景物的写作方法。

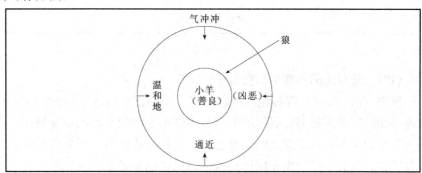

图12.63 《狼和小羊》板书

(16)《美丽的小兴安岭》板书设计评析

此板书(图12.64)是用线索式板书形式,化繁为简,帮助学生理解文章思路,掌握文章结构。

图12.64 《美丽的小兴安岭》板书

(17)《大海的歌》板书设计评析

这幅板书（图12.65）采用图画和文字相结合的形式，增加了直观性和形象性，有助于学生理解课文内容，学习写作方法。

图 12.65 《大海的歌》板书

(18)《大熊猫》板书设计评析

这幅板书（图12.66）采用线条式设计，表明了大熊猫的成长过程和各期间的习性，使学生很快就了解了大熊猫的成长过程和课文内容。

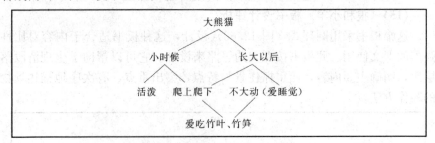

图 12.66 《大熊猫》板书

(19)《马背上的小红军》板书设计评析

板书（图12.67）将容量大、词语多、对话多、内涵丰富的课文，用较为明朗的回环式板书，展示了陈赓与小红军之间的赤诚的革命情谊，有利于帮助学生深入体察课文的思想感情。教师在执教时，可先展现两人物名及线条，然后引导学生在朗读、讨论、思考的基础上，逐步填上板书中的词语，以培养学生的概括能力。

图 12.67 《马背上的小红军》板书

(20)《猎人海力布》板书设计评析

此板书（图 12.68）将篇幅长、层次多、内容复杂的课文，化繁为简，把课文重点与中心实实在在地展示在学生面前，有利于帮助学生读懂读通，消化课文内容。本板书可分三课时逐步完成，简明而实用。

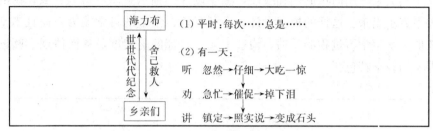

图 12.68　《猎人海力布》板书

(21)《刑场上的婚礼》板书设计评析

此板书（图 12.69）根据情节设计出示意图，这样就使课堂教学和板书都有一种动态感，整个板书就像画卷一样徐徐展开，充分调动学生的学习积极性。

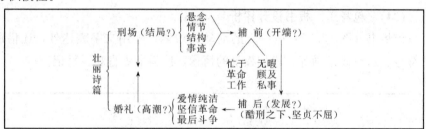

图 12.69　《刑场上的婚礼》板书

(22)《火烧赤壁》板书设计评析

该板书（图 12.70）运用图示式进行设计，直观形象地讲述了火烧赤壁的故事。

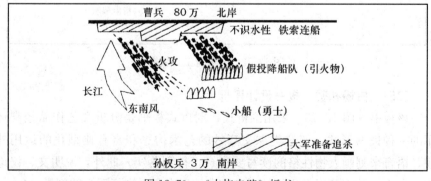

图 12.70　《火烧赤壁》板书

(23)《黄鹂和山雀》板书设计评析

该板书（图12.71）采用线条式设计。课文讲的是黄鹂和山雀捕食虫的自然常识故事。用板书引导学生找出课文中所写的三种事物：鸟、虫、树及其关系。用简单的词和线段，独立设计一幅示意图，将鸟、虫、树的关系表示出来。这样的板书设计，有利于培养学生的自学能力，而且当堂获取了学生学习过程的反馈，检查出教学目标的落实度，从而体现了阅读课文的教学特色。

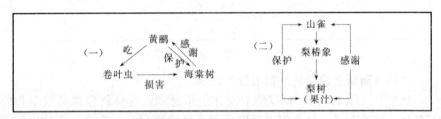

图12.71　《黄鹂和山雀》板书

(24)《包身工》板书设计评析

该板书（图12.72）按一天的活动为线索，除用文字表达外，还借助于符号、示意线条画等，增加板书的情趣，使板书更直观、易记。

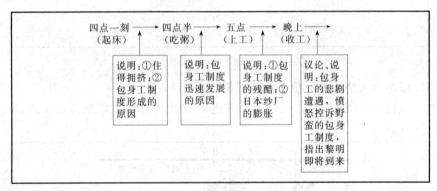

图12.72　《包身工》板书

(25)《白杨礼赞》板书设计评析

该板书（图12.73）采用剖析式，剖析式板书是分析文艺作品经常运用的一种板书形式，使这类课文巧妙的艺术构思和富有典型化的运用外貌、语言来刻画人物性格的读写要求真正得到落实。此外，说明文、议论文、杂文、散文等板书也可按课文内在的层次联系进行深入的剖析。

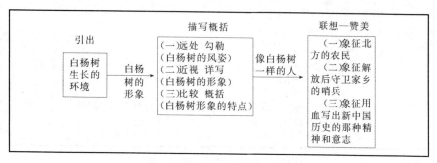

图 12.73 《白杨礼赞》板书

(26)《秦朝的政治制度》板书设计评析

此板书(图 12.74)根据历史课的特点,采用"孔雀开屏式"把秦朝的政治制度直观、形象地勾勒出来了,给学生以清晰、顺畅、整洁、明快的美的感觉。

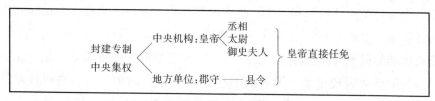

图 12.74 《秦朝的政治制度》板书

(27)《会摇尾巴的狼》板书设计评析

板书设计,如图 12.75 所示。这篇课文通过狼与羊的几次对话,说明狼的狡猾凶恶和羊的目光犀利,头脑清醒。课文的着重点是理解狼和山羊几次对话的意思。教学时可指导学生抓住课后作业第一题的五个问题,反复阅读课文,体会文中写狼怎样耍花招和羊怎样认出狼、不受骗的语句。在回答第一个问题时,简明扼要地板书出狼和羊的主要话语,然后进一步提问:"狼和羊的话各说明了什么?"答后用蓝、红粉笔分别板书:"伪""警惕"。学生回答第二至五个问题时,要求他们反复阅读课文并进一步要求学生回答狼与羊的话各说明了什么。边问答边用蓝色粉笔和红色粉笔分别板书:"善""观察";"装""动脑";"骗子""揭露";"凶""斗争"。要从狼和羊的对话中提炼出这些概括性的词语,有一定难度;但也要让学生自己体会,自己概括,自己在比较中挑选合适的词语。狼与羊的第三次交锋,是羊对狼的态度的转折点,反映了羊的头脑清醒,羊的"想"("动脑"),寓意很深,要结合课文重点理解。

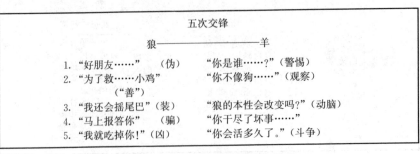

图 12.75　《会摇尾巴的狼》板书

(28)《小蝌蚪找妈妈》板书设计评析

《小蝌蚪找妈妈》是一篇看图学文,是小学语文第四册中的一篇常识性童话。课文借助一群小蝌蚪寻找妈妈的故事,按照事物发展的顺序,具体介绍了在小蝌蚪变成青蛙的过程中,几个不同阶段的形式变化及其特点。课文是按照"找"和"变"两条线索齐头并进的。根据文章的重难点和低年级学生的心理特点及其认识规律,在讲读过程中,以简捷、生动、富有情趣的简笔画作为板书(图 12.76)的主要形式辅助教学,把全文的情节较清晰地展现出来,做到板书与学生学习兴趣相结合、与讲读相结合、与教材重难点相结合,进一步调动学生学习愿望,培养学生观察能力。

图 12.76　《小蝌蚪找妈妈》板书

①以画激趣

在一个美丽的池塘里,清清的池水映衬着碧绿的荷叶、粉红的荷花。有一群小动物:圆圆的脑袋黑黝黝,长长的尾巴水中游。(画池塘和蝌蚪图)你们知道这是什么吗?是小蝌蚪。学生们看到生动活泼的画面,产生了丰富的联想,不禁会问:"小蝌蚪为什么要去找妈妈?它是怎样找妈妈的?找到妈妈了吗?"为了达到本节教学目的,教师不失时机地抓住学生的好奇心和求知欲,提醒学生在学习课文时要注意小蝌蚪在找妈妈的过程中形体发生了什么变化。

②以画学文

首先引导学生观察黑板画面得知小蝌蚪长着大脑袋、黑身子、长尾巴(板书:大脑袋黑身子长尾巴)。由于课文的第二、三、四自然段结构相似,都是先写小蝌蚪过了几天,形体发生了什么变化,再写小蝌蚪看见了谁,于是进行了一场对话。因此,教师以此为主线,带领学生学习课文。

一群可爱的小蝌蚪在池塘里快活地游来游去,过了几天,它们长出了两条后腿(画蝌蚪图)。小蝌蚪看见了鲤鱼妈妈,心想:"我们的妈妈在哪里?"便迎上去询问。鲤鱼耐心而和蔼地说:"你们的妈妈四条腿、宽嘴巴。"(板书:四条腿宽嘴巴)小蝌蚪记住了鲤鱼妈妈的话,在池塘里游啊游,到处寻找四条腿、宽嘴巴的妈妈。不知不觉的,小蝌蚪长出了两条前腿(画蝌蚪图)。这时,小蝌蚪看见一只乌龟摆动着四条腿在水里游,便认定这是自己的妈妈,于是连忙追上去。乌龟是小蝌蚪的妈妈吗?为什么小蝌蚪喊乌龟为妈妈呢?原来鲤鱼描述的蝌蚪妈妈的特征不完整。这一次,小蝌蚪从乌龟的话中又知道了妈妈的样子,妈妈头顶长着大眼睛、披着绿衣裳(板书:大眼睛绿衣裳)。小蝌蚪又记住了乌龟妈妈的话,在水里找啊找,过了几天,小蝌蚪尾巴变短了(画蝌蚪图)。它们看见荷叶上蹲着一只大青蛙,披着碧绿的衣裳,鼓着一对大眼睛,还露着雪白的肚皮(画青蛙图板书:白肚皮)。小蝌蚪知道这就是自己的妈妈,心里又欢喜又踏实,游到妈妈身边,亲昵地喊着妈妈。这时小蝌蚪已变成了小青蛙,它们后腿一蹬,向前一跳,就蹦到荷叶上。它们的尾巴不知道什么时候已经不见了,从此天天跟着妈妈去捉害虫。

③以画点睛

这种再现故事情节的板书,将学生引入到一个神奇、优美的童话世界,进入课文意境,进入美的想象。使学生明确和把握知识点,在头脑中形成清晰的知识结构,了解了从蝌蚪到青蛙的演变过程:大脑袋、黑身子、长尾巴的小蝌蚪先长出两条后腿,再长出两条前腿,然后尾巴变短,最后尾巴不见了,就变成了一只青蛙。

在这节课中,教师以清清的池水、碧绿的荷叶、粉红的荷花、活蹦乱跳的青蛙、整齐有序的小蝌蚪构建了一幅自然景观。这样的板书如同交给学生的一串钥匙,使学生用它打开知识的大门,自己去发现知识,获取知识。板书中的每一幅图都具有启发性,能激起学生的想象,增加其对课文认识的清晰度和整体感,从而帮助学生掌握知识重点,达到本课教学要求。

(29)《月光曲》板书设计评析

《月光曲》这一课景美情深,课文按事情发展的顺序着重描写了贝多芬谱写《月光曲》的经过。整个过程展现了贝多芬思想变化的一条主线(图12.77):从无意到注意,从注意到同情,又到深深地被感动,再到激情的涌发,这种感情的发展与盲姑娘对音乐喜爱的感情是交织在一起的,从而使我们体会到音乐家博大的同情心和高尚情怀。

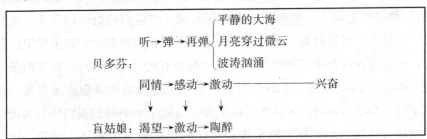

图12.77 《月光曲》板书

(30)《爬山虎的脚》板书设计评析

《爬山虎的脚》一课五个自然段可分为三段:第一段(第一自然段)讲爬山虎长在什么地方,第二段(第二自然段)讲爬山虎的叶子的特点,第三段(第三、四、五自然段)讲爬山虎的脚的特点。其中,第三段是教学的重点,它体现了本组教材的训练项目"围绕一个意思写好一片段",教学的难点是爬山虎是怎样一脚一脚往上爬的。通过对教材的理解,我采取了重点部分重点讲,次要部分简略讲的方法,即略讲第一段和第二段,把主要精力用在重点段落和难点部分的教学上,让学生在重点段落的学习中得到训练、提高。从而,加大教学密度,提高教学效率。针对这种教学思路，我作了如下的板书设计（图 12.78）。

在进行重点段第一层的教学时，先让学生读课文，找出写爬山虎脚的样子的句子。教师在黑板上先画出爬山虎的一根茎和三片新叶，然后让学生再读课文。根据课文中有关句子，指派几名同学到黑板上画出爬山虎的脚，其他同学对照文中的有关句子进行评议（脚的颜色、位置、形状），发现错误，及时指出、修改。

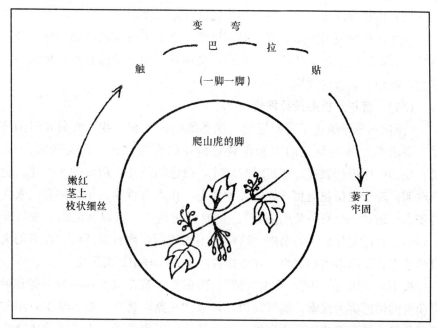

图 12.78 《爬山虎的脚》板书

这一设计借助简笔画指导学生深入理解语言文字，使理解语言文字与认识事物巧妙结合起来，通过画脚，使学生对教学重点有了深入的认识，同时也掌握了学习的方法。

在进行第二层教学时，让学生抓重点词，调整词序，弄清爬山虎是怎样爬的。通过抓重点词和调整词序，使学生的认识从朦胧到清晰。适时板书：触——巴——拉——贴；重点理解"一脚一脚"。

运用换词法，能否换成"一步一步"，为什么？同时借助多媒体演示，让学生明白：爬山虎是长一只脚就扒住墙，再爬必须再长一只新脚（板书一脚一脚）。这样，学生不但理解了"一脚一脚"的意思，而且进一步体会到作者用词的准确和观察的细致。

第三层教学主要讲了爬山虎的脚触着墙和没触着墙的不同结果。通过学生自学，了解两种情况，体会爬山虎的脚对墙的依赖关系。板书两种结果：萎了、牢固。这样，抓住重点词语，简明扼要地总结课文。这篇课文围绕爬山虎的脚（把课题与板画圈起来，以示其中心地位）写了三方面内容，先写了爬山虎脚的位置、颜色和形状，再写爬山虎是怎样扒住墙往上爬的，最后写扒住墙的脚和没扒住墙的脚有什么不同结果。边总结边用箭头连接，体现训练重点——围绕一个意思写好片段。

总之，整幅板书图文并茂，提纲挈领，突出了该课的结构、脉络及写作特点，既体现了课文的重点、难点，又体现了单元训练重点，使人一目了然，收到了显著的效果。

(31)《荷花》板书设计评析

《荷花》一课描述了公园里的一池美丽的荷花和"我"看荷花时的感受。要求学生体会荷花的美和作者对荷花的喜爱之情。课文按闻、看、赞、变的顺序进行叙述。那碧绿的荷叶，白色的荷花，嫩黄的小莲蓬，色彩鲜明。对于白荷花竞相开放的各种姿态，作者着重描写了三种有代表性的姿态。用"一朵有一朵的姿势"、一池荷花是"一大幅活的画"加以概括，给读者以充分想象的余地。这幅画不仅美丽，而且是活的。神奇的大自然使作者发出由衷的赞叹，并使作者产生人在画中游的感觉。

板书设计围绕"美"、突出"情"，按照作者观花感受到的静态美和触景萌发的情感美为线索，提炼词语，构成"文路"骨架。引导学生看图欣赏形象美，指导阅读体会语言美，创设情境领略想象美，表情朗读体会情感美。

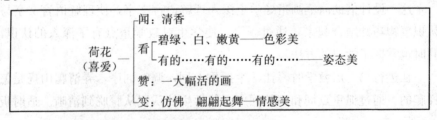

图 12.79 《荷花》板书

(32)《鸟的天堂》板书设计评析

《鸟的天堂》板书，如图 12.80 所示。板书中的"？"意为"鸟的天堂"为什么没有鸟呢？表示疑惑；"！"表明"鸟的天堂"是名副其实的鸟的天堂，表示赞叹。

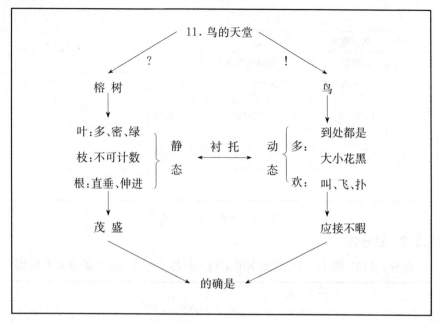

图 12.80 《鸟的天堂》板书

12.3 数学板书设计范例评析

数学是思维的体操。数学板书要借助于文字、线条、图形、符号等,利用色彩配合、形象透视等方法,创造出内容美与形式美和谐统一的板书,能增强学生的记忆力和理解力,培养思维能力和推理能力。

数学板书必须讲求科学性,层次分明,条理清楚,形象直观。它有利于突出重点,突破难点。它是落实教学目标的重要手段。梁启超在谈到方法之重要时说过:"教员不是拿自己的结果教人,最要紧的是拿怎样得到结果的方法教人。"所以,每堂小结时一定要充分利用板书教给学生学习方法。

12.3.1 表格式

要准确掌握概念,对比区别是很重要的,此表的优点即在于此,学生一看这样的板书(图 12.81),自然数、整数的区别很容易划清,从而正确理解数的整除,既突出重点又突破了难点。

名　称	意　义	举　例
自然数	用来表示物体个数的1，2…	1，2，3，4…
整　数	0和自然数统称整数	0，1，2，3…
数的整除	整数A除以整数B，除得的商正是整数而没有余数，就是A能被B整除	15能被3整除
倍数、约数	如果A能被B整除，A就叫作B的倍数，B就叫A的约数	在15÷3＝5中15是3的倍数，3是15的约数

图 12.81　《数的整除》板书

12.3.2　总分式

总分式板书（图 12.82），帮助学生正确理解和掌握这些概念的联系和区别。

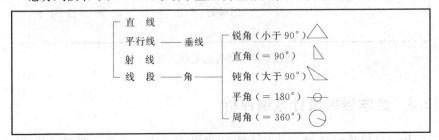

图 12.82　《角》板书

12.3.3　图示式

这幅板书（图 12.83）利用图示法造型很美。它用线条将圆的周长与面积的关系以及部分与整体的关系一目了然地揭示出来了。

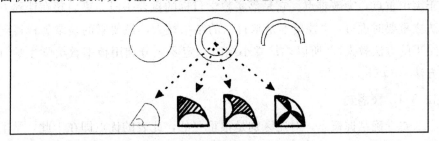

图 12.83　《圆的周长与面积》的板书

12.3.4　线索式

这幅板书（图 12.84）是列综合算式计算文字题的，此板书的①用黄色粉笔写"除以"，②用红色粉笔写"除"，形成对比，让学生在对比中观察，在观察中对比，找出它们的区别。

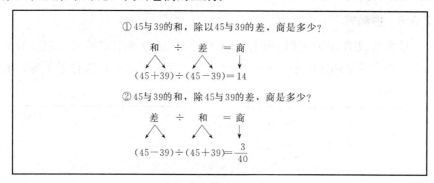

图 12.84　《解文字题》板书

12.3.5　简缩式

《小时、分的认识》的板书（图 12.85）上对（小时、分）数学内容的高度浓缩和精练展示。图表及后面的文字把时针与大格、分针与小格联系起来，展现认钟规律，并对进率的出现作铺垫。全板书给人以规范简明、结构严谨、脉络清晰、重点突出之感。

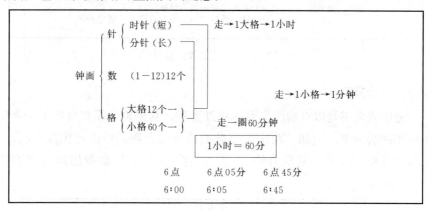

图 12.85　《小时分的认识》板书

在课堂教学中，教师的板书有时能加深有声语言的印象，有时还能独立发挥作用，产生"此处无声胜有声"的教学效果。因此，要抓住教学时机，紧密结合教学内容，灵活恰当地运用板书，对提高教学效果大有裨益。

在数学教学中，特别是在复习总结中，常常会遇到一些既有联系又有区别的易混概念。如果通过分析比较，归纳总结，找出规律，把教材中的某部分内容按其内在联系画出图表，使知识由复杂到简单，由抽象变具体，使学过的、孤立的、零碎的、单个的知识点形成系统的、较完整的知识结构体系，用图表法板书出来，形成系统的知识网络，易于学生掌握和记忆。

12.3.6 提纲式

整数知识结构图的这则板书（图12.86）运用提纲式板书，把整数的知识结构简明地阐述出来，通过整理分类，突出了重点，抓住了关键，避免了混淆。

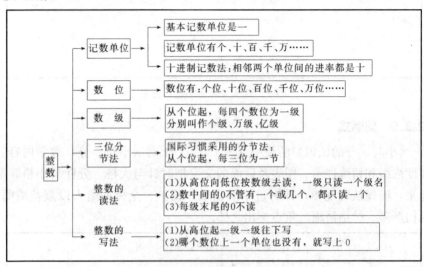

图12.86 《整数》板书

12.3.7 分解式

分解式板书是以直观图形表达思维过程，其逻辑关系直观明了。常用于应用题教学中。例如"两个筑路队共修一条公路。甲队每天修650米，乙队每天修520米。两队合修18天，共修多少米？"解题思路板书如图12.87所示。

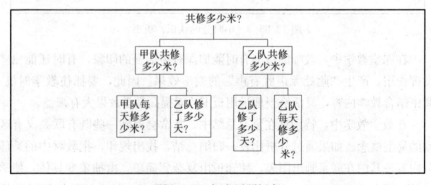

图12.87 解应用题板书

12.3.8 集合式

《平面图形归类》板书（图12.88）利用集合圈把概念之间的联系和区别形象直观地表现出来，便于记忆。

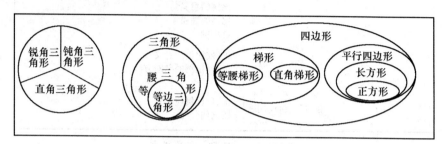

图12.88　《平面图形归类》板书

12.3.9 多向式

这一板书形式是以教学内容为中心，从各个实例中找出导出中心的有关材料，向各个方位辅导演示，形成上下、左右的多向排列。例如，《分数的基本性质》的板书（图12.89）。

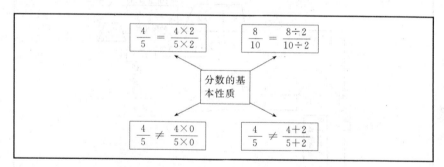

图12.89　《分数的基本性质》板书

分数的基本性质：分数的分子和分母同时乘以或除以一个相同的数（零除外）分数的大小不变。

12.3.10 纵向式

按从上到下，或从下到上的书写顺序排列的板书形式。一般用它来揭示数量之间向纵深发展的过程，或数的概念的发展顺序。如图12.90所示，此板书采取纵向式排列，把比、比例的意义、性质及其运用揭示得一清二楚，使知识系统化、网络化，便于学生复习记忆。

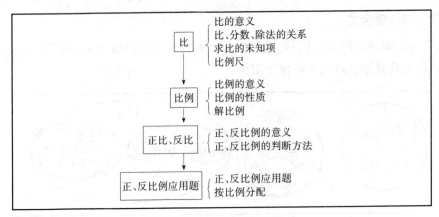

图 12.90　《比和比例》板书

12.3.11　图示式

《平面图形知识结构图》板书（图 12.91）通过图示式板书把小学数学的平面图形知识结构简明形象地阐述出来了，突出了知识之间的联系和区别。

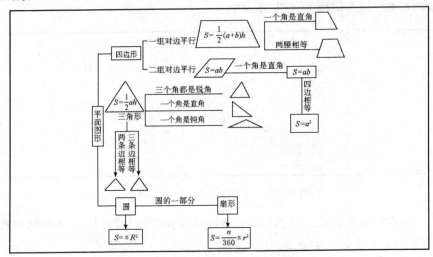

图 12.91　《平面图形》板书

12.3.12　归纳式板书

在小学数学教学中，常应用到数学归纳法归纳出有关计算法则、定律和公式。利用归纳式板书，通过分析对比，归纳总结，找出规律，这样教学就会一目了然。例如，小数点位置移动引起小数大小的变化的板书（图12.92）。此板书突出了小数点位置的移动，将引起小数大小的变化，其规律就在于移动的方向和位数。板书设计时利用线条的流动,把规律展示得一目了然。

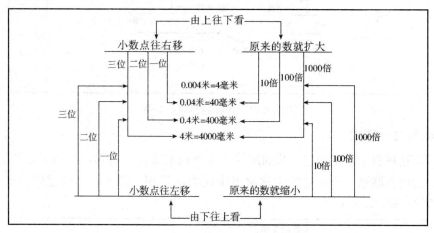

图 12.92 《小数大小的变化》板书

12.3.13 图表式

这种板书能从纵横两方面交叉剖析课文,并能将教学内容简明扼要地体现出来。例如,《周长的概念》(图 12.93),利用图表可以充分发挥学生的视角记忆和联想能力。通过列表对比本质属性,使学生弄清它们之间的联系和区别,可以加深对概念的理解。

半圆的周长	周长的一半
是圆曲线的一半和一条直径组成的封闭圆形	是圆曲线的一半,圆形不封闭
(实线的全部为半圆的周长)	(实线的全部为半圆的一半)
计算公式 $C_{半圆}=\dfrac{d\pi}{2}+d$	计算公式 $C_{半圆}=\dfrac{d\pi}{2}+d$

图 12.93 《周长的概念》板书

12.3.14 曲线式

这种板书根据选定的板书要点以曲线形式展现在学生的面前。例如,《数的整除》板书(图 12.94)。

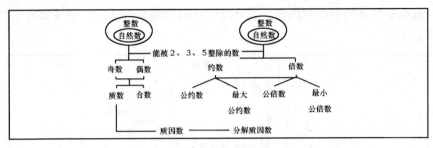

图 12.94 《数的整除》板书

12.3.15 环式

这种板书首尾相连,状如圆环。这类板书能化难为易,有利于了解知识的内在联系,能促进学生抽象思维能力的发展。例如,《名数的化聚》板书(图 12.95)。

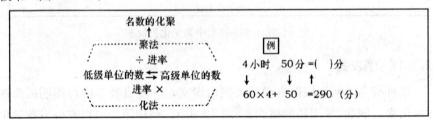

图 12.95 《名数的化聚》板书

此则板书利用环式的线要,把名数的化聚教学内容进行高度浓缩和精练展示,从箭头的走向可以了解知识的内在联系,促进学生抽象思维能力的发展。数学板书设计范例如下。

(1) 方程式板书

方程式板书,如图 12.96 所示。

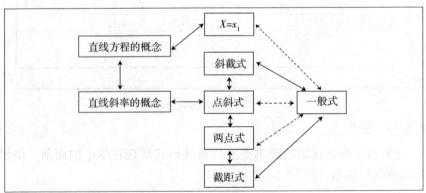

图 12.96 方程式板书

(2)《角》板书

《角》板书,如图 12.97 所示。

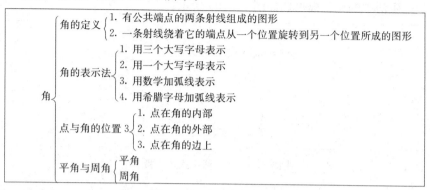

图 12.97 《角的》板书

(3)《圆的周长》板书

《圆的周长》板书,如图 12.98 所示。

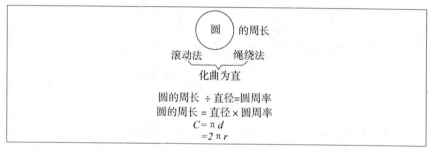

图 12.98 《圆的周长》板书

(4)《数的整除》板书

《数的整除》板书,如图 12.99 所示。

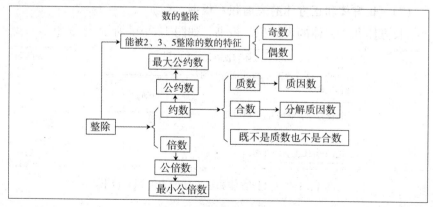

图 12.99 《数的整除》板书

(5)《生活中的比》板书

《生活中的比》板书，如图 12.100 所示。

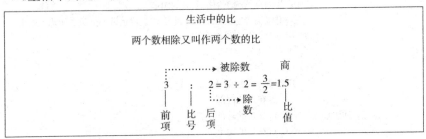

图 12.100 《生活中的比》板书

(6)《分数的初步认识》板书

《分数的初步认识》板书，如图 12.101 所示。

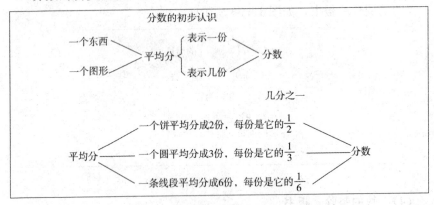

图 12.101 《分数的初步认识》板书

(7)《长方体和正方体的表面积》板书

《长方体和正方体的表面积》板书，如图 12.102 所示。

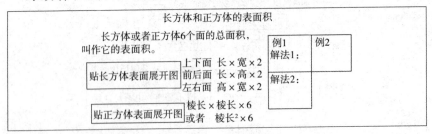

图 12.102 《长方体和正方体的表面积》板书

(8)《圆柱的表面积》板书

《圆柱的表面积》板书,如图 12.103 所示。

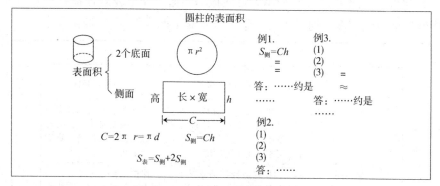

图 12.103　《圆柱的表面积》板书

(9)《圆的面积》板书

《圆的面积》板书,如图 12.104 所示。

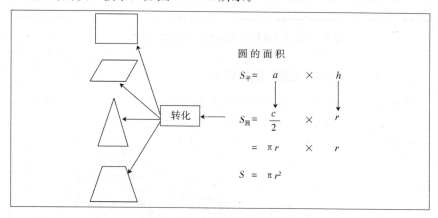

图 12.104　《圆的面积》板书

12.4　政治课板书设计范例评析

记忆是智慧的仓库,是学习的重要前提和基础,离开了记忆就谈不上掌握和运用知识,更谈不上提高能力。

政治课的基本观点、原则需要学生记住,通过板书帮助学生理解记忆,通过图表法引导学生把相似而又不同的概念或原理区别开来,找出两者的不同,从而加深印象,形成正确的记忆。

12.4.1 《我国政党与西方政党的区别》板书评析

此板书（图 12.105）采用表格式板书，通过表格较好地概括了两种不同性质的政党制度，通过填表，学生基本能全面掌握。

名称 比较内容	西方政党制度	我国政党制度
经济基础和内容不同	建立在生产资料资本主义私有制基础上，目的是发展资本主义经济和维护资本主义剥削制度	建立在生产资料社会主义公有制基础上，目的是发展社会主义经济，巩固社会主义制度
阶级本质不同	本质是资产阶级专政，由资产阶级代理人执掌	保护人民当家作主，巩固无产阶级专政，推进社会主义事业
执政党与其他政党关系不同	在朝党与在野党，执政党与反对党互相倾轧，互相拆台，激烈竞争关系	执政党与参政党，亲密合作的友好关系，长期共存，服务于社会主义事业

图 12.105 《我国政党与西方政党的区别》板书

12.4.2 《哲学的基本问题》板书评析

此板书（图 12.106）采用提纲式板书，把哲学的基本问题简明地阐述出来，通过整理分类能避免概念之间、知识之间的张冠李戴。

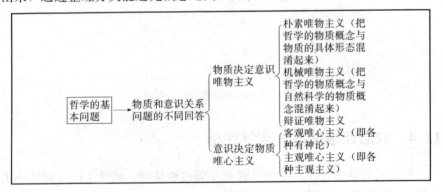

图 12.106 《哲学的基本问题》板书

12.4.3 《中国共产党是社会主义建设的领导核心》板书设计评析

这幅板书（图 12.107）运用"孔雀开屏式"把课本内容一层层深入解剖形成扇形，学生一看，纲举目张，一目了然。

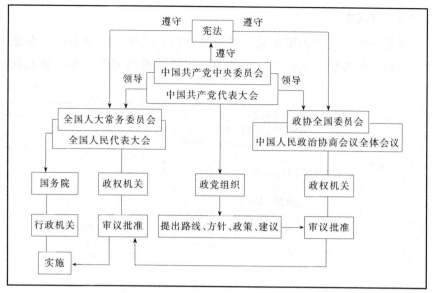

图 12.107 《中国共产党是社会主义建设的领导核心》板书

12.4.4 《资本主义剩余价值的产生过程》板书设计评析

这幅板书（图 12.108）运用辐射式板书分析、归纳、概括，使学生深刻地理解了剩余价值的产生，体现了资本主义生产关系即资本主义对工人的剥削关系。

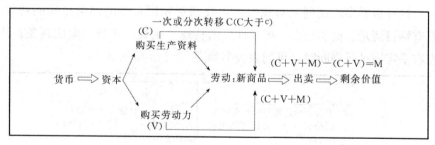

图 12.108 《资本主义剩余价值的产生过程》板书

12.5 物理课板书设计范例评析

板书的样式随不同的授课内容而异，它不可能、也不应该是千篇一律的。就其形式而异，物理板书一般可以为提纲式、表格式、图画案式、示意式、补充式等样式。

12.5.1 提纲式

这是一种常见的板书形式，其特点是眉目清晰、层次分明、有条不紊。例如，在讲授《质量》这一节时，按授课的内容和节奏，板书如图 12.109 所示。

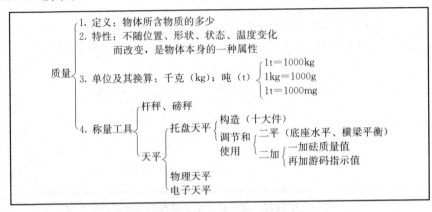

图 12.109　《质量》板书

最后，在托盘天平旁标上重点，指出托盘天平的构造，调节和使用是本节课的教学重点。

12.5.2 表格式

这种板书多通过列表对比方式，收到对知识要点的归类排他的功效，具有纲目清楚、简明扼要、揭示性强的特点。例如，在教《电磁现象》用左右手定则进行判断时，可列表板书如图 12.110 所示。

	左 手 定 则	右 手 定 则
相似	1. 手心——让磁力线垂直穿入 2. 四指头——（导体上通电的）电流方向 3. 大拇指——导体的运动方向判断通电导体在磁场中受力（运动）方向时用	1. 手心——让磁力垂直穿入 2. 大拇指——（闭合）导体的运动方向 3. 四指头——（感生）电流的方向，判断导体在磁场中（切割磁力线）运动时用
	三个量知道其中任何两个可求出第三个	
区别	1. 因为（导体）通电所以（导体在磁场中）才动 2. 电动机的原理 3. 电能→机械能	1. 因为动（导体切割磁力线）所以才有（感生）电流 2. 发电机的原理 机械能→电能

图 12.110　《电磁现象》板书

12.5.3 图案式

这种板书常以图案形式出现,通过对知识穿点连线,给人以匀称、稳平、赏心悦目的美的享受,具有新颖、吸引性强的特点。例如,在讲解《物态变化》时,可采用如图 12.111 的板书形式。

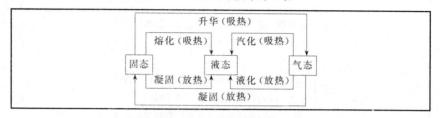

图 12.111 《物态变化》板书

12.5.4 示意式

这种板书借鉴了美术作图的方法而又不同于美术图,它常以示意的形式,达到心领神会的目的,其特点是能抓住关键,以点带面。例如,某同学用力 F 推圆木越过障碍物 H,用杠杆的原理求施力 F 的量最小值。如图 12.112 所示,问题可迎刃而解。

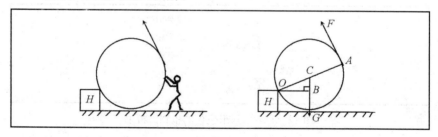

图 12.112 板书

12.5.5 补充式

这类板书常用于内容较复杂的教学内容,如图形、构件、思考题等,为节省教师课堂上板书时间而采用的措施,因此这种板书常常是教师课前先写(画)在小黑板上,作为课堂板书的扩展和补充。

12.6 自然课板书设计范例评析

自然常识课的内容十分丰富,涉及的知识面极广。如果加上新颖有趣的板书,更能激发学生的好奇心,引起学生的兴趣和注意,从而加深对自然知识的理解和记忆,达到最佳的教学效果。

12.6.1 条目摘录式

这是一种最常见的板书方法，它是把教学内容的要点条目摘录下来，其特点是化繁为简，它适用于各项内容的教学，且特别适用于概念、自然规律方面的教学。例如，《光》的板书（图12.113）。

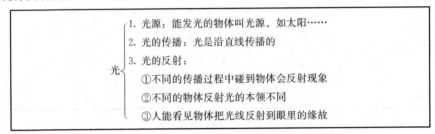

图12.113　《光》板书

12.6.2 总结归纳式

这是一种用列提纲的形式，将学习内容的要点表现出来的方法。其特点是使知识内容简明清晰，它适用于对自然科学知识的归纳和总结。例如，《形形色色的植物》板书（图12.114）。

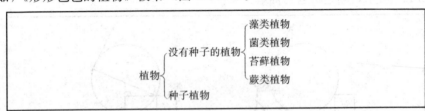

图12.114　《形形色色的植物》板书

12.6.3 线索图示式

这是一种把事物之间的关系或某一事物变化过程和发展线索，有顺序地表示出来的板书方法。其特点是使复杂的运动变化过程和线索一目了然地显现在学生面前。它特别适用于事物变化过程及各事物间的相互关系的教学。例如，《人的消化（过程）》板书（图12.115）。

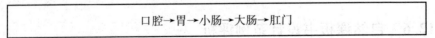

图12.115　《人的消化（过程）》板书

12.6.4 列表类比式

这是一种借助表格形式分类项，将两类或几类事物相同、相近或相反的特征、性质等表现出来的板书方法，它适用于事物之间的类比。例如，《水的浮力》板书（图 12.116）。

种类	物体名称	共同性
在水里能上浮的物体	木块、乒乓球、软木塞、泡沫塑料	都比同体积的水轻
在水里要下沉的物体	铁块、石块、橡皮、橡皮泥	都比同体积的水重

图 12.116 《水的浮力》板书

12.6.5 图画演示式

这是把复杂的自然知识用简单的图画、符号描绘出来的板书方法，其特点是直观、形象。它适用于难以用实验演示或变化过程复杂的知识的教学。例如，《光合作用》板书（图 12.117）。

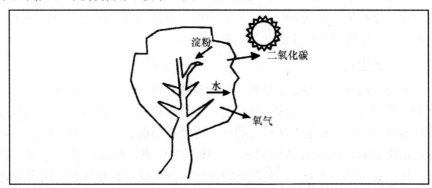

图 12.117 《光合作用》板书

12.6.6 坐标式

这是一种利用直角坐标系的图像来反映事物变化趋势或规律的板书方法。其特点是能直观反映客观事物的变化规律。由部分带整体，它适用于研究事物的变化规律进行类比。

形象直观的板书艺术可以加深学生理解和记忆。在自然课堂上教师对有问题的讲解，根据教材的重点和难点形象直观地进行板书，往往能使学生对这个总是理解特别深刻，记忆特别牢固。有时，有些问题学生初看起来，似乎很难懂，但只要教师把这些较难的问题采取不同的形式板书出来，就会使学生在观察板书的过程中逐步得到解答。例如，《年龄与体坐》板书，见图 12.118。

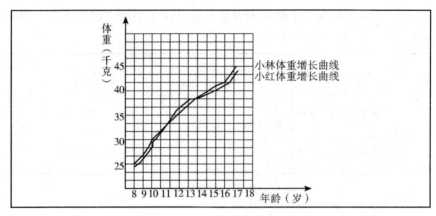

图 12.118 《年龄与体坐》板书

12.7 史地课板书设计范例评析

皮亚杰说过："所有智力方面的工作，都依赖于兴趣"。学生愉快地学习时就会全神贯注于教学活动。在教学中，设计新颖、结构清晰、系统直观的板书，能够激起学生的学习兴趣。

12.7.1 板画式

地理板画也叫地理教学绘画，是指地理教师在教学过程中凭自己的记忆和熟练的技巧，用彩色或单色粉笔，将地理景物、地理现象及其地理过程以简易的笔法，描绘在黑板上的画。这种板书的特点是可以增强空间概念，边讲边画，能激发学生兴趣，立体感比较强，给人以美的享受。例如，讲《我国第一大河——长江》的源流、概况时，教师从长江的发源地入手，讲讲画画长江流经省区、上中下游分段、入海处等，以此勾勒板画（图 12.119）。

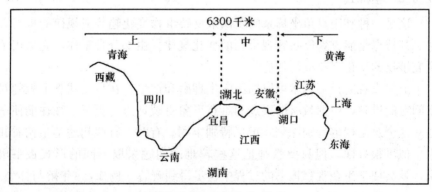

图 12.119 《长江》板书

地理教学中的板书具有鲜明的特色。从广义上讲，地理板书、板画、板图共同构成了地理板书系统。这三个子系统的有机结合，利用美学原理进行合理安排与布置可使整个地理板书系统产生赏心悦目的艺术效果，但它应始终受到地理教学的调节，否则失去了教育性的板书就谈不上所谓的教学艺术了。地理教学中板书艺术特色通常具有这些表现：①简易性；②地理性；③教学性；④科学性；⑤鲜明性；⑥有序性；⑦色彩和谐性；⑨板图、板画的动态感。

12.7.2 填空式

教学时所要板书内容留空，由学生学习后自己填充，这样可以激发学生的学习兴趣，调动学习积极性，活跃课堂气氛。例如，《壮丽的山川》，我国东西向三列山脉，教学板书设计如图 12.120 所示。

图 12.120 《壮丽的山川》板书

12.7.3 四段式

小学地理课里《华北平原》《长江中下游平原》《四川盆地》等几课的主要内容均是从位置及范围、地形特征、气候特点、物产四个方面来介绍的。执教时，可以把每课的主要内容按这四个方面分成四段来板书。这样就能使课文内容层次清晰，学生学习时一目了然。

12.7.4 表格对比式

通过归纳分类，把地理知识系统化、条理化，列成表格加以对比。这样重点突出，真伪易辨，同时也可以加深学生的记忆。例如，复习我国两大河流时，板书如图 12.121 所示。

	发源地	流经省区	入海处	全 长（千米）	全　　程		
					上	中	下
黄河	青海中部	青海、四川、甘肃、宁夏、内蒙古、山西、陕西、河南、山东	渤海	5500	内蒙古河口以上	河口孟津	河南孟津以下
长江	青海西南	青海、四川、西藏、云南、湖北、湖南、江西、安徽、江苏、上海	东海	6300	湖北宜昌以上	宜昌湖口	江西湖口以下

图 12.121

利用简单的文字或符号,把较复杂的地理知识按照其内涵,提纲挈领地形象地排列起来,使知识醒目,便于学习和掌握。

12.7.5 图示式

《农业生态区》的板书设计如图12.122所示。这幅板书通过关系图,一目了然将农业生态系统向良性循环方面发展的道理说得一清二楚,便于理解和记忆。

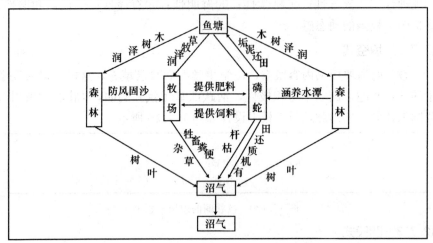

图12.122 《农业生态区》板书

12.7.6 提纲式

提纲式板书在地理教学中用得最多。它有利于学生把握教材的重、难点,分清主次,抓住主干,顺于摸枝,攀于摘果,以增强学生主体性和系统性思维。它能使知识结构化、简明化、易记易学。例如,《水循环》板书(图12.123),通过简易的"提纲式"板书,使这节内容的重要地理知识得到了提炼,使"水循环"的有关地理知识得以系统化。实际上就是教师在教学生如何把厚书变薄书,使学生在以后的复习中懂得怎样由薄书变成厚书。

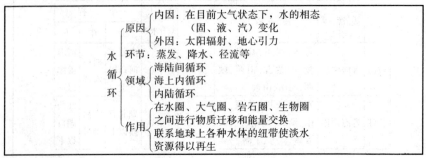

图12.123 《水循环》板书

12.7.7 表格式

将教学内容以表格形式展现出来的板书形式。例如，小学历史《四大发明》一课，课文层次清楚，四部分内容表达方式相仿，教师可采用表格式板书（图12.124）边讲边填写，既节约时间，又可提高教学效果。

	名　称	朝　代
我国的四大发明	造纸术	西汉
	印刷术	隋唐
	指南针	旧中国
	火　药	唐朝

图12.124　《四大发明》板书

（1）地理课板书设计范例

地理课板书设计范例，如图12.125～图12.128所示。

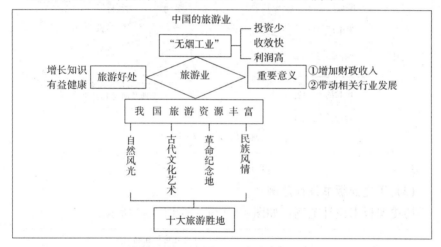

图12.125　"中国的旅游业"板书

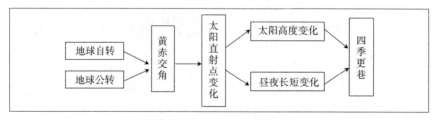

图12.126　板书一

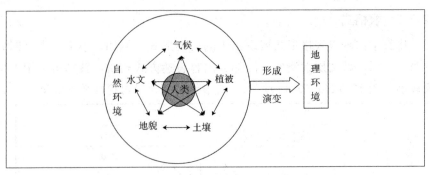

图 12.127　板书二

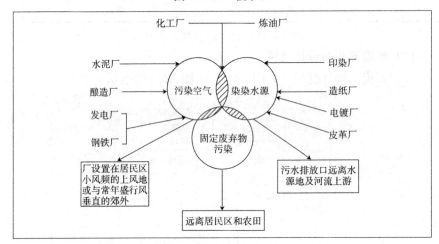

图 12.128　板书三

(2) 历史课板书设计范例

历史课板书设计范例，如图 12.129～图 12.132 所示。

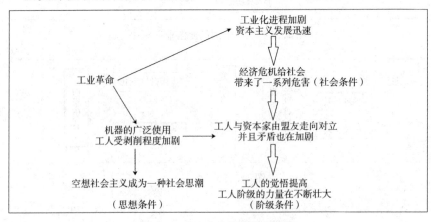

图 12.129　"工业革命"板书

12.7.7 表格式

将教学内容以表格形式展现出来的板书形式。例如，小学历史《四大发明》一课，课文层次清楚，四部分内容表达方式相仿，教师可采用表格式板书（图 12.124）边讲边填写，既节约时间，又可提高教学效果。

	名　　称	朝　　代
我国的四大发明	造纸术	西汉
	印刷术	隋唐
	指南针	旧中国
	火　药	唐朝

图 12.124　《四大发明》板书

（1）地理课板书设计范例

地理课板书设计范例，如图 12.125～图 12.128 所示。

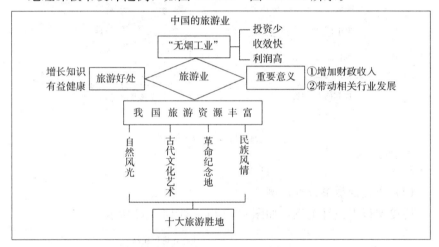

图 12.125　"中国的旅游业"板书

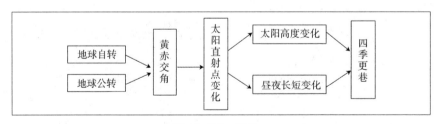

图 12.126　板书一

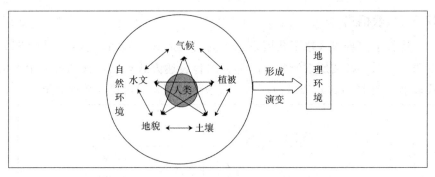

图 12.127　板书二

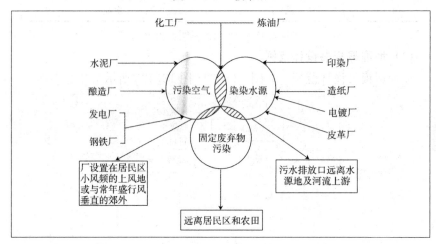

图 12.128　板书三

(2) 历史课板书设计范例

历史课板书设计范例，如图 12.129～图 12.132 所示。

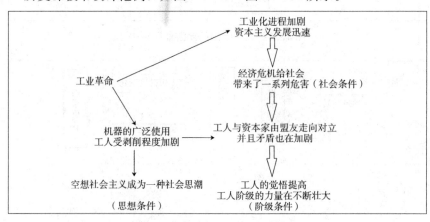

图 12.129　"工业革命"板书

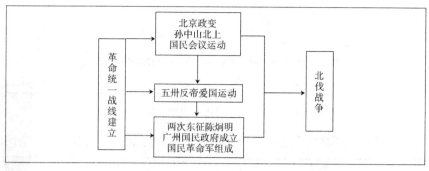

图 12.130 "统一战线"板书

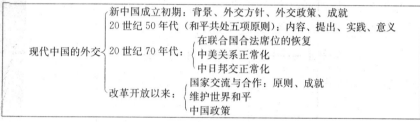

图 12.131 "现代中国的外交"板书

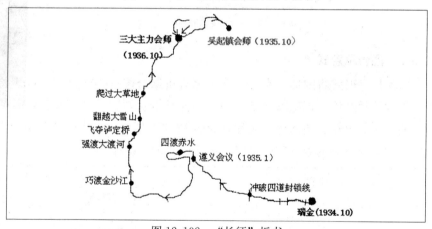

图 12.132 "长征"板书

12.8 生物课板书设计范例评价

12.8.1 线条联系式

这种板书设计旨在通过点线结合，理顺不同知识点之间的纵、横联系和相互转换，从而形成一条中心主线，便于学生掌握教材中的关键问题，理解各部门之间联系及转化。教师可边讲边板书。例如，在讲解"消化和吸收"的概念时，可以这样设计板书，如图 12.133 所示。

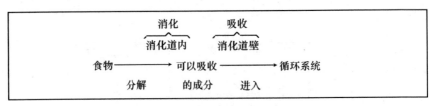

图 12.133 "消化和吸收"板书

又如讲解"肝脏的功能",同样运用了线条联系式板书,如图 12.134 所示。

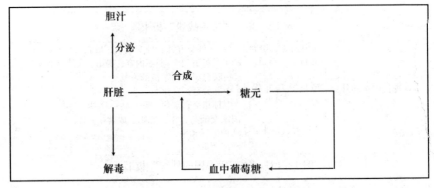

图 12.134 "肝脏的功能"板书

12.8.2 图表示意式

这种板书形式将图形、表格、文字等有机结合起来,通过图形或表格模拟生物体的结构,再配以文字说明,加深学生对知识的理解和记忆,使复杂的问题简单化、条理化。例如,如图 12.135 所示。在讲解"食物的消化"和"营养物质的吸收"中可以选用这样的板书设计。

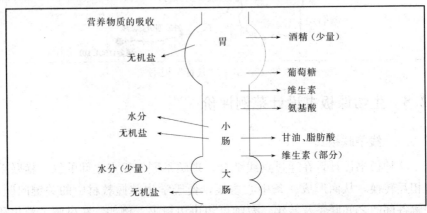

图 12.135 "食物的消化"和"营养物质的吸收"板书

12.8.3 层次结构式

这种板书形式是针对教材内容较烦琐、生物体形态结构较复杂，但结构和层次却较分明的特点来设计的。运用这种板书形式能帮助教师边讲授边板书，将复杂的知识转化为纲目清晰、脉络分明、易于学生理解和掌握的信号。例如，讲授"牙齿的结构"时，板书设计如图 12.136 所示。

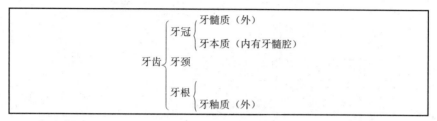

图 12.136 "牙齿的结构"板书

12.8.4 表格对比式板书

这种板书形式较广泛运用在生物教学中，它主要用于两个或两个以上的概念、结构、原理等对比教学中，有助于学生认识和理解各内容之间的特征和相互联系。教师可以边讲边写，也可以事先在投影片上画好表格和写上比较项目，在讲授中投影到屏幕上，有选择、有重点地板书或由学生填写。例如，讲授"人体的消化系统"时可选这样的板书设计，如图 12.137 所示。

组成	结构特点	消化道	消化腺
		功 能	
口腔	牙 齿	切断、撕裂、磨碎食物	唾液腺
	舌		
咽		通 道	无
食道			
胃	四层结构	①暂存 ②有一定吸收功能	胃腺
小肠	同 上 小肠绒毛	消化食物和吸收营养的主要场所	肠腺、胰腺、肝脏
大肠		有一定吸收功能	无
肛门		排出粪便	无

备注："/"表示只需了解不需要板书的知识点。

图 12.137 "人体的消化系统"板书

生物课板书设计范例，如图 12.138～图 12.140 所示。

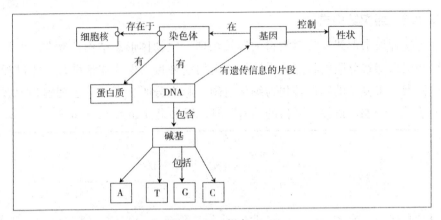

图 12.138　板书（一）

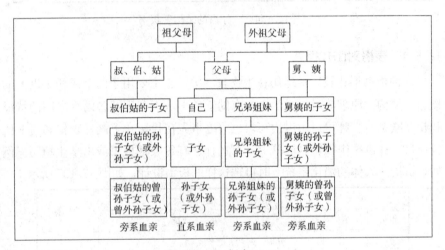

图 12.139　板书（二）

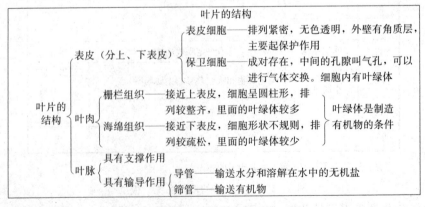

图 12.140　板书（三）

12.9 英语课板书设计范例评析

在课堂教学活动中,教师通过有声语言(口语)和符号语(主要板书、板画)将知识信息传授给学生。板书是传授知识的重要工具,而且板书具有直观、具体、形象等优点。一般来说,通过视觉转换的记忆要深刻得多。因此,适当、合理、美观的板书,对突出重点,对学生知识点的落实有极其重要的作用。

小学阶段是一个人的启蒙阶段,为一个人英语书写打好基础的阶段。教师恰到好处、美观大方的板书学生将受益不尽。这就如英语教师的口语一样,有良好口语的教师,其学生会有标准的发音,而教师本身发音不准确,学生的口音又怎会地道?英语又怎能学好呢?小学英语教学的内容少,可能有人认为有没有适当的板书无关紧要,其实不然。如果过多的注重口语而忽视了书面的表达能力,这必将影响学生听、说、读、写各方面的均衡发展。所以说小学的英语教学更需要英语老师在板书上下很多工夫,讲究课堂教学艺术。根据小学生喜欢生动、色彩鲜艳的东西特点,采用各种各样的板书吸引学生的注意力,小学的英语教学即成为语言输入课,也成为文字输入课。

板书是一种视觉语言符号,它除了要动用人的大脑思维等系统外,还得调动其他动觉系统(眼、手等)才能发现语意系统的传递。板书使学生在学习语言中做到了手到、心到、眼到。这样即有利于加大课堂信息传递量,加快教学节奏,又能让师生在课堂双向交流中使学生获得更多的知识信息,并让他们通过课堂语言实践得到提高运用,更有利于学生的书面知识能力的培养。

在小学的英语课堂教学中,过多的采取口语交流的形式,容易使学生产生疲劳感,对课堂学习产生厌倦情绪。有的小学英语教师把英语当成单纯的口头知识来传授,依赖于语言信息的传递方式,不分轻重主次,一节课都是操练句型,令学生穷于应付、疲于奔命,头像鸡啄米似地不停运动,很快便会进入疲劳状态。同时因为这样的学习是紧张而被动的,学生无暇顾及对所读内容理解和记忆。所以一堂课下来,除了疲惫和反感外,就是枯燥的语言符号,实际收获甚微。此外,单有简单机械的口头操练句型是远远不够的,还应有一些笔头操练,加深对知识点的理解和记忆。为此,我们可以事先准备好一些句型操练的书面材料等,可打印成习题单,用小黑板写好,或制成幻灯片等,在每节课可以利用十分钟时间来练习。

甚至还可以事先设置一些智力性和探究性的问题，板书在黑板上，让学生分组讨论以后，然后让每组派个代表当上"小老师"，到黑板上来讲解给学生听。最后评评哪一组的答案准确并且板书最好，给每组评评分，看哪一组分数最高。这样既培养了学生的团结合作精神，也让他们从小树立要养成爱整齐、字体要美观大方的好习惯。

板书的运用还应兼顾整个课堂教学的节奏和学生"注意"的生理特征。一般地、有节奏地、合理地交叉运用口语和板书，可以扬长避短，有利于形成课堂教学的节奏美，让学生在一种和谐优美的课堂气氛中，愉快而自然地掌握知识。这里还有一个板书的运用时间问题。俄国著名生理学家巴甫洛夫认为，在50分钟左右的时间里，人的大脑兴奋过程总会出现一个疲劳波谷。这个波谷在第15~30分钟，从开始形成到结束大约持续15分钟。假如在时间段里以板书为主，学生势必容易产生疲劳感，教学效果必然不佳。反之，如在这段时间里不采用板书的形式而以生动有趣的举例，对课堂教学内容进行口语为主的讲解，进行灵活多样的课堂语言实践，形成课堂"小高潮"，烘托起愉悦的气氛，便能帮助学生度过疲劳区，然后在这段小高潮后运用板书，会收到良好的学习效果。所以我认为，根据小学英语课的自身特点，板书应作为口头操练后的辅助品，就如饭后的点心和水果，让学生对句型的口头操练回味无穷。课堂教学是创造性的社会实践活动，而且活动中的主体是活泼好动的小孩子，因此与之相适的教学方式也必然应该是生动活泼、灵活多样的形式。同时也要求板书也应生动活泼、丰富多彩的。英语教师，应善于驾驭课堂。在教学实践中挥洒自如，游刃有余，得心应手地运用板书，既给学生以丰富的知识营养，又给他们以多姿多彩的享受。

但是，如果板书过多、太杂也会影响教学效果。首先，在以板书为主的传统教学中，学生养成了依赖视觉信息的习惯，抑制了听说能力的发展，不利于记忆。其次，多用口语教学，可加强师生面对面的交流，有利于联系师生间的感情，便于学生的课堂参与，同时还有利于教师观察、收集学生对教学的反馈信息，以便及时对教学作必要的调整和修正。所以要恰到好处的处理两者之间的关系非常重要。

在教学实践中，我们应该具体情况具体分析，对不同的课应采取不同的板书形式和教学节奏。课堂教学活动是一个处在不断运动变化中的实践过程，任何简单、刻板的方法都是不能于之相适应的。只有将口语和板书灵活有机地结合起来，才能创造出完美的课堂教学氛围，获得理想的教学效果。

英语板书设计范例，如图 12.141～图 12.150 所示。

图 12.141　英文板书（一）

图 12.142　英文板书（二）

图 12.143　英文板书（三）

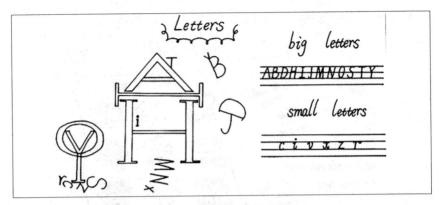

图 12.144　英文板书（四）

图 12.145　英文板书（五）

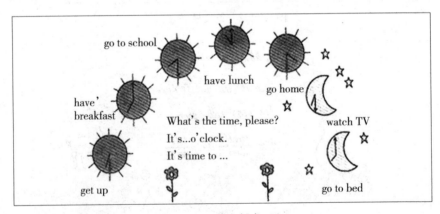

图 12.146　英文板书（六）

12 板书艺术范例及评析

图 12.147　英文板书（七）

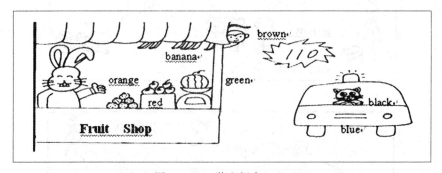

图 12.148　英文板书（八）

图 12.149　英文板书（九）

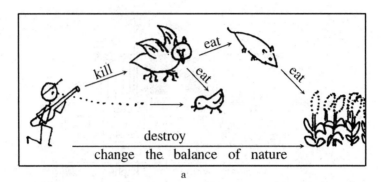

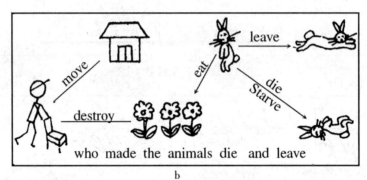

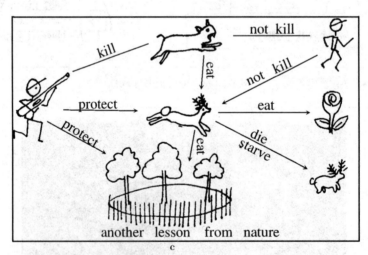

图 12.150 英文板书（十）

从图 12.150a 可看出山鹰吃小鸡，人为了保护小鸡而打死山鹰，人没有考虑山鹰也会吃老鼠，山鹰被人打死，老鼠就会增多，老鼠又吃农作物。换言之，人打死山鹰就是人自己破坏了农作物。

从图 12.150b 可看出，人为了迁居而大量糟蹋了植物，而植物又是动物赖以生存的粮食,由于植物大量被破坏,动物只有死亡或逃亡。

从图 12.150c 可看出,山狮吃掉小鹿,人为了保护小鹿而杀死山狮;山狮被杀,小鹿便大量生存,小鹿为生存而吃掉植物和农作物,而人又采取措施保护了作物,小鹿便因过量繁殖,又得不到足够的食物而死亡。

图 12.150 中 3 幅简笔画利用了课本上插图提供的动植物的特征,结合教师的想象力进行设计。

12.10 思想品德课板书设计范例评析

思想品德课板书设计范例评析,如图 12.151～12.158 所示。

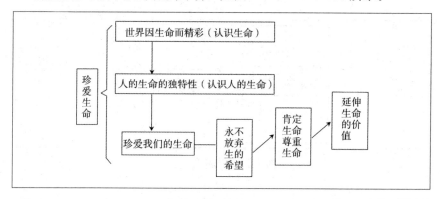

图 12.151 板书(一)

图 12.152 板书(二)

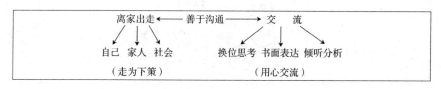

图 12.153 板书(三)

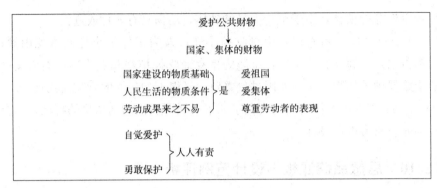

图 12.154　板书（一）

图 12.155　板书（二）

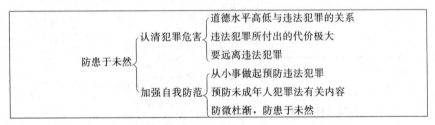

图 12.156　板书（三）

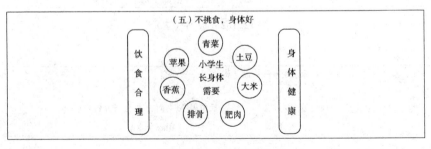

图 12.157　板书（四）

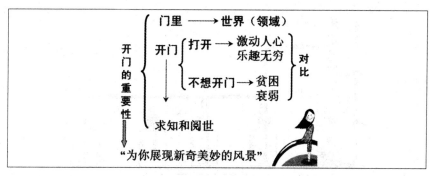

图 12.158　板书（五）

12.11　化学板书设计范例评析

化学板书设计范例，如图 12.159～图 12.162 所示。

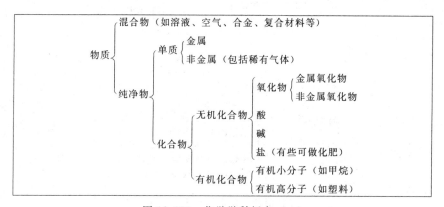

图 12.159　化学学科板书（一）

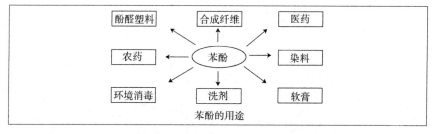

图 12.160　化学学科板书（二）

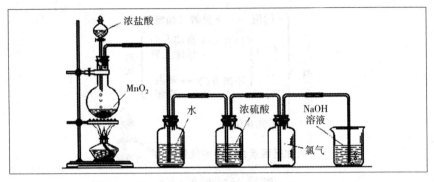

图 12.161　化学学科板书（三）

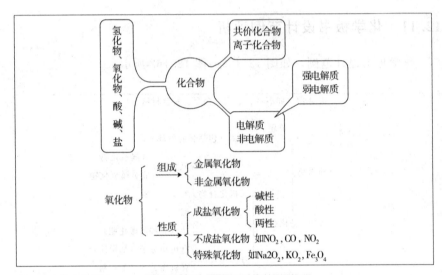

图 12.162　化学学科板书（四）

附录 板书设计评价量表

序号	评价要素	权重	评价等级				
			差	一般	较好	好	优
1	科学性——板书目的明确，重点突出，准确无误	15分					
2	启发性——板书选材精要，条理清晰，对学生有启发性	10分					
3	创新性——有创意，不千篇一律，不简单照搬	15分					
4	计划性——布局合理，计划性强	10分					
5	艺术性——书写美、构图美、简洁美、线条美、整体美	10分					
6	双向性——师生双向交流，师生共同参与板书全过程	10分					
7	实用性——板书，教师的微型教案，学生的学习提纲	15分					
8	整体性——与教学配合自然，运用得当，效果好	15分					
	总　分	100分					

参评设计人_____　　得分_____　　评委签名_____

参考文献

[1] 刘显国. 刘显国与反馈教学法[M]. 北京:国际文化出版公司,2003.

[2] 刘显国. 板书艺术[M]. 贵阳:贵州教育出版社.

[3] 刘显国. 中小学教学艺术实用全书[M]. 北京:中国林业出版社,1999.

[4] 刘显国. 开讲艺术[M]. 北京:中国林业出版社.1999.

[5] 刘显国. 激发学习兴趣的艺术[M]. 北京:中国林业出版社,2003.

[6] 刘显国. 坚持心中的梦[M]. 北京:教育科学出版社,2009.

[7] 刘显国. 刘显国反馈教学法[M]. 北京:首都师范大海出版社,2001.